U0097554

命理生活新智慧・叢書 98

戀愛圓滿
愛情繞指柔

金星出版社 http://www.venusco555.com
E-mail: venusco@pchome.com.tw
法 雲 居 士 http://www.fayin777.com
E-mail: fatevenus@yahoo.com.tw

法雲居士⊙著

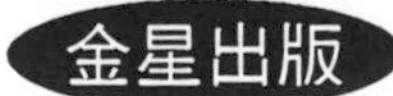

國家圖書館出版品預行編目資料

戀愛圓滿－愛情繞指柔／法雲居士著，
--臺北市：金星出版：紅螞蟻總經銷，
2011年4月 初版；面；公分—
（命理生活新智慧 叢書；98）

ISBN:978-986-6441-38-7（平裝）

1.紫微斗數

293.11　　100001957

戀愛圓滿－愛情繞指柔

作　　者：法雲居士
發 行 人：袁光明
社　　長：袁靜石
編　　輯：王璟琪
總 經 理：袁玉成
出 版 者：金星出版社
社 地址：台北市南京東路3段201號3樓
電 電話：886-2--25630620•886-2-2362-6655
傳 FAX：886-2365-2425
總 經 銷：紅螞蟻圖書有限公司
地　　址：台北市內湖區舊宗路二段121巷28・32號4樓
電　　話：(02)27953656(代表號)
網　　址：http://www.venusco555.com
E-mail　：venusco@pchome.com.tw
　　　　　venus@venusco.com.tw
法雲居士網址：http://www.fayin777.com
E-mail　：fatevenus@yahoo.com.tw
版　　次：2011年4月 初版
登 記 證：行政院新聞局局版北市業字第653號
法律顧問：郭啟疆律師
定　　價：400 元

行政院新聞局局版北字業字第 653 號

ISBN :978-986-6441-38-7　（平裝）

（因掛號郵資漲價，凡郵購五冊以上，九折優惠。本社負擔掛號寄書郵資。單冊及二、三、四冊郵購，恕無折扣，敬請諒察！）

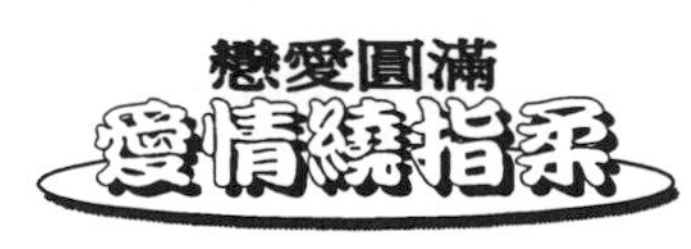

序

這本『戀愛圓滿—愛情繞指柔』是寫給普天下正在戀愛、或是渴望戀愛的、對戀愛有美麗憧憬的善男信女們的一本為『愛情』打氣的一本書。

每一天，在我們周遭的芸芸眾生中有數以萬計的『戀情』，有的正在萌芽、有的正在發展、有的已結果。還有的已壞死、分離。這些狀況，每天就像野草漫生在春發的大地一般，也像野火燎原之勢，從不曾停息過。有的人在愛情中受過傷，又再投入戀愛戰場，有的人，戀愛一個接一個談不完，也不會受傷。更有的人，一生也碰不到一個戀愛對象，你說奇怪不奇怪？

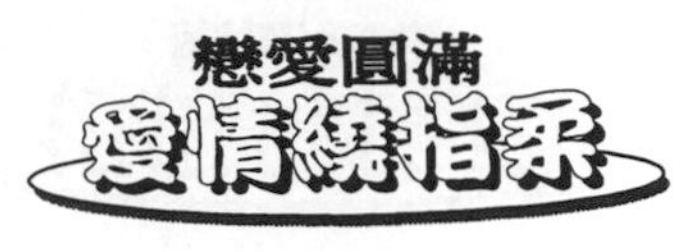

其實，這一點也不奇怪！因為戀愛的問題，以及你到底有沒有愛情能力？有沒有愛情智商？其實早已在你出生時已命中註定了！也就是說，從八字中就可看出你這個人的『愛情觀』或你一生在愛情中的幸福有多少？會不會遇到好對象？到底有沒有人來愛你？你一生會不會白等了『真命天子』或『天女』？

『愛情能力』和『愛情智商』存在於你的『八字』之『日主』、『日柱』當中。也就是你農曆出生日的當天之『日干支』。這個『日干支』若是生的好，日支為日主之財的，你的『愛情能力』與『愛情智商』就會高，一生的幸福吉數也會特強。同時你和任何人相處的模式，都會圓滑受人喜愛，不會脾氣古怪、亂發脾氣！折騰別人。也不會對別人提出無理的要求。你會性格溫和！會以表面上是為大家好好顧全大局的方式，實際上是以自己

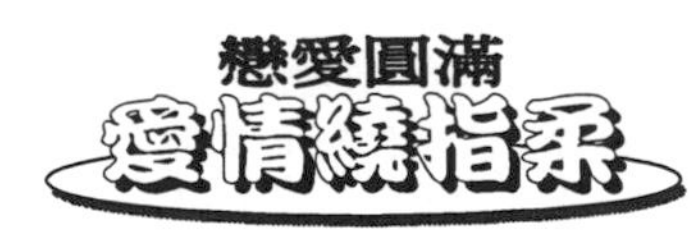

的本位主義做出發點的做法，很能夠得了便宜又賣乖的佔到好處，讓人誇獎。

會有好的『愛情能力』和『愛情智商』的『日干支』，例如『乙丑』、『己丑』、『甲辰』、『乙卯』、『辛酉』、『庚申』等等。像『戊子』、『戊辰』、『戊寅』雖也不錯，但害怕其他的地支會和日支形成別的刑剋日主的格局，如此就不夠完美了。其實前面乙丑…等等的好日支，其實也會出現這個問題，會和其他的地支易形成剋局，也就對本命不妙了。也正因為如此，真正能具有『愛情能力』的人，是不多的。也真正具有『愛情智商』的人更是少之又少的。所以呀！有這些好的『日主』的人，你們也可以知道你擁有這種談戀愛的能力及智商，是多麼彌足珍貴的吧！

其他的，如日干支相剋不合的人，如甲申、庚午、丙子、己

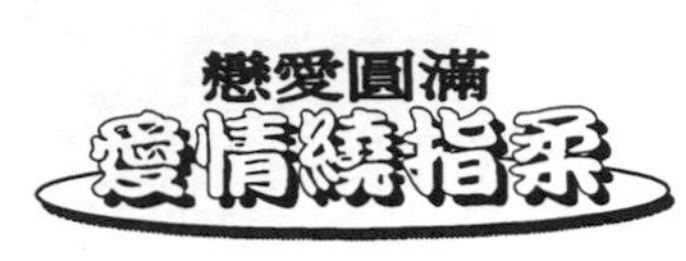

卯、庚寅、壬寅、乙巳⋯等等的人，則你們容易有轟轟烈烈的戀愛，或不戀愛。在戀愛史上有兩極化的趨勢。如果年支、月支、時支再來和日支形成刑剋的合局，就會一生也不幸福，人生多湍急波濤了。

人內在的愛情模式對人生的命運影響很大，愛情的好惡會主宰你的思想的判斷力，再直接影響人生的命運結果。因此要想嚐到繞指柔的愛情，必須也改變一下自己的衝動舒發的性格不可，如此才真正能戀愛圓滿，體驗到戀愛的真味！

法雲居士　謹識

命理生活叢書98

戀愛圓滿——愛情繞指柔

目錄

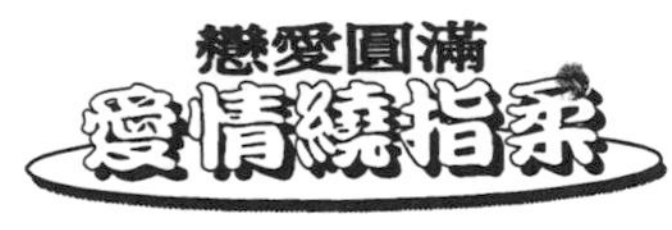

第一章　愛情是『人』的精神層面的大宇宙

在人生中的重大課題裡，通常我們都會把人生分做兩個部份。一個是外在成就的部份，一個是內在精神層面的部份，因為人在嬰、幼年時代是成長、哺育的階段，智慧還在矇懂的學習發展的階段。而人生中最精華璀燦的時代才是人生主幹發展的時代，而外在成就部份和內在精神層面就是人生的兩大主幹架構。

『外在成就』部份獨成一個架構，關係著人一生的財祿、勞動力、

奮發力的展現，它多半在人生中導向物質上的取得。因此它組成一個單獨的小宇宙。在命理學中有許多相關的宮位，例如財帛宮、官祿宮、遷移宮、命宮、福德宮、田宅宮等會像小行星一樣在這個小宇宙中運行在一定的軌道上。

內在精神層面的愛情觀在人生中也獨成一個架構，它關係若人一生精神上的、情愛的獲得，支出、勞動力、喜怒哀樂、奮發力的促進。因為它多半導向感情、精神上的獲得和付出。它也會形成另外一個單獨的大宇宙。在命理學中，就有夫妻宮、遷移宮、福德宮、命宮、兄弟宮、子女宮、田宅宮等等會像小行星一樣在這個大宇宙中運行在一定的軌道上了。

事實上，這兩個宇宙有重疊的部份。你也可發覺到在這兩個宇宙中同樣有命宮、遷移宮、福德宮、田宅宮等等出現。也就是說兩個宇宙中，在命宮、遷移宮、福德宮、田宅宮就是重疊，交相交錯的部份。因此在人生的戀愛運及婚姻運中，很多人會認為它是事業運的延伸。但是我不同意這種說法。我認為它們是不同的宇宙關係，只是彼此有交相交錯的部份而已。這一點我在後面的章節中會證明。

通常人在二十多歲以後便開始走上外在成就與內在精神層面發展的路子了。這兩個外在成就與內在精神層面會一直陪伴你們到老年。內在精神層面甚至比外在成就陪伴人的時間更長久。因此要說這兩個內外層面主宰人一生數十年的命運，至少有四分之三的人生命運是一點也不為過的。

戀愛運主宰著人在感情中的抒發，也主宰著人類情緒上的接收效應。

戀愛運更主宰著一個家庭的延續昌隆，和個人精神生命的延續。好

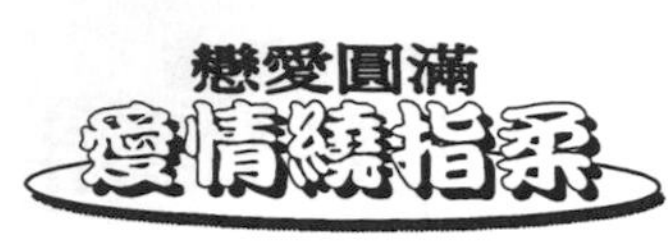

的愛情運可以創造父慈子孝的和樂家庭，並且更能積蓄與創造家庭的財富。還可以教養出延續家庭生命的優良品種的子女。而不好的愛情運，不但破壞了一個人自身的一生幸福和人生歷程，創造了自己一生痛苦的生活環境。也會製造破碎的家庭，可憐的子女，更會導致社會的紛亂。現代社會中的紛亂現象，劫殺，搶奪，以及青少年問題，就是不良愛情運的產物。

因此愛情運是小可以齊家，創造個人及家庭財富，敦促個人奮發有為的力量，使個人建功立業的根本根基礎石。更是大可以使天下太平，為社會、國家付出一己之力的重大關鍵所在了。所以現在的新新人類（年青人）若再要以『只要自己喜歡，有什麼不可以』，來製造社會問題，不重視愛情運，不重視自己的幸福，未婚生子，或者是只生不養，把嬰兒當流浪狗般遺棄，亦或是頻頻墮胎，又相信嬰靈作怪的人，這些

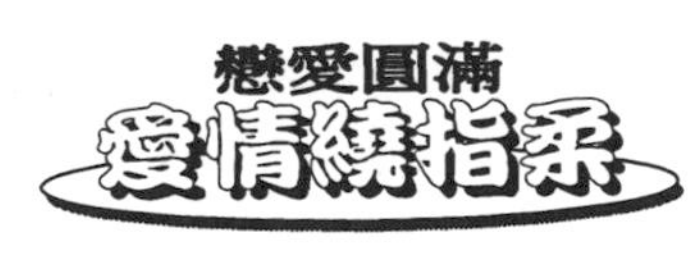

人就是把自己人生中本來是美好的兩個大宇宙，紛紛推向黑暗深淵的人了。這些問題其實也源自上一代的愛情運不佳，或是不知好好掌握戀愛運。也因此在社會上求財的人很多，但真正能得到財富及保有財富的人很少了。再加上，人縱使有很多的錢財，但在感情上的不愉快，人生也是不完美及淒慘的。

人的感情世界，通常也是個秘密的三度空間宇宙，是任何人無法介入的。別人只有從他對另外一個人施放的情感方式來探知此人感情世界和種種跡象，但絕對是只有部份的猜測而已，並不會有全然的明瞭。但是我們從紫微斗數命盤中的『夫妻宮』中就可探測到此人一些不為人知的感情秘密了。

現在我們既然知道『戀愛運』不但主宰了自己絕大部份的命運，同時也影響了下一代子孫以及可能涉及社會、國家中更多人的命運。實在

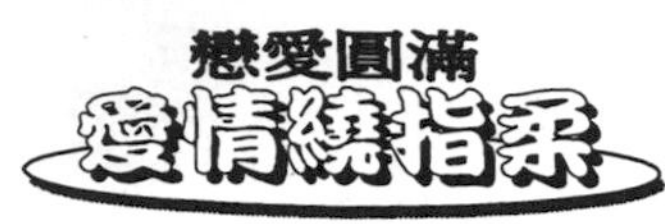

應該從分析自己開始，好好的深探『戀愛運』的發生、始末，從開始掌握到結果，這不但有助於自己維持一生快樂、美滿的人生，更可以輔助人生另一個架構—外在成就。而達到財官並美，福壽康寧的人生境界。

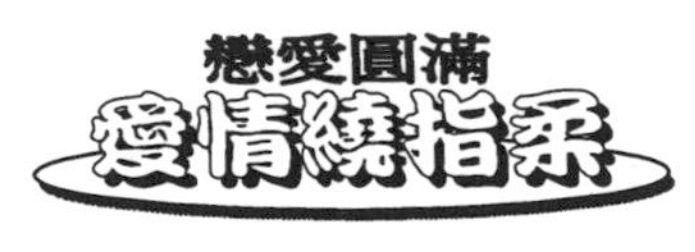

第二章　你會遇到什麼樣的愛情對手

由先天命盤中的『夫妻宮』會顯示出情人及未來配偶的相貌、個性、成就、職業

平常在大家的觀念裡，就好像對『緣份』這個東西特別迷信。很多人徬徨徘徊在愛情取捨的階段時，常常會說：『隨緣吧！』好像就心灰意懶了起來。到底戀愛運是如何形成的？到底有沒有『愛情天注定』這回事呢？大家都很懷疑。其實大家更懷疑的是：自己能在戀愛運中得到

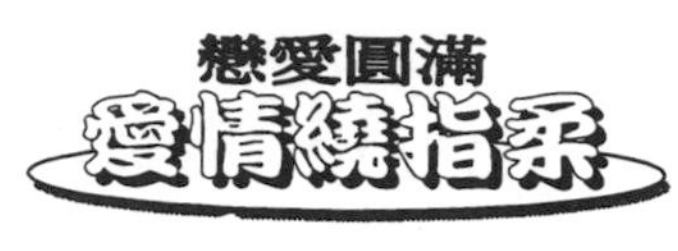

什麼樣的情人、真愛?為什麼?準不準?

在我為人命相的過程裡，很多人都是來問財運和工作運的。但是在命相的過程中，我都會順便提一下這個人的戀愛運，與情人和配偶的長相及個性。常常讓來命相的人很訝異。有些人甚至當場就問我：『老師，你又沒看到我的女朋友，怎麼會知道她長得什麼樣?脾氣好不好?』

我說：『我完全由你的命盤中看到的呀！不是『命』裡面的情人是不會在一起的，而且那種感情也進入不了狀況，很快便會分手了。』

戀愛運和每個人的財運、事業運全都有關連。光是財運好、事業運好、戀愛運不好的人，一生的財富和事業的格局好的也有限。這主要的原因是代表戀愛運的夫妻宮本身所包含的意義就廣泛的包括了每個人的感情智商和情緒智商，這也就是現代人所稱的ＥＱ的問題，ＥＱ就是組成現代人事業成功和獲得財富的最大秘密武器。這在下一個章節會談到。

現在要談的是根據你命盤中命宮主星，就會決定你的夫妻宮中會有那些星曜出現，而你的情人的相貌、身形、個性、職業類別、做人處事的態度、有沒有事業的成就，就會應運而生。你不用說它是很奇妙的事，你只要去印證看準不準？而我已經印證了二十多年了，所以才很有信心的寫這本書。

不過呢！我還是要談到的一點，就是：人在剛出生的一剎那，命盤格局已經形成，命宮主星也已產生，夫妻宮就已決定了！這算不算是『姻緣天注定』呢？某些夫妻宮不好的人，像是夫妻宮中有擎羊星的朋友，常想尋找有錢又溫馴又有幫夫運的愛人，常常拿別人的命盤來問我，看看這個對象有沒有錢呀？好不好呀？漂不漂亮呀？有沒有幫夫

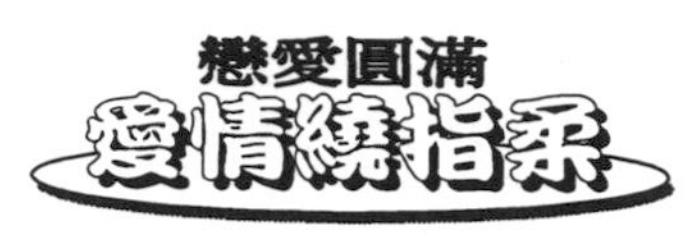

運？或是會不會自己工作賺錢之類的事，這些人都讓我不恥！就算是別人有錢，但也不一定是你命中的愛人。別人再好，你也不一定嫁娶得到。每個人要看自己有沒有能力？自己有沒有感情智商和情緒智商？也要看自己有沒有賺錢能力和工作能力？雖然說姻緣的事好像已經天生注定了，但是只要自己多修養、去掉自己夫妻宮那顆不好的、計較的，會刑剋配偶的擎羊星，自然也會贏得美滿的姻緣和幸福的人生。倘若只一味的要求要尋找條件好、能幹有錢的配偶？不是蹉跎了光陰，就是雖然得到了類似的愛人也不知好好珍惜而浪費掉。結果依然是回到原點，戕害了自己的愛情運。

依命宮主星而形成的夫妻宮，看你命中情人的條件

紫微坐命的人，夫妻宮是七殺星

情人多半是身材不高、骨骼硬朗、瘦型、眼睛很大有神、做事很幹練，不論男女，都是有自己的工作成就的人。他們的個性強悍、自主性強、很獨立、不喜歡靠別人幫忙、喜歡自己決定事情、意志力堅定、有決心和企圖心力爭上游。同時他們也是穩重的，不苟言笑的、背負自己特殊使命的人。

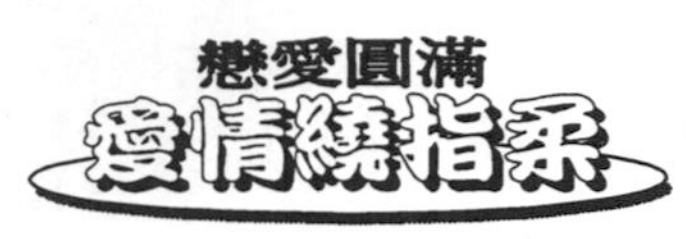

紫府坐命的人，夫妻宮是破軍星

情人多半是性格開朗，凡事無所謂的人。身材不高、粗壯、腰背厚、肩寬、背厚，有些人有斜肩。通常家中有父母不全，或有棄祖離宗的情形，有時也會是早年即離家自立的人。他們一生有多次開創事業的格局，做事耗敗金錢，或是離婚、結婚多次。最後紫府坐命的人和情人仍是以分手或生離死別做收場。每個人的人生裡都有一破，而紫府坐命的人，就破在夫妻宮。

紫貪坐命的人，夫妻宮是天府星

情人多半是性格溫和、行為態度嚴謹、穩重的人，他們長相氣派、高雅、皮膚白、有中高身材。做事一板一眼，很會理財，家世也在中高以上的世家，具有家財。他是凡事謹慎、喜歡計較，有些嘮叨、嚕嗦型的人物。但是全都是一心一意為自己的配偶來算計、打點、全心全力的付出。因此是愛情非常美滿的戀愛運。自己和情人也都能情投意合的享受愛情生活。

紫相坐命的人，夫妻宮是貪狼星

紫相坐命的人，夫妻宮的貪狼星是居平的。因此情人的身材不高、中等。他們的體型很好、外表俊美、做人圓滑、從不得罪人。他們的速度很快、性子急、做事馬虎、好像有點不負責任。並且對金錢很浪費，沒有理財能力。在性格上完全和紫相坐命的人背道而馳，價值觀似乎也不太一樣，因此戀愛運不算好。

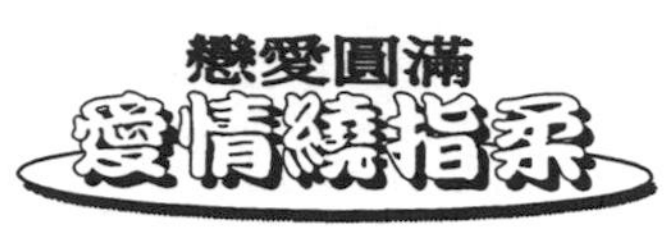

紫殺坐命的人，夫妻宮是天相星

紫殺坐命的人，夫妻宮是天相居陷。配偶是身材瘦小、長相忠厚老實的人，他很勞碌、整天忙來忙去、很聽情人的話，也很少發表自己的意見，是一個常常收拾殘局、料理善後的人。他做事負責盡職、從不抱怨、思想正派、會體貼人、能夠容忍配偶的大男人主義或大女人主義、外表的樣子常像小媳婦似的，但的確是個溫和、懂事又重情義的人。戀愛運很好，能夫唱婦隨。

紫破坐命的人，夫妻宮是空宮

紫破坐命的人，夫妻宮是空宮，有廉貪相照，會擁有多次戀愛和婚

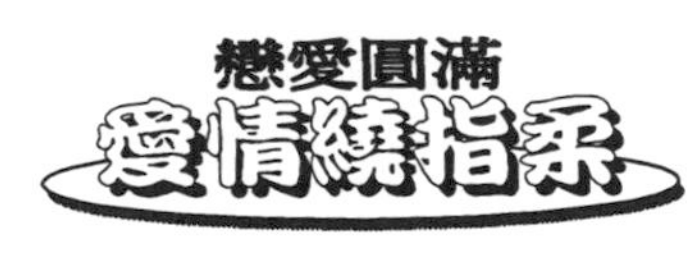

姻、及不倫的戀情。紫破坐命的人，有淫奔大行，會和人私奔、偷情、外遇、嫁娶已結過婚的人。同樣情人多半也是品行不端或有瑕疵的人。倘若夫妻宮有文昌、文曲入宮，情人是長相還不錯，但桃花重、性行為不檢點的人。夫妻宮有陀羅星入宮，情人也是好色而愚笨、長相醜的人。有火星、鈴星入夫妻宮，情人是暴躁不安、行為乖僻的人。有天空、地劫入夫妻宮，紫破坐命的人，會遁入空門為僧道之流。

天機坐命子、午宮的人，夫妻宮是太陽星

天機坐命子、午宮的人，夫妻宮是太陽。情人是大臉、身材高大、骨架大的人。性格溫和、寬宏。**天機坐命子宮的人**，夫妻宮的太陽居陷。情人性格悶悶的，很沈默、工作的發展性較小。有眼目的疾病和高

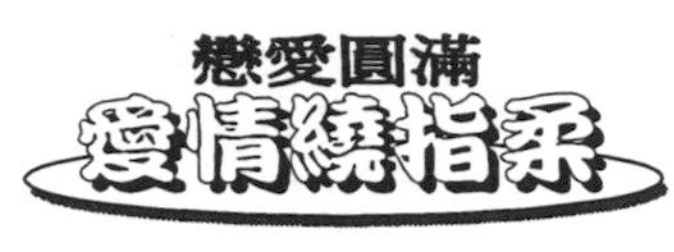

血壓、視力不好。要小心情人或配偶中年以後會早逝的危險。

天機坐命午宮的人，夫妻宮的太陽居旺，情人的性格開朗、豪爽、事業很順暢、職位高、有權位。其人說話大聲、身體很好，一生事業、戀愛運、財運都很順利。天機坐命子、午宮的人，只要夫妻宮沒有化忌、擎羊，戀愛運都不錯。

天機坐命丑、未宮的人，夫妻宮是太陽星

天機坐命丑宮的人，夫妻宮的太陽是居陷的，因此情人是性格悶、沈默、不愛講話的人，常隱蔽在人後，做事不積極，有心灰意懶的感覺，他在男人社會中沒有競爭力，與男性同事與朋友較不合。必須小心眼疾和高血壓，也會有早逝的問題，壽命不長。

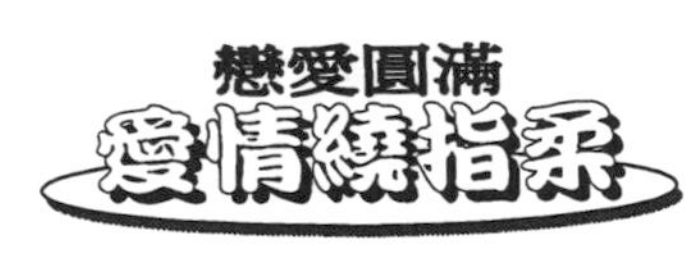

天機坐命未宮的人，夫妻宮的太陽星是居旺的。因此情人是性格開朗、做事積極、能力好、有競爭力、有地位、權勢的人，經濟能力也不錯的人。

天機坐命丑、未宮的人，夫妻宮都是太陽，情人的長相都是大臉或大圓臉、身材體型高大、溫和、寬宏、有慈愛心的人。只要沒有化忌和擎羊在夫妻宮，戀愛運都不錯。

天機坐命巳、亥宮的人，夫妻宮是陽梁

天機坐命巳、亥宮的人，夫妻宮是陽梁。情人是性格爽朗、大方、海派的人。**命坐巳宮的人**，情人個子高大、性格積極，在事業上有衝勁、事業運較好、有名聲、地位、會做高官。

天機坐命亥宮的人，情人的個子中矮、性格較懶散、為閒雲野鶴之士，沒有衝勁，為平常百姓，可能為卜卦算命之人。

天機坐命巳、亥宮的人，情人都是性格慈愛、溫和、固執，自己有主見，別人不能左右他的人。

機陰坐命的人，夫妻宮是太陽星

機陰坐命的人，夫妻宮是太陽，情人都是性格開朗、較陽剛氣，大而化之，很寬宏不計較他人是非的人。他的個子體型大、骨架大、圓臉像太陽一樣。溫和、有禮。**機陰坐命寅宮的人**，情人比較文靜，常會悶聲不吭氣。**機陰坐命申宮的人**，情人是活潑、開朗、大嗓門的人。他們的戀愛運都極美滿。

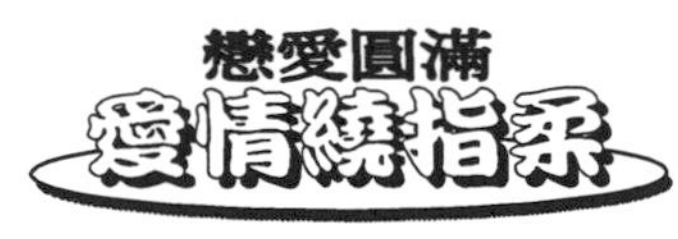

空宮坐命的人，夫妻宮是天梁星

空宮坐命有機陰相照的人，夫妻宮是天梁居廟。不論命宮空宮中進入文昌、文曲、左輔、右弼、陀羅、火星、鈴星，其夫妻宮都是天梁星居廟。情人多半是長方型臉、身材高大、性格高傲、有機謀、口才好、善辯、為人外表厚重、威嚴、霸道、自負的人。同時情人也是愛照顧人，喜歡管閒事、管別人家的閒事，自己家卻不愛管的人。他也有自私心態，只照顧和自己有相同利益的小圈圈中的人，以外的人他全不管。

空宮坐命，有機陰相照的人，情人都會比自己的年紀大許多。

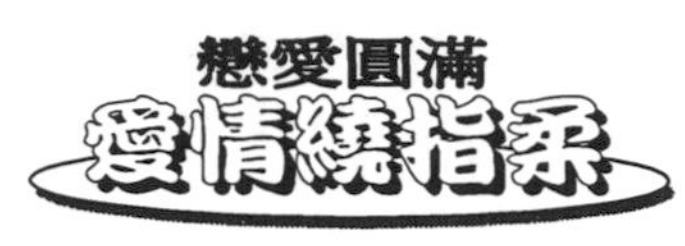

機巨坐命的人，夫妻宮是太陽、太陰

機巨坐命的人，夫妻宮是日月。情人是長相柔美、圓臉、身材中高、身材好的人。性格陰晴不定、常拿不定主意、善變、愛東西想，有時候也會腳踏雙船，情感呈現不穩定的狀態。心情也常不好，喜歡別人來哄他。**機巨坐命卯宮的人**，情人是陰柔一點的人，愛哭、喜歡情人常講甜蜜的話來哄他。**機巨坐命酉宮的人**，情人是稍為性格陽剛一點的人，喜歡情人拿出實際行動來表示愛意。

機巨坐命的人，戀愛運隨心情而變化，但仍然是算好的戀愛運，只是比較累一點而已。

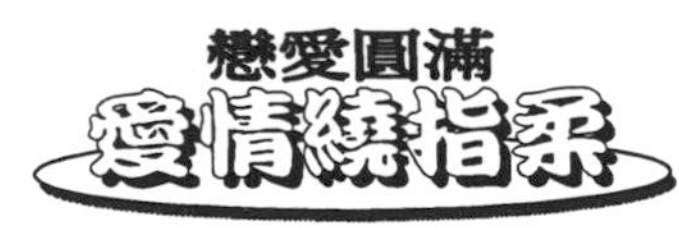

空宮坐命有機巨相照的人，夫妻宮是空宮有日月相照

空宮坐命卯、酉宮，有機巨相照的人，本身他們的性格、相貌和機巨坐命的人就很類似。只是機巨坐命的人身材高大一點。倘若是擎羊或文曲、火星坐命有機巨相照的人，身材就瘦小、性格較閃爍、陰滑而已。**他們的夫妻是空宮有日月相照**。他們的感情不深刻，情人會是個性陰晴不定，圓臉、善變、愛東想西想的人。戀愛運也常產生不確定的感覺。但是只要他們對情人很依戀，戀愛運就會很好。

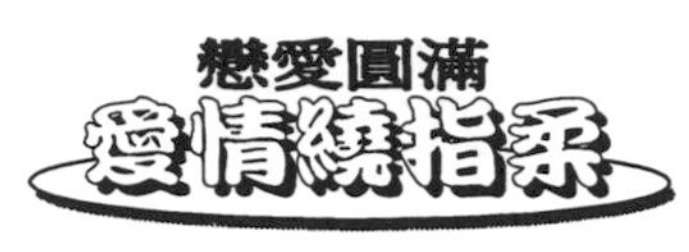

機梁坐命的人，夫妻宮是太陽、巨門

機梁坐命的人，夫妻宮是陽巨，情人是性格開朗、愛逞口舌是非的人，他的個子不高、喜歡高談闊論、喜歡舌辯。大臉、嘴吧大、口才好。和好辯、愛說話的機梁坐命者，剛好是一對，因此戀愛運不錯。機梁坐命辰宮的人，情人的事業較做得好，經濟能力強。機梁坐命戌宮的人，情人的衝勁不足、工作運也差，經濟能力也較薄弱。

空宮坐命有機梁相照的人，夫妻宮是空宮有陽巨相照

空宮坐命有機梁相照的人，本身命就不強，容易恍恍惚惚，再加上

夫妻宮是空宮，情感不深刻。情人是性格還算開朗、喜歡說笑、口舌是非多的人。他們的嗓門大、不太用腦子，只是一般小市民的心態。工作運也不強。

太陽坐命子、午、亥宮的人，夫妻宮是天同星

太陽坐命子、午、巳、亥宮的人，夫妻宮是天同星。情人是溫和、沒有脾氣、工作忙碌、不能享福的人。也是拙於言詞、不會談情說愛之人。情侶感情平順得像兄弟姐妹之間的感情。很安定、沒有變化、戀愛運特佳。

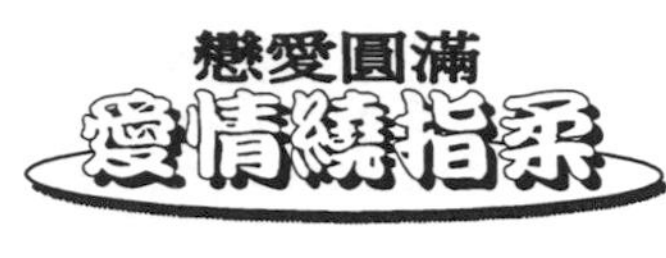

太陽坐命辰、戌宮的人，夫妻宮是天同、天梁

情人是溫和、人緣好，喜歡照顧別人的人。太陽命坐辰宮的人，情人是年紀比自己稍大，比較勤勞，喜歡打拼工作的人。**太陽坐命戌宮的人，**情人是年紀比自己小、比較懶惰、愛享福、工作能力薄弱的人。

日月坐命的人，夫妻宮是天同星

太陽、太陰坐命的人，情人是長相清秀、溫和老實、很聽話、又很世故、能處處讓著日月坐命的人。並且幫忙打點一切、侍候他、寵愛他。在外人的眼裡，這個情人好像完全失去自我的一味犧牲。實則他是因為愛的力量而願意為情人做一切的事。真是太幸福的戀愛運了。

陽巨坐命的人，夫妻宮是天同、太陰

陽巨坐命寅宮的人，情人是女性，就是天生的美人胚子，身材圓潤豐滿、臉蛋漂亮。情人是男性，就是身材好、俊俏、瀟灑、有女性緣、有陰柔的性格氣質、文質彬彬，擁有像公務員般固定的工作，一生按步就班，生活很規律踏實、舒服。

陽巨坐命申宮的人，情人是相貌中等、略瘦小，並不特別美麗。但很勞碌繁忙、做公務員類似的工作、薪水少、職等低、性格依然溫柔，但有時有怪脾氣、心情起伏不定，情緒不穩定。

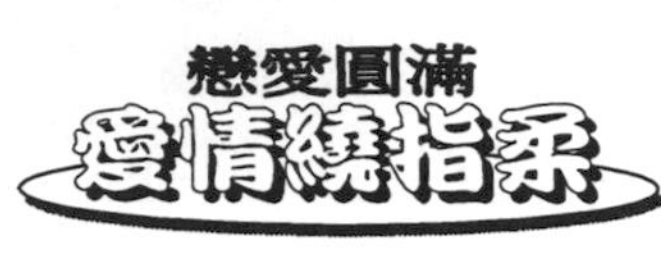

空宮坐命有日月相照的人，夫妻宮是天梁陷落

空宮坐命丑、未宮，有日月相照的人，夫妻宮是天梁陷落。情人比自己的年紀小好多歲。女子會找到小丈夫。情人是性格溫和、但沒什麼責任感，不能照顧別人，對家庭也不太付出心力。他的體型中等略矮、脾氣固執、較懶、愛享福，希望別人來照顧他。

空宮坐命有陽巨相照的人，夫妻宮是空宮有同陰相照

空宮坐命寅、申宮，有陽巨相照的人，其人性格、外貌長相和陽巨

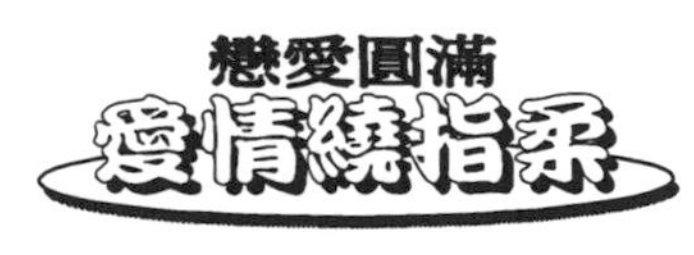

坐命的人非常類似。**他的夫妻宮是空宮**，又有同陰相照，除了對感情有不太深刻的感覺之外，他的情人的條件和陽巨坐命的人又很類似。

空宮坐命寅宮的人，情人是身材較瘦、不高、相貌中等，不特別美麗、較勞碌較忙、做薪水階級、職低薪少的工作，雖然溫和但情緒多變，有怪脾氣的人。

空宮坐命申宮的人，情人是相貌俊俏美麗、豐滿多肉、身材好的人，性格陰柔、有文質彬彬的氣質，擁有固定的工作，收入較豐，較會享受生活的人。

陽梁坐命的人，夫妻宮是天同、巨門

陽梁坐命的人，情人是表面溫和，但內心情緒不穩，常惹是非，給

人氣受的人。他對外人比較好，比較愛面子。對自家人就任性放肆。他沒有工作能力，有的是時間來與人爭鬥找碴。因此陽梁坐命的人戀愛運是很差的。

空宮坐命有陽梁相照的人，夫妻宮是空宮有同巨相照

空宮坐卯、酉宮有陽梁相照的人，他們也是感情方面感覺不深刻的人。情人是外表溫和，但常惹是非爭鬥、愛找碴的人，情緒不穩定，他的身材不高、豐滿多肉、很愛享福、口舌銳利。

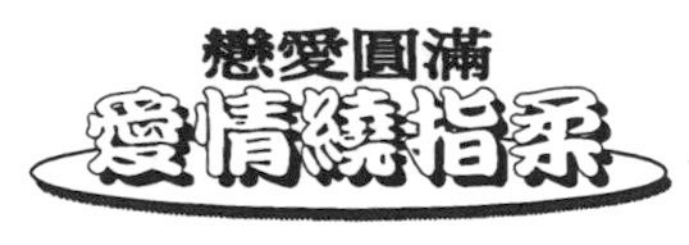

武曲坐命的人，夫妻宮是七殺星

情人是個子不高、瘦型骨重、大眼睛、很有威嚴的人。他很忙碌，喜歡打拼事業、個性強悍、不服輸，一定會有屬於自己的工作成就。**情人最好是七殺坐命的人，戀愛運就會順利。**

武貪坐命的人，夫妻宮是天府星

情人是長得白白淨淨的公務員，很會理財，性格有些計較小氣、吝嗇，但為人忠厚、穩重、做事一板一眼，能得到別人的尊敬。他是武貪坐命者的財庫，會幫忙他儲存財富，因此戀愛運最終結果是美滿的。

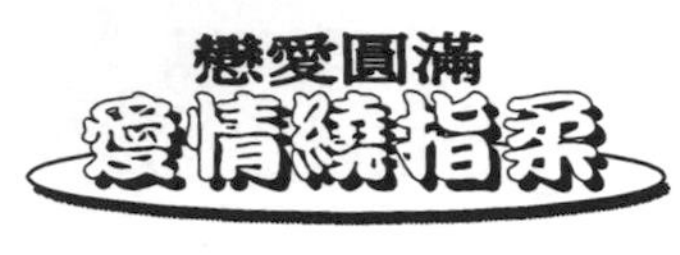

空宮坐命有武貪相照的人，夫妻宮是紫微、七殺

空宮坐命有武貪相照的人，情人是外表長相氣派、個子不高、略矮、不胖、較壯、大眼睛、瞳孔大而亮、眼眸漂亮的人。他很有打拼精神，願意獨自努力做自己喜歡做的事，平常很安靜，遇到談得來的人就很健談。遇到不喜歡的工作，就懶洋洋的。是一個拼命時就很拼命，懶惰時，根本叫不動他的人。

武相坐命的人，夫妻宮是貪狼星

情人及配偶是身材高佻、長相俊美的人，他的性格圓滑，不會得罪

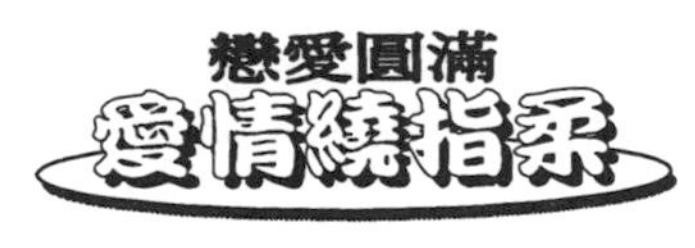

人。做事快速，有些草率馬虎。聰明、善變、有特殊才藝、對新鮮事物有興趣，不喜歡做固定和一成不變的工作。喜歡東奔西跑，是一個定不下心來的人。也是一個不會理財，對金錢沒有概念、有浪費習性的人。他對感情問題也不喜歡輕易許下諾言。多半會從事軍警職、教職的行業。

武殺坐命的人，夫妻宮是天相星

武殺坐命的人，情人是長相溫和老實、穩重、相貌端正、很會做事，有勤勞特質的老好人。喜歡為人排憂解難。為人公正、處事公平，是個溫和而衝勁不足的人。他喜好穿著、服飾講究，也喜好美食享受。注重生活情趣和家居生活，不喜歡惹麻煩。戀愛運很好。

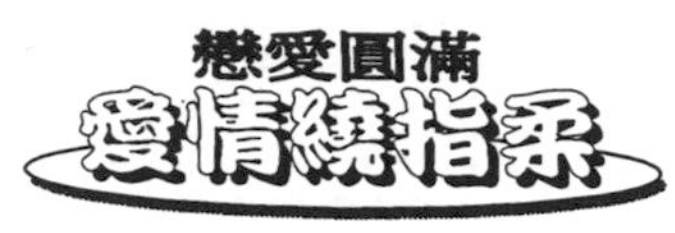

武破坐命的人，夫妻宮是空宮有紫貪相照

武破坐命的人，對感情不深刻，容易移情別戀，也容易有同居不結婚的關係，**夫妻宮是空宮有紫貪相照**。情人或配偶是外表身材姣美，和他能彼此與趣相投的人。武破坐命的人比較好色，情人關係彼此建立在性生活上，但常常會換人，武破坐命的人是自以為很會談戀愛，換情人如衣服的人。

武府坐命的人，夫妻宮是破軍星

武府坐命的人，情人是性格開朗、豪放、多疑、心思反覆不定、性格難以捉摸的人，他的好勝心強、敢愛敢恨、做事幹勁十足、喜歡開創

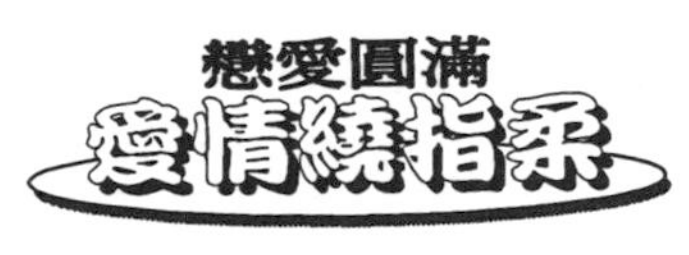

發展新的事業和事物。一生浪費多、消耗多、價值觀很不嚴謹、不會理財、做事也常破敗。情侶感情是剛開始還好，最後多半以分手收場。

天同坐命卯、酉宮的人，夫妻宮是天梁星

情人是比自己年紀大的人。男子會有比自己年長之情人。情人性格溫和、慈愛、很會照顧人。性格上有些霸道、頑固，但一切的事情他都會先安排好了，不容自己煩心。情人知識水準很高，能幫助自己的事業，是非常美滿的戀愛運。

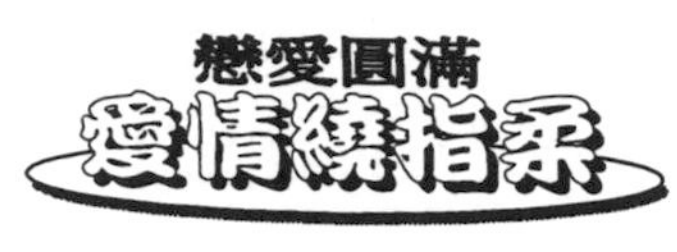

天同坐命辰、戌宮的人，夫妻宮是空宮有機陰相照

夫妻宮為空宮的人，感情緣份都不深，較容易與人同居或離婚。

天同坐命辰、戌宮的人，情人是性格多變、情緒不穩定的人。他外表長相美麗、身材挺拔、有陰柔的氣質，也具有特殊的才能，但生命中波動很多。必須小心呵護，戀愛運才會幸福。

天同坐命巳、亥宮的人，夫妻宮是空宮有機巨相照

情人是性格多變、情緒不穩定的人，夫妻宮中有擎羊、文曲等星的

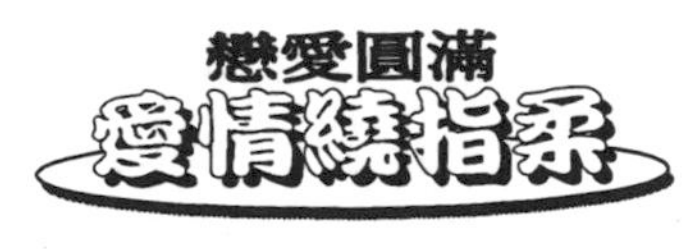

人，情人個子較矮的人，**夫妻宮中沒有主星的人**，情人是個子高大的人。情人是個學有專精的人，具有專業技能，會在學術機構或技術部門工作，性格高傲，喜歡研究事情。而且多半是個有傷心戀史的人。他為人聰明、智商高，但是常惹口舌是非、人緣並不好。戀愛運尚可。

同陰坐命的人，夫妻宮是空宮有機梁相照

同陰坐命的人，情人的戀愛熱情不算強。情人是個子中等，瘦型，嘴巴很會講話，口才好，喜歡管閒事。但真有事請他幫忙，他又會推拖，有點言不由衷的人。平常是嘰嘰呱呱很聒噪的人。一臉聰明相，真有事卻並不一定能負責任，能解決。在心態上是個愛惹是非的人。同時是口惠而不實惠，對人沒有實質助益的人。戀愛運不算好。情人也常是

個光說不練，不想工作的人。當然更沒有財運了。

同巨坐命的人，夫妻宮是太陰星

同巨坐命丑宮的人，戀愛運最好。情人相貌俊美，更是心思細密，能溫柔多情的相待的人。情人同時也是經濟能力好，多金富足，能穩定家庭生活的支柱。

同巨坐命未宮的人，戀愛運較差。情人是看起來溫和、相貌普通，情緒不穩定，性格脾氣有些怪的人。情侶間的感情不算很融洽，情人也是經濟能力差，只有中等以下水準生活的人。

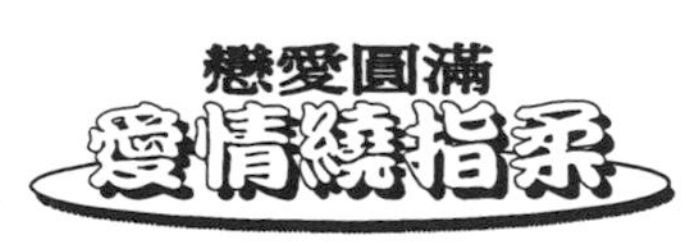

同梁坐命的人，夫妻宮是巨門星

情人是喜歡講話，大噪門、口才好、嘴巴大，並且靠口才吃飯的人，情侶間的口舌是非多，爭吵多、家無寧日。表面看起來情人是性格開朗的人，但實則多疑、挑剔、得理不饒人，戀愛生活不算美滿。但是能忍耐，戀愛運也不算太壞。

空宮坐命有同陰相照的人，夫妻宮是空宮有機梁相照

空宮坐命有同陰相照的人，包括了擎羊在午宮坐命，有同陰相照的『馬頭帶箭』格的人。他們的夫妻宮是空宮，姻緣不算強，有機梁相

照，情人是體型不高、瘦型、喜歡講話、為人聒噪，也喜歡講漂亮話的人。常常自作聰明，對別人很少給予實質的利益，是一個油滑不實在的人，而且有同居不婚的徵兆。

戀愛圓滿
愛情繞指柔

空宮坐命有同巨相照的人，夫妻宮是天機居平

空宮坐命有同巨相照的人，包括昌曲坐命未宮，有同巨相照的『明珠出海』格的人。

情人是個子矮瘦單薄。為人文質彬彬，有陰柔的感覺。他的心情常反覆變化，呈現不穩定的狀態。情侶間的感情也常起伏，戀愛運不算好，可能會分手或離婚。

空宮坐命有同梁相照的人，夫妻宮是天機居廟

情人是聰明、機智、性格善變的人。身材中高、較壯一點。會做變化多端、常轉換環境或人際關係複雜的工作。是一個很會利用變化使自己更增強得利的人。但是他們也常製造是非，必須有強有力的人來壓制他。戀愛運還可以，但會多妻妾、外遇。

廉貞坐命的人，夫妻宮是七殺居旺

情人是個子不高，大眼睛，性格強悍的人。他每天很忙碌，會打拚自己的事業，不喜歡別人管，而喜歡管別人。他應該有自己獨立的事業，情侶間的磨擦就會少了。戀愛運會較幸福。

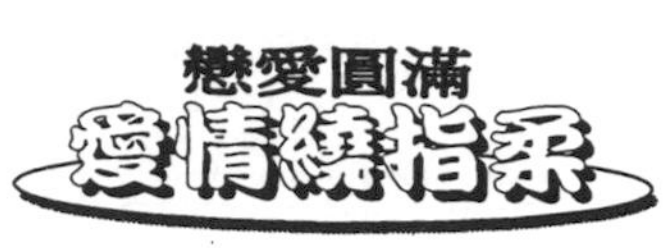

廉府坐命的人，夫妻宮是破軍居得地

情人是性格開放、豪爽，但內心反覆不定、私心重的人。他不會理財，價值觀也與情人不相合，是常常引起情侶雙方爭吵的焦點。總之情人是容易耗敗錢財的人。廉府坐命的人容易失戀、分手、離婚，也容易和再婚者結婚。戀愛運不佳。始終找到不適合自己的人。

廉相坐命的人，夫妻宮是貪狼居廟

廉相坐命的人，夫妻宮是貪狼居廟旺，表示他比較貪心，好色、喜歡漂亮的人。情人正是外表身材、長相美麗高佻、性格圓滑，很有交際手腕，但不見得對愛情忠實的人。他的性格強，思想速度快、聰明、多才多藝，此人也是眾人所追逐、眾星拱月的對象。戀情固定後，失去光環，戀愛運就岌岌可危了，可能會有兵變及二次婚姻。

廉殺坐命的人，夫妻宮是天相得地

情人是外表長相忠厚老實，溫和端莊的人。在工作能力上只有一般普通的能力。是一個熱心、心地善良、愛幫助人的人。戀愛運很好。

廉破坐命的人，夫妻宮是空宮有武貪相照

情人是性格剛直、一板一眼的人，對錢比較吝嗇。說話、做事說一不二，不喜歡討價還價。夫妻宮中有文昌、文曲，再有武貪相照，情人

是外表長相美麗、有氣質，性格有些糊塗，但仍然是個性強、小氣的人。**有鈴星、羊陀在夫妻宮中而有武貪相照**，情人就相貌粗曠、性格強悍、粗暴，要從武職，會有大發展。戀愛運要小心維護。

廉貪坐命的人，夫妻宮是天府

情人是外表忠厚穩重、皮膚白、溫和的人。做事很講規矩，喜歡按步就班的做事，是公務員、公教人員的基本型態。在個性上有些嘮叨、愛計較。不過他還會理財，是個小型財庫。戀愛運不錯。

說服力包山包海一把罩

空宮坐命有廉貪相照的人，夫妻宮是武殺

情人是性格強悍、粗暴的人，也是個常埋頭苦幹，卻賺不到什麼錢的人，情侶間常因財物糾紛吵架、打架無寧日，因此是很差的戀愛運。

天府坐命丑、未宮的人，夫妻宮是武破

情人是外貌瘦高，理財能力不好，對賺錢沒有敏感度。對金錢價值觀很混亂，在錢財上不能掌握，而破財、耗財的人。同時他也是剛愎自用，自尊心很強、不聽勸告的人，因此戀愛運常受金錢財務問題所影響。

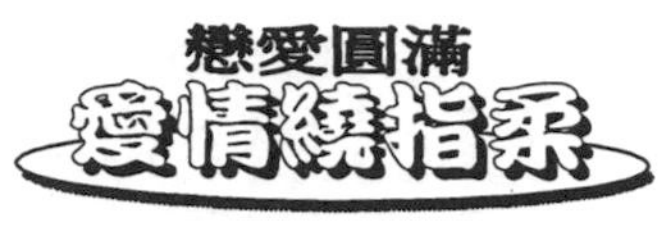

天府坐命卯、酉宮的人，夫妻宮是紫破

情人是長相氣派、性格開朗豪爽的人。他為人四海、慷慨、愛交朋友、相交滿天下，花費也很龐大，但是他也是個在事業上稍具地位的人。戀愛運還不錯。

天府坐命巳、亥宮的人，夫妻宮是廉破

情人是長相醜，條件很差的人，品行也不佳，在財富及賺錢能力都很差。會有多次戀愛及婚姻，戀愛運差。

太陰坐命卯、酉宮的人，夫妻宮是天機陷落

情人是個子身材較矮瘦、形體孤單，瘦弱的人。他的一生機運差，心情常不開朗，為人多疑、善變、問題很多、身體也不好，因此也連帶影響戀愛運不佳。會有失戀、分手、離婚和生離死別的事情發生。

太陰坐命辰、戌宮的人，夫妻宮是空宮有同梁相照

夫妻宮是空宮，常有沒名份的夫妻關係。

情人和配偶是性格溫和、好脾氣、喜歡聊天和服務朋友的人，但是自己家裡的事卻不愛管。平常為人四海，沒有金錢價值觀念，也不會理

財，表面上看戀愛運還不錯，實則暗潮洶湧。

戀愛圓滿 愛情繞指柔

太陰坐命巳、亥宮的人，夫妻宮是空宮有陽梁相照

夫妻宮中若無主星，情人是體型高又大的人，若有擎羊、文曲、火星，則是中矮較瘦型的人。情人是性格表面開朗豪爽的人，有擎羊星的人，情人是心思細密，勞心勞力的人。**有文曲星在夫妻宮的人**，情人是口才好，愛表現的人。**有火星在夫妻宮的人**，情人是暴躁、性情不穩定的人。

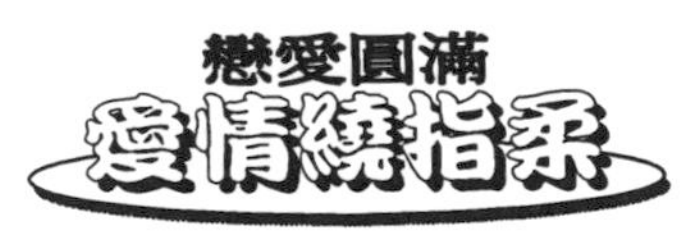

貪狼坐命子、午宮的人，夫妻宮是廉府

情人是身材中等，長相白淨、性格內斂、有交際手腕的人。平常他很少說話、很沈默安靜，但是會在內心運籌帷幄，喜歡拉攏人，擴展人際關係。在他的本性中很小氣計較，但會運用交換利益的方式來收買人心。他同時也是貪狼坐命者的財庫，並幫他理財和存錢。戀愛運很好。

貪狼坐命寅、申宮的人，夫妻宮是武府

情人是個子不高、性格耿直、會理財，也很會賺錢的人。實際上家中的生計絕大部份落在情人身上。捧著一個財庫生活，戀愛運真是太好了。

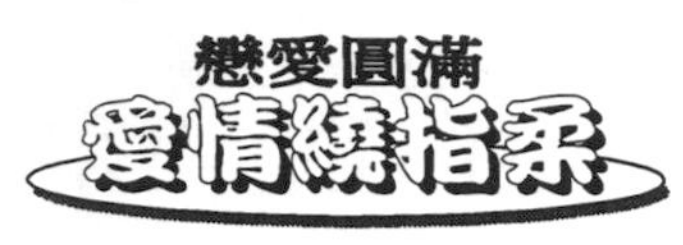

貪狼坐命辰、戌宮的人，夫妻宮是紫府

情人是長相氣派、美麗、家世好，有家財的人，並且也非常會理財，對金錢的運用很有一套，使家庭的生活水準會在中上等以上。是非常和諧美滿的戀愛運。情人正好補足貪狼坐命人不會理財和浪費的習性。

巨門坐命子、午、巳、亥宮的人，夫妻宮是太陰星

巨門坐命子宮、亥宮的人，夫妻宮的太陰星是居旺的。情人是性格溫柔、美麗、多情的人。他會因重情而處理事情不理智。是個重情不重

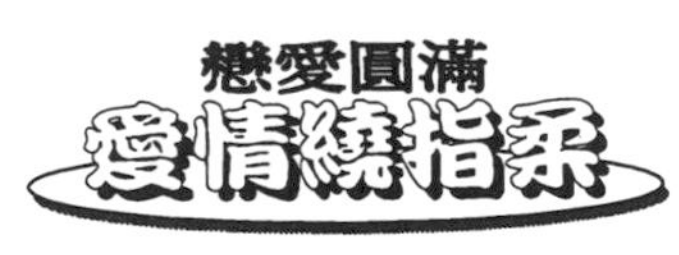

理的人。很會存錢，也會理財、婚姻美滿。

巨門坐命巳宮、午宮的人，夫妻宮的太陰居陷，情人是個陰柔善變的人，相貌普通，脾氣固執、有點怪，與人常不合。理財能力不佳，也不會存錢。戀愛運需維護。

巨門坐命辰、戌宮的人，夫妻宮是機陰

情人是性情善變，不通情理的人。長相還不錯，瘦高型。但脾氣壞，做事也反覆無常，讓人摸不著頭腦。情侶間的感情變化多端，常有第三者侵入，常有多角戀情、劈腿、重婚或多妻妾的跡象(還要看八字來定奪人品)。

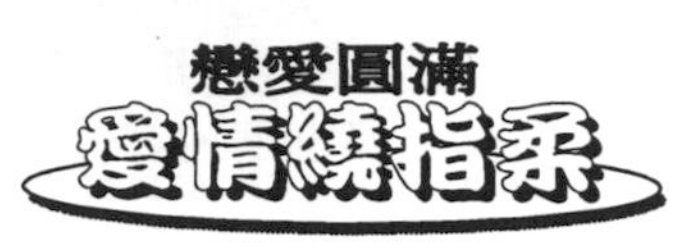

天相坐命丑、未宮的人，夫妻宮是廉貪

情人是品格惡劣，品行不端的人，並且在工作上也是職位低賤的人，情侶感情不佳，常打架、吵架無寧日，有家庭暴力，也會有生離死別的情形發生。戀愛運最差。

天相坐命卯、酉宮的人，夫妻宮是武貪

情人是性格剛直、強悍、體型中等，身材粗壯。在賺錢方面有特殊才能及好運的人。他性格沈默，該講的才講，自我約束嚴格。性情有些吝嗇，但是個講信用，不會說謊的人。戀愛運很好。

天相坐命巳、亥宮的人，夫妻宮是紫貪

情人是個外表俊美、身材好、人緣好、人見人愛的人。長相氣派、氣質好。同時也是各方面關係不錯的人。情侶倆情投意合，興趣相投，戀愛運很幸福。雙方都是喜歡交際應酬的人。

天梁坐命子、午、丑、未宮的人，夫妻宮是巨門星

天梁坐命子、午宮的人，情人是身材矮小，有些肥胖或瘦小的人。家庭中是非爭鬥多，口舌問題嚴重，不算好的戀愛運。

天梁坐命丑、未宮的人，情人是中等身材略胖。口才好、好辯、是非多，但情人會從事公教人員的工作。

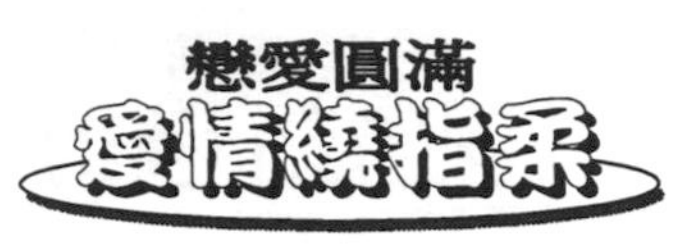

天梁坐命巳、亥宮的人，夫妻宮是機巨

情人是性格多疑、善妒、有傷心戀史的人。他會擁有專業知識的工作能力，但一生是非多，口才刻薄，人緣不算好，戀愛運起起伏伏多波折。

七殺坐命子、午宮的人，夫妻宮是紫相

情人是相貌端正、氣派、氣質高尚、家世背景還不錯的人。同時也會有較高的事業能力。夫妻倆心性相合，能同心協力打拚事業，是第一等的戀愛運。

七殺坐命寅、申宮的人，夫妻宮是廉相

情人是相貌端正，雖不夠聰明，但能幫助處理家中的事物，使七殺坐命的人，沒有後顧之憂。戀愛運很好。

七殺坐命辰、戌宮的人，夫妻宮是武相

情人是相貌端正，財力小康的人。他也能相助七殺坐命辰、戌的人在事業上有所發展，戀愛運不錯。

破軍坐命子、午宮的人，夫妻宮是武曲星

情人是性格剛直、穩重、不苟言笑的人，他的個子不高，聲音清脆響亮。他對錢、對財富有豐富的敏感力，是很會賺錢，有財力，能主導財務的人。同時也是具有暴發財運，擁有大財富的人。

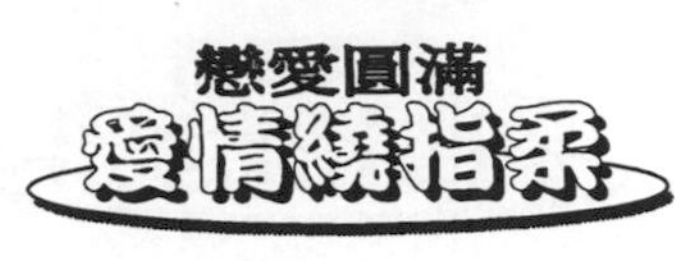

破軍坐命寅、申宮的人，夫妻宮是紫微星

情人是長相氣派，地位高、外表端莊、穩重、相貌俊挺的人。他在工作上也是有能力、有地位、有權勢的人，戀愛運不錯，特佳。

破軍坐命辰、戌宮的人，夫妻宮是廉貞星

情人是性格頑固，有個性、心思縝密、心有城府的人。情人是女性就會有潑辣、具有野性美的外表相貌。情人是男性，就會有深沈、內斂、說話小心謹慎，具有權謀的性格表現。

其他有關六吉星、祿存星、六煞星坐命的人，全都屬於空宮坐命的人。全看命宮坐於何宮？再看對宮相照的星曜為何？以定命理格局，夫妻宮的星曜就自然展現，前面已將各空宮坐命已附錄於類似的命宮之後，欲看婚姻運，請參考之。

第三章　你的愛情智商有多少？

夫妻宮可顯示出人內心情緒的智慧，更會主宰人一生的命運

每個人的一生，受感情因素的影響很大。普通人會因感情因素，影響到性向。例如選擇朋友的條件啦！例如選擇職業的喜好啦！和家人、朋友生活交往的方式啦！在生活環境中會因感情的因素形成不同的人生結果。倘若是在其人的紫微命盤中，身宮又落在『夫妻宮』的人，那一生的心思牽連、更是著重於感情因素了。也就是說：身宮落在『夫妻

宮』的人，根本就是以『感情』的目的而生活著。他們對自己喜歡的人、事、物投下大量的、熾熱的感情，固執而頑固的守著自己心愛的人、事、物，有時真讓旁人會訝異此人的行為怪異。但是倘若你能瞭解到，他其實此生只是來完成他對『感情』這個至高無上的目標，是來做守護神，和達成先天所付與的任務時，你就不會那麼奇怪：為什麼有一些人會把愛情看得那麼重，甚至像飛蛾撲火，犧牲生命都再所不惜了。

在『身宮落在夫妻宮』的人的人生架構中，主宰事業運的宇宙其實和主宰戀愛、婚姻運的宇宙是合而為一的。也就是說在他們的生命體中只有一個以『感情』牽動一生的大宇宙體了。正因為如此，所以『身宮落在夫妻宮』的人是很少有做大事業的人，而且他們多半屬於『機月同梁』格，而從事上班族，公務員的工作了。

看『愛情智商有多少』當然就要看『夫妻宮』。『夫妻宮』所顯示

的星曜，就是每個人情感智商、情緒智商表達的方式。就像是夫妻宮中有天同、天相，其人表達感情智商的方式是平和的。

夫妻宮是天同星

『夫妻宮是天同星』的人，表達感情的方式和思想方式都是慵懶、遲鈍、不善於表達的人，同時也顯示出他們在情緒智商、感情智商方面也同樣是較遲鈍、不靈光的人。因此別人若向他頻拋媚眼，頻頻暗示，他也是無動於衷的，這也就是感情智商的接收器有問題。不過呢？這也有好處。因為接收器效應差，所以在別人與他有過節之後，他也能寬大為懷，不計前嫌。因此『夫妻宮為天同』的人，是很少樹敵，人緣都是很不錯的。

夫妻宮是天相星

『夫妻宮是天相星』的人，其人表達感情的方式是平和、講理型的人。他們可以任勞任怨，一切以公平合理為處世的主軸。不偏私、也拒向邪佞低頭，正正派派，很能得到別人的尊重。同時他們很能身體力行，自己帶頭做事，非常勤勞，以身做則，絕不會有把柄落人口實。這樣一個自己對自己要求就很嚴格的人，當然在他們選擇對象，和決定事務時，也會有嚴格的條件來輔助自己去加以選擇。因此這種人本身就很會用腦子去規劃、去思考。在完成計畫之後再說出的話語當然是平和的，有道理、合於人情世故的。因此在『夫妻宮是天相』的人的感情智商方面是特別成熟、穩定，也就是屬於高智商的人了。就因為有感情智慧的高智商，財祿方面也會很不錯。

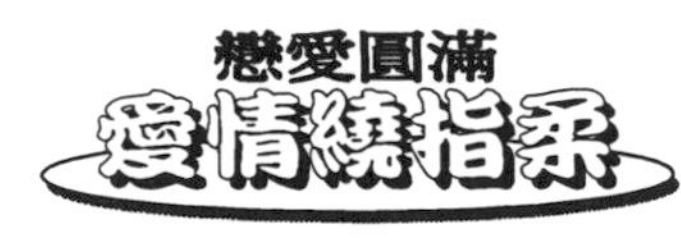

夫妻宮是破軍星

當『夫妻宮是破軍』的人，其人表達感情的方式就很不一樣，很差了！破軍就是一顆破破爛爛、沒有法度、不講規則、禮儀、善變！高興的時候什麼都好，一會兒可能就翻臉不認人了，我們可以看到破軍坐命的人多半都不重穿著，邋里邋遢，有些人喜歡穿破破爛爛的衣服，自命藝術風流。夫妻宮有破軍星的人，也是一樣，雖然他們自己很規矩，**但是在感情智商上是很低層次的**。他們不但在找情人時，一看到對方活潑大方，馬上就心嚮往之，把對方想得十分完美，想得太好了，等到戀愛、結婚後共同生活，卻發現自己上當了，完全不是那麼回事。原來對方是個根本太不拘小節，有很多壞習慣，彼此的價值觀又不一樣，並且花錢的速度太快。因此，夫妻宮有破軍星的人，很容易離婚。再結婚還

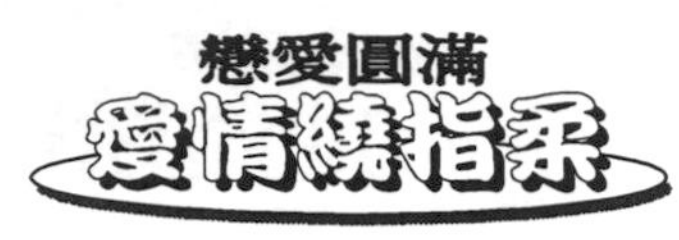

是會碰到相同的情形，也可能是產生另一種破耗，**這主要是他們在感情思想的智商裡，寬容度太大，太沒有原則**，他總是先選擇了之後才來挑剔，而不會像『夫妻宮有天相』的人，先挑剔了之後，再來選擇。因此在感情世界裡，『夫妻宮有破軍』的人，是屢嚐敗跡，並且也容易找到離過婚，或家庭問題複雜的情人及配偶。

夫妻宮是七殺星

當『夫妻宮是七殺』的人，其人表達感情的方式，非常直接。是一種只顧埋頭苦幹，而以為別人都應該像他一樣能識大體，能容忍，做事要乾脆俐落，不要婆婆媽媽。

『夫妻宮是七殺』的人，多半很忙碌，並且也是身宮落在事業宮、

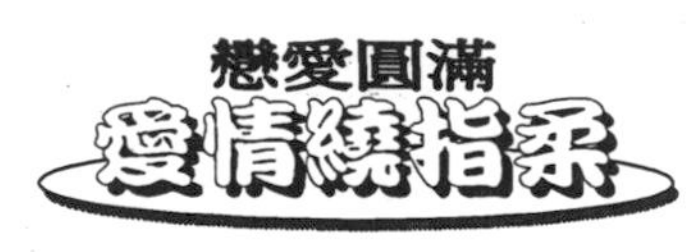

遷移宮最多的人。在他們之中極少數有身宮落在夫妻宮的人。因此『夫妻宮是七殺』的人，通常都是在外忙碌、打拚，對另一半及家庭和情人照顧不夠周全的人。當然這時候他們希望自己的情人很能幹，能獨當一面，撐起整個的家庭事務。自己只要努力賺錢便可以了。事實上在戀愛運中最需要溝通的就是『感情』了。沒時間溝通，自然感情不順利。在命書上說，夫妻宮是七殺的人，只要夫妻間各忙各的，聚少離多，就可以減少刑剋，其實那只是減少吵架的機會而已。對於感情正面的幫助不多。

『夫妻宮是七殺』的人，最重要的就是要改變自己對人、對事物的看法，並且對自己生命中的兩個宇宙（一個是事業運、一個是戀愛運）要平衡發展。不要只把事業運這個宇宙發展得很大很大，而讓戀愛運這個宇宙萎縮得很小很小，如此的不平均，人生那還有幸福可言呢？況且，在人生中感情生活也是一大支柱，這根柱子腐朽了，垮了，人生也整個崩坍了，簡直就是得不償失的。因此『夫妻宮是七殺』的人，不要太重錢財、工作，多放點心在感情溝通上，生活就會完美一些。

夫妻宮是擎羊星

『夫妻宮是擎羊星』的人，其人表達感情的方式，是比較尖銳和計較的型態的。倘若在夫妻宮中還有其他的星曜和擎羊一起在夫妻宮中出現，則這種尖銳和計較的現象會隱藏在很多不同類型的感情中，有時較難一下子發現，然而它始終是存在的。

倘若夫妻宮是擎羊星獨坐，則此人必然會立即顯露出言語尖銳、刻薄，凡事計較得厲害。而且非常喜歡思考治人的方法。他們一生勞心勞

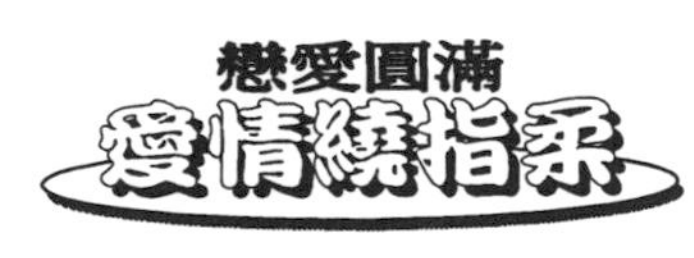

力用在剋制別人，控制別人，因此朋友少，也不會和人有深交，跟情人之間的問題，不是尖銳到有火爆的場面，就是彼此陰險的冷戰，彷彿冰冷的利劍隨時會有血光劍影的時刻發生。

『夫妻宮中有其他的星曜和擎羊同宮』的人，倘若是天同、太陰、天相，這些溫和的星和擎羊同宮時，此人非常有心思，在思想上亦正、亦邪。在感情智商上，大致外表看起來很好，但是其實是內心險惡，常常會把別人看得很邪惡的人，也就是常以小人之心度別人君子之腹的人。他們常常也會做些『偷雞不著蝕把米』的事情。常常估算錯誤，想要對付人，可是事情的方向搞錯了，做出讓自己出糗的事來。

倘若夫妻宮的星曜是武曲、貪狼、廉貞、破軍這些兇悍一點的星曜和擎羊同宮時，此人是完全不會為別人著想的，其表達情感的方式是直接、強勢、不留餘地的方式。他只問自己能得到什麼？能得到多少？很少會想到要用溫和、良善的態度委婉的去溝通。因此他們會找到的情人也是同樣類型的人。

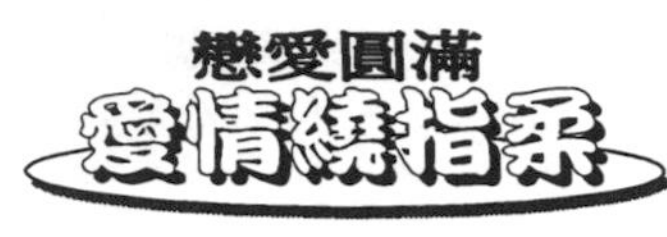

夫妻宮有陀羅星

『夫妻宮中有陀羅星』的人，不論夫妻宮中是否還有其他的星曜與陀羅同宮，其人表達感情的方式，都是有些慢吞吞、隱晦、愛說不說，好像有一肚子鬼怪似的。通常他們都會在自己內心裡做了許多假設，有些假設非常的天真，不實際。但是他們有些任性，不願意承認自己的想法不合時宜。給外人的看法，他們表現感情、情緒的方式是笨拙的。可是你若直接告訴他，他就會生氣，不願意承認。

『夫妻宮中有陀羅星』的人，把人想得好的時候，別人就是完人。

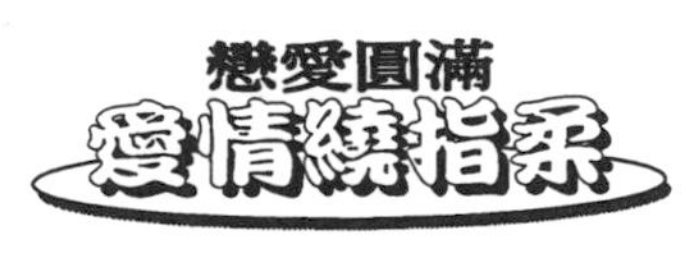

把人想得壞的時候，別人就是惡魔，思想常扭曲。有時候是為了這件事在溝通，但往往他們會另外又拉扯一些事情進來混亂情況。說他們笨嗎？腦子不清楚嗎？好像又不全然是如此！但是確實可以讓人在感情、情緒智商方面感覺到，他們很有混亂事物、真理的本領。所幸的是他們常只是默默的不作聲，並不會大吵大鬧的來反駁，只是靜靜的頑固的抵抗而已。這種特性是和有陀羅在命宮中的人是很相像的。

夫妻宮有火星、鈴星

『夫妻宮中有火星、鈴星』的人，不論是做事，或處理感情問題都非常急躁、馬虎。有火星在夫妻宮的人，常會不加思索就衝口而出，或是衝動的做某些決定。有鈴星在夫妻宮的人，雖然急躁，但仍會加以思考想一下，他們思考的速度很快，動作也很快，做某些決定依然是衝動的，有時候簡直就是與石俱焚的決定。但是他們是經過思索才這麼做的。相對的，這和『夫妻宮有火星』的人比較起來，『夫妻宮有火星』的人，雖然衝動，但忠厚得多，只是處理感情和事務的方法太急促、粗糙了一些。

上述只是稍微舉例說明特殊幾個星曜在夫妻宮的狀況是如何主導人在感情智商上所發展的情形。

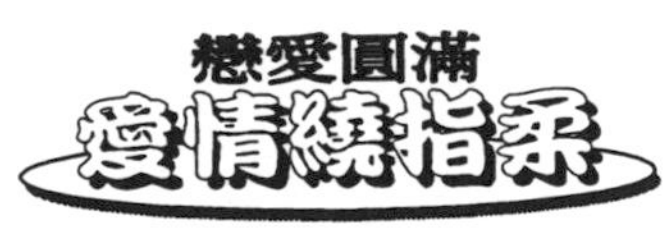

第一節　每個命格以『夫妻宮』內容所代表的戀愛智商

現在就正式以每一個命宮主星為主體，看看在他們夫妻宮裡的星曜是代表著哪一類的感情智商？以致是如何在主宰他們的一生命運吉凶的問題？

每個命格以『夫妻宮』所代表的戀愛智商：

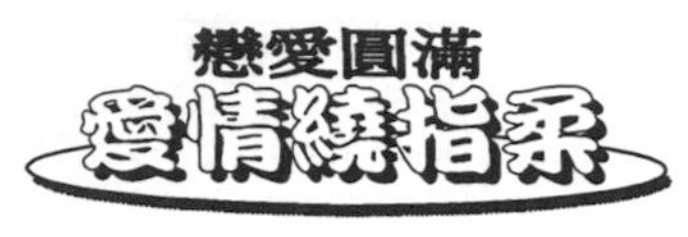

紫微坐命的人

紫微坐命的人，不論是坐命子宮或午宮，夫妻宮都是七殺星。在前面說過，夫妻宮有七殺星的人，在感情智商上很聰明，但是不願意投注心力在經營溝通上。他們在情感表達的方式上很直接，很硬梆梆的，希望大家都很守本份把自己的責任盡到，做好，這樣就不用來麻煩他了。但是每個人的想法都不一樣，因此都盡不如人意。

紫微坐命的人，多半重視工作。有一些人會在政治圈中工作，成天在外忙碌，在時間上不夠分配，因此和情人溝通不佳，常引起勃谿，倘若有很大的利益讓情人滿足，感情就可以維持得不錯。若情人在名利上得不到實質利益的滿足，就容易相剋不合而拆夥了。

紫微坐命子宮

太陰㊣陷 巳	貪狼旺 午	天同陷 巨門陷 未	武曲得 天相廟 申
廉貞平 天府廟 辰			太陽平 天梁得 酉
卯			夫妻宮 七殺廟 戌
破軍得 寅	丑	命宮 紫微平 子	天機平 亥

紫微坐命午宮

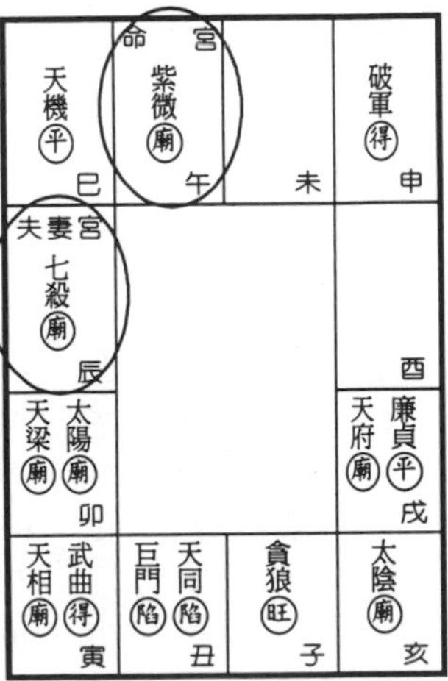

天機 平 巳
命宮 紫微 廟 午
未
破軍 得 申
夫妻宮 七殺 廟 辰
酉
太陽 廟 天梁 廟 卯
廉貞 平 天府 廟 戌
武曲 得 天相 廟 寅
天同 陷 巨門 陷 丑
貪狼 旺 子
太陰 廟 亥

前美國總統柯林頓就是紫微坐命子宮的人，我們可以看到他的夫人希拉蕊的相貌，性格，長相就剛好符合夫妻宮是七殺星的長相。（請注意：夫妻宮是什麼星，只能預測情人或配偶大約的外貌、性格是那樣的人，並不是說情人及配偶一定是夫妻宮星曜坐命的人）

希拉蕊有堅強的意志力，做事果斷，大眼，骨架硬朗，有一股強悍、強勢的作風。在記者問道，當柯林頓總統發生誹聞案的時候，她是否會和他離婚時，她表示自己在此時是不可離棄他，要支持他的意願。因此我們可以看到有七殺星在夫妻宮的人，夫妻兩人都很政治化，彼此要有實質利益的滿足，婚姻關係就會長存。但和不和諧就是另一回事了。

凡是夫妻宮是七殺，所代表的感情智商的方式和常人是不一樣的，他們多半以對自己的利益多寡來選擇情人或配偶。人通常都在二十幾歲、三十歲時結婚，那時候的環境和經過十年、二十年以後事業擴展之後的環境差了很多。也許在當時選擇的情人或配偶正合其時的環境。可是在位高權大或富有之後，這個情人或配偶是否會一齊成長，符合做一個成功人士的配偶的條件是不一定的。因此紫微坐命的人或『夫妻宮有七殺星』坐命的人，都極容易分手或離婚。倘若他們自己的能力不好，坐不上高位或不夠富有，都是戀愛或婚姻失敗的關鍵了。因此一般來說，戀愛運並不算很好。

紫微坐命午宮的人，生在乙年，或是紫微坐命子宮的人，生在辛年，夫妻宮中都有一顆擎羊星和七殺星同宮。夫妻間爾虞我詐的情形很嚴重，相處的狀況很尖銳，是嚴重彼此刑剋的婚姻。而有這種狀況的人，本身在思想上及在處理感情問題上，都有非常計較、獨佔的佔有慾，喜歡排斥自己認為不重要的外人。在處理事情的過程裡，會非常嚴剋，把別人不當人看，為達目的不擇手段。愛別人，卻令別人很痛苦。彼此吵鬧不休，自己精神也很痛苦。

紫微坐命午宮的人，生在丙年、戊年。紫微坐命子宮的人，生在壬年，夫妻宮裡都會有一顆陀羅星和七殺同宮。當七殺和陀羅星同宮時還

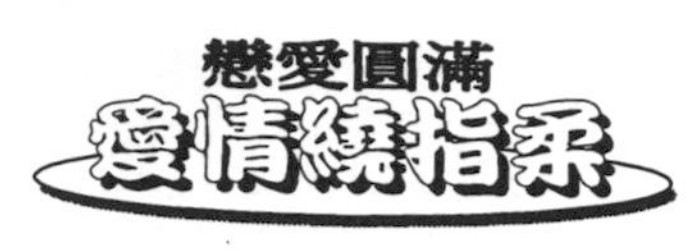

好一點，情侶間吵架的次數少一點，都是冷戰，彼此嫌來嫌去，也不一定會分手或離婚。這種命格的人，喜歡自己在內心做文章，編排情人的不是，但也並不明說為何不滿意，只是自己常生悶氣而已，等到怨恨積到一定的程度再爆發開來，就會發生很多莫名其妙的事情。例如情侶有一方突然失蹤了，或離家出走了，別人都不明原因。

紫微坐命的人，本身的感情就是剛硬的、直接了當型的，並且摻入利益糾葛形式的感情智商。**因此最好的辦法就是根本要找七殺坐命的人來做配偶**。以他們那種獨立、勤勞、肯拚的精神，再加上七殺坐命的人代表感情世界的夫妻宮是天相，你和他們做了情人或配偶，自然在態度上也會溫和、正派，價值觀更可以得到相合，而惺惺相惜了。

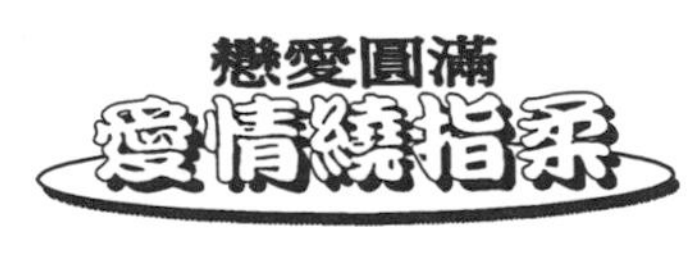

紫府坐命的人

紫微、天府坐命的人，不論是坐命寅宮或申宮，夫妻宮都是破軍。代表這個人在感情智商中寬容度很大，而且疑神疑鬼，情緒不穩定，高興的時候對別人很好，很慷慨，花費萬金也不心痛。不高興的時候，全部都要計較。最好還要把以前施捨送人的東西全要回來。

夫妻宮是破軍的人，在感情問題中的處理方式就很破。並且是雜亂無章的處理方式。這讓很多人會很奇怪？紫府坐命的人是個本身很守規矩，很會做事賺錢。但在感情問題、婚姻問題中他們好像真的有點白癡。又常常戀愛幾次、結了幾次婚，每一次的戀愛或婚姻都讓他揹了一個大包袱。他們不但常會用金錢來結束戀情或婚姻，離婚後還會養以前戀情或婚姻關係中的那家人。這是非常有趣的現象。

紫府坐命寅宮

巨門(旺) 巳	廉貞(平) 天相(廟) 午	天梁(旺) 未	七殺(廟) 申
貪狼(廟) 辰			天同(平) 酉
太陰(陷) 卯			武曲(廟) 戌
命宮 紫微(旺) 天府(廟) 寅	天機(陷) 丑	夫妻宮 破軍(廟) 子	太陽(陷) 亥

紫府坐命申宮

太陽(旺) 巳	夫妻宮 破軍(廟) 午	天機(陷) 未	命宮 紫微(旺) 天府(得) 申
武曲(廟) 辰			太陰(旺) 酉
天同(平) 卯			貪狼(廟) 戌
七殺(廟) 寅	天梁(旺) 丑	廉貞(平) 天相(廟) 子	巨門(旺) 亥

凡是夫妻宮有破軍星的人，都非常有錢。就像是廉府坐命的人，和武府坐命的人，和紫府坐命的人一樣，都很有錢。因為他們在心態上就有財大氣粗的性格，而且自己很保守，其實骨子裡很花心、悶騷，所以常想做一些改變，喜歡偶而做些出軌的事情，或是尋找性格和他們不一樣的人來談戀愛，這樣才有新鮮感，結果都找到看上他們錢財，或是家世，而有意圖不軌的思想的人。經過相處之後，才發覺這些原本和自己

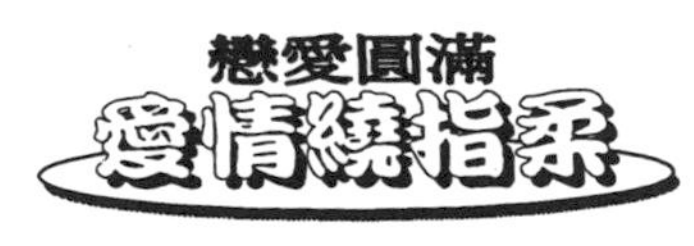

很親密的人，個性很開朗的人，其實多半是不學無術，和自己差異太大的人，非常難相處。要結束戀情、離婚，就必須用金錢來打發，否則就繼續忍受破耗和複雜的戀情和婚姻。總之戀愛幾次或結幾次婚、分手幾次、離幾次婚，都是損失慘重的破耗事件。

因此單就以感情智商來看紫府坐命的人，你會發覺，他們在感情智商的部份會特別低能了。不過幸運的是，紫府坐命的人，是很重事業的人，他們少有身宮落在夫妻宮的現象的，也就是說他們是絕對不會愛得要死，為情自殺的人，也不會以愛情為一生志業。因此紫府坐命的人，他的快樂，他的感情寄託就完全存在於賺錢和花錢上面。以物質享受做第一優先的人生目標。

紫府坐命寅宮的人，生在壬年；紫府坐命申宮的人，生在丙年、戊年，夫妻宮中會有擎羊星和破軍星同宮。此時會因為金錢利益，情侶間所產生的衝突更大，會持刀相向，或根本是生離死別。倘若是甲年生，夫妻宮有破軍化權，或是癸年生夫妻宮有破軍化祿的人，情侶感情雖不一定很好，但卻不一定會分手或離婚。

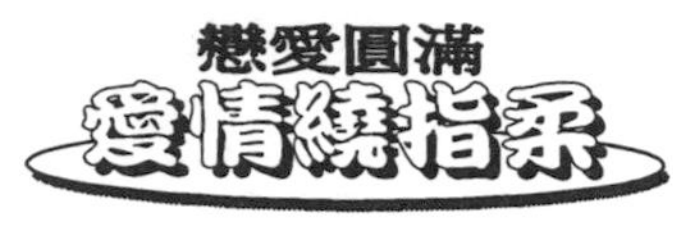

紫貪坐命的人

紫貪坐命的人，不論是命坐卯宮，或命坐酉宮，夫妻宮都是天府星。這可是非常美滿的戀愛運。紫貪坐命的人，原本就是『桃花犯主』的桃花格局的人。在情愛和感情的表達方式上，他們有獨到的技巧。在他們的內心是情感豐富、澎湃、富足的。同時他們也有許多才藝和外貌長相俊美等特殊的條件，來展現他們的感情智商。這是在感情及情緒問題中收發效應都很好的感情智商的模式。所以紫貪坐命的人也會找到能和他相呼應，十分契合的情人及配偶，更可以找到在錢財上能幫助他的情人及配偶。因為紫貪坐命者的財帛宮是武破，破耗在錢財方面，根本不會理財。他們又愛面子，出手都很大方。剛好就有多金又會算錢的情人及配偶來幫忙。因此他們在生活上是非常快樂享福的。

紫貪坐命卯宮

天相(得) 巳	天梁(廟) 午	廉貞(平) 七殺(廟) 未	申
巨門(陷) 辰			酉
命宮 紫微(旺) 貪狼(平) 卯			天同(平) 戌
天機(得) 太陰(旺) 寅	夫妻宮 天府(廟) 丑	太陽(陷) 子	武曲(平) 破軍(平) 亥

紫貪坐命酉宮

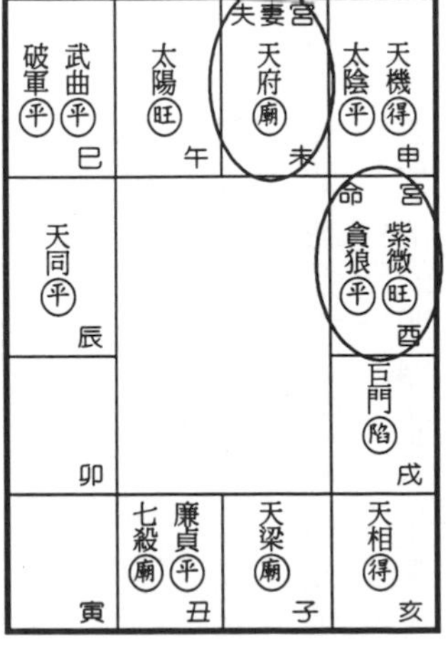

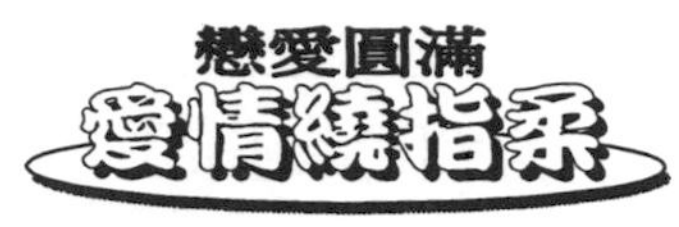

紫相坐命的人

紫微、天相坐命的人，不論是坐命辰宮或戌宮，夫妻宮都是貪狼。這表示紫相坐命的人，心智很靈活，善變，思想速度快。在內在感情的領域裡，他們對於愛情的渴望是貪得無厭的。但是他們在處理感情及情緒問題時，卻是馬馬虎虎，好像不太負責任。對愛情的問題並不想深入和陷入其中。**紫相坐命的人**，身宮也很少會有落在夫妻宮的人。只有落在遷移宮、官祿宮的人較多。因此他們多半較晚婚。

當夫妻宮有貪狼星的時候，此人的感情智商是兩極化的狀態發展，一方面在外面人緣很好，很容易和人攀談結識，本身也是個討人喜歡的人，但是這只是淺層的交往。他們對人沒有安全感、信任感，因此很難與人進入較深一點的感情。另一方面，他們也不喜歡被感情問題所束

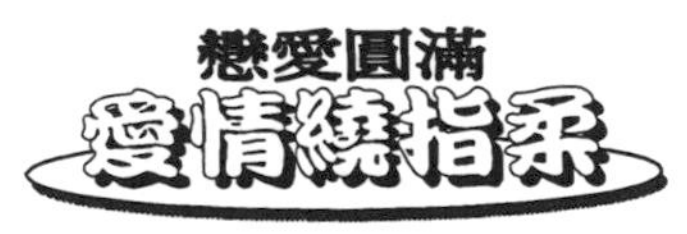

縛，那會讓他覺得有包袱，很麻煩。還有一方面就是，他們很討厭笨的人，慢吞吞的人，態度曖昧不清的人，碰到這些人，他們都會迅速撤退逃開。

紫相坐命辰宮

天梁(陷) 巳	七殺(旺) 午	未	廉貞(廟) 申
命宮 紫微(得) 天相(得) 辰			酉
天機(旺) 巨門(廟) 卯			破軍(旺) 戌
夫妻宮 貪狼(平) 寅	太陽(陷) 太陰(廟) 丑	武曲(旺) 天府(廟) 子	天同(廟) 亥

紫相坐命戌宮

天同(廟) 巳	武曲(旺) 天府(旺) 午	太陽(得) 太陰(陷) 未	夫妻宮 貪狼(平) 申
破軍(旺) 辰			天機(旺) 巨門(廟) 酉
卯			命宮 紫微(得) 天相(得) 戌
廉貞(廟) 寅	丑	七殺(旺) 子	天梁(陷) 亥

紫相坐命的人，最怕生在癸年，有貪狼化忌在夫妻宮中，這樣他們會有心思扭曲，常因想法不週全或異想天開，或是貪小失大，而導致一些災禍發生。並且在人緣上也有阻礙，人緣很差。倘若生在丙年有廉貞

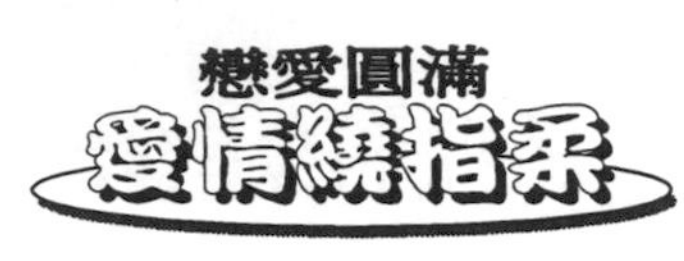

化忌在官祿宮，相照夫妻宮的人，也是一樣，人緣差，一生常不順，事業上難發展，且會有官非出現，戀愛運也相繼不佳。

紫相坐命辰宮的人，最怕生在乙年，會有陀羅和貪狼同在夫妻宮。紫相坐命戌宮的人，生在辛年也會有陀羅在夫妻宮。這兩個年份，所生的紫相坐命者，因夫妻宮形成『廉貪陀』的『風流彩杖』格，因此是好色邪淫之人，會有多次戀愛及婚姻，戀愛運並不好。

紫相坐命的人，戀愛運較好的就是生在戊年有貪狼化祿在夫妻宮了。通常貪狼星在六親宮出現，都不會有好的緣份關係，主要是因為貪狼是顆動星，雖然它是顆桃花星，但屬淺緣桃花，是蜻蜓點水式的。同時貪狼星仍有強悍不馴的特質。它也是一顆武將、戰星。在很多時候，貪狼也會列入煞星之列。是故，貪狼星出現在夫妻宮、子女宮、父母宮、僕役宮都屬親緣不佳的形式。

戊年生的紫相坐命者，因為有『化祿』這顆祿星（祿星是財星，也具有桃花的成份），滋潤、增強了親緣關係，因此是較強的、較好一點的戀愛運了。

紫殺坐命的人

紫微、七殺坐命的人，不論坐命於巳宮或亥宮，其夫妻宮都是天相陷落。代表他會有身材矮小瘦弱，表面性格溫和的情人。這是平凡而還算美滿的戀愛運。

紫殺坐命的人，性格稍具強悍的特質，他們很有威嚴，在感情的表達方式上比較霸道，喜歡掌握主控權，而且自己高高在上，喜歡控制別人，要別人都乖乖聽話。不會聽自己的話的人，或桀傲不馴的人，他都懶得理。因此他一定會找到一個唯唯諾諾，唯他的話為尊的情人或配偶。

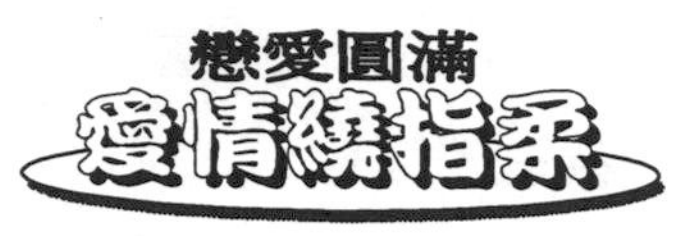

紫殺坐命巳宮

命宮 紫微(旺) 七殺(平) 巳	午	未	申
天機(平) 天梁(廟) 辰			廉貞(平) 破軍(陷) 酉
夫妻宮 天相(陷) 卯			戌
太陽(旺) 巨門(廟) 寅	武曲(廟) 貪狼(廟) 丑	天同(旺) 太陰(廟) 子	天府(得) 亥

紫殺坐命亥宮

天府(得) 巳	天同(陷) 太陰(平) 午	武曲(廟) 貪狼(廟) 未	太陽(得) 巨門(廟) 申
辰			夫妻宮 天相(陷) 酉
廉貞(平) 破軍(陷) 卯			天機(平) 天梁(廟) 戌
寅	丑	子	命宮 紫微(旺) 七殺(平) 亥

在紫殺坐命者的感情智商裡，他是個表面上大致溫和的人，但這只是一種有個性的溫和。也就是對於關係淺，不太熟，沒有利害衝突的人會表現溫和的一面。但在自己家中或對不肯聽自己的話的朋友屬下，是態度冷淡和強硬的。由其是在戀愛和婚姻關係中，他一定要佔在強勢地位，這樣就顯示出他的本性出來了。從外人的眼光中，來看紫微坐命者的戀愛運是非常好的，情人及配偶是聽話、乖巧，像小媳婦一樣的卑

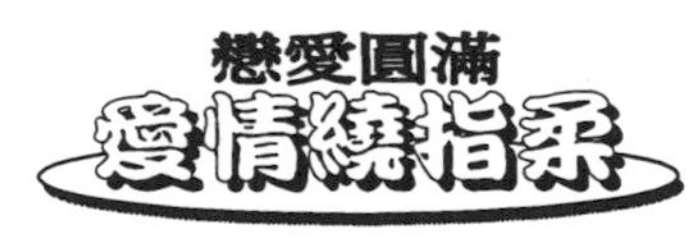

微。但這個情人及配偶是否真能心口如一，言行一致，就需要靠時間來證明了。

紫殺坐命巳宮的人，最怕生在甲年，夫妻宮屬於卯宮會有擎羊星和天相同宮，在寅宮（子女宮）有太陽化忌，丑宮（財帛宮）有陀羅星，會形成『羊陀夾忌』的惡格。流年、流月逢到有惡死的災禍發生。星相學家陳靖怡就是紫殺坐命巳宮的人，又是甲辰年所生，其夫妻宮正是天相、擎羊，在寅年時逢『羊陀夾忌』而被男友刺死。

紫殺坐命亥宮的人，也怕生在庚年，也會有擎羊星在夫妻宮中和天相同宮，但是不會形成『羊陀夾忌』，因此只是情侶不合，情人或配偶雖溫和，但卻是個讓你頭痛的人，彼此有一些相互折磨的味道。另外紫殺坐命的人都會怕生在丙年有廉貞化忌在官祿宮，會相照夫妻宮，因此情人會因事業不順，或是犯官非而影響到你的戀愛運。

此外的紫殺坐命者都有讓外人欽羨的戀愛運。

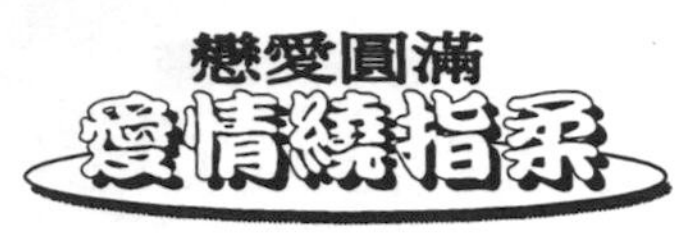

紫破坐命的人

紫微、破軍坐命的人，無論是坐命丑宮或未宮，其夫妻宮都是空宮，而有廉貞、貪狼來相照。這是一種非常不高明的感情智商和戀愛運。

在命書上說紫破坐命的人，有淫奔大行，這是一點也不錯的。紫破坐命的人，天生大膽，狂放不羈，說話做事都很狂妄。從來不會對什麼人服氣或有尊重的態度。夫妻宮是空宮，就表示情侶緣、戀愛緣不深。因此他們雖分手及離婚，再戀愛、再婚的次數非常多，與人私奔、發生婚外情的狀況也非常多。再加之他們的夫妻宮是空宮，相照的星又是廉貞、貪狼這兩顆大桃花星，又屬於陷落的位置，因此其人在感情生活中邪淫的成份是無以復加的。

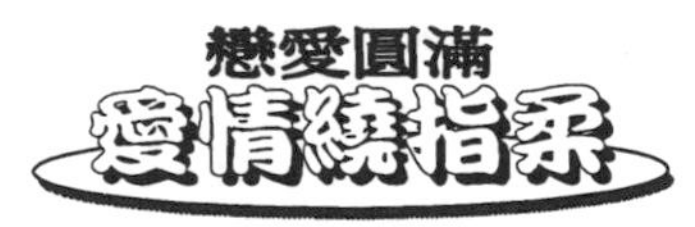

紫破坐命丑宮

廉貞(陷) 貪狼(陷) 巳	巨門(旺) 午	天相(得) 未	天同(旺) 天梁(陷) 申
太陰(陷) 辰			武曲(平) 七殺(旺) 酉
天府(得) 卯			太陽(陷) 戌
寅	命宮 紫微(廟) 破軍(旺) 丑	天機(廟) 子	夫妻宮 亥

紫破坐命未宮

夫妻宮 巳	天機(廟) 午	命宮 紫微(廟) 破軍(旺) 未	申
太陽(旺) 辰			天府(旺) 酉
武曲(平) 七殺(旺) 卯			太陰(旺) 戌
天同(平) 天梁(廟) 寅	天相(廟) 丑	巨門(旺) 子	廉貞(陷) 貪狼(陷) 亥

夫妻宮是空宮的人，對感情的感受都不深刻，也會呈現無所謂的態度。

從感情智商、情緒智商來探討紫破坐命的人，我們會很訝異的發現這個智商指數真是太低了。**也可以說紫破坐命的人在感情智商中是個低智能的人**。因為他們凡事都會用有色的眼光來看事情。由其在牽涉男女問題或感情問題時，從色情的角度來思考事情，就是他們唯一所用的方

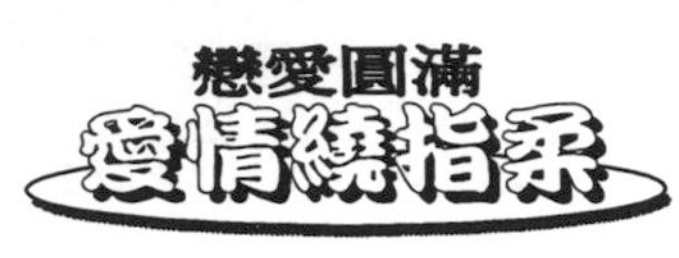

法了。

紫破坐命的人好色，常用『性』的角度觀察和處理一般事物，就是他們一生命運所遵循的道路，這不但使他們一生的成就不高，在命格結構中也屬於低層次的格局。所以他們只是空有其表而已的人。

紫破坐命的人，在一生中常對愛情及婚姻有出軌的行為。喜歡說黃色笑話，言語葷素不拘。在人際關係中也不和諧，對別人的抱怨多，又容易得罪人，常一竿子打翻一船人，說話狂妄。有時又是自卑感作祟，在內心感情與情緒上不能平衡。做事也沒有定性和長性，心思粗曠複雜，個性反覆，對人多疑慮，這些種種的特性，都促使感情智商、情緒智商很低落。況且他們對是非善惡的標準並不明確。是一個亦邪亦正的人。如此的人，當然對於感情沒有目標，又不會處理自己的情緒，只是以佔小便宜的心態搞搞男女關係，自然戀愛運是不佳的了。

紫破坐命未宮的人，生在丁年、己年，夫妻宮中會有陀羅星。紫破坐命丑宮的人，生在亥年的人，夫妻宮中也會有陀羅星出現。在上述這些人的命格中，夫妻宮和官祿宮相照的一組星曜就會形成『廉貪陀』的『風流彩杖格』。這些人的邪淫問題更嚴重了。好色、貪杯會讓他們一生成為『爛人』。有文昌、文曲在夫妻宮出現的人，也是邪淫之人。這些人縱然有再多的桃花運，但也永遠是個戀愛運及婚姻運極差的人。

另外還有丙年生的紫破坐命者，官祿宮有廉貞化忌相照夫妻宮，癸年生的紫破坐命者在官祿宮有貪狼化忌相照夫妻宮。這兩個命格的人，也會是更讓戀愛運不順的人。

戀愛圓滿
愛情繞指柔

天機坐命的人

天機坐命的人，依命宮所坐宮位的不同，有六種不同的格局，例如天機坐命子宮、天機坐命午宮、天機坐命丑宮、天機坐命未宮、天機坐命巳宮、天機坐命亥宮。

天機坐命子宮或午宮的人，其夫妻宮是太陽星。天機坐命午宮的人其夫妻宮的太陽星是居旺的，可擁有較幸福的戀愛運。此命格的人不論男女，可以擁有個性豪爽、開朗、熱情、博愛、忠誠度很高、喜歡幫助人、很負責任、有事一肩挑、有大丈夫氣概的情人。情侶間的感情很融洽、快樂。

天機坐命子宮

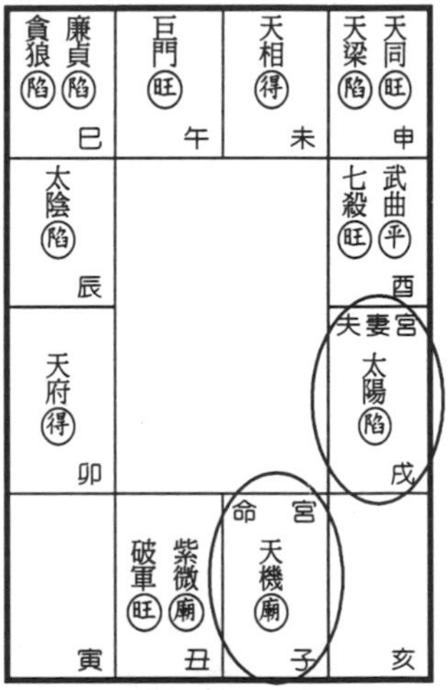

廉貞(陷) 貪狼(陷) 巳	巨門(旺) 午	天相(得) 未	天同(旺) 天梁(陷) 申
太陰(陷) 辰			武曲(平) 七殺(旺) 酉
天府(得) 卯			夫妻宮 太陽(陷) 戌
寅	紫微(廟) 破軍(旺) 丑	命宮 天機(廟) 子	亥

天機坐命午宮

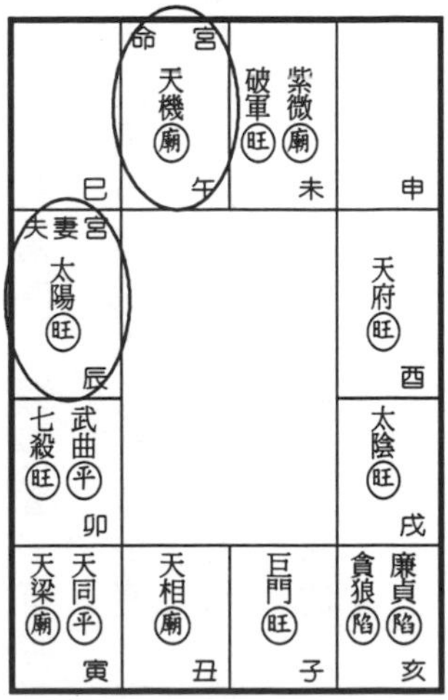

巳	命宮 天機(廟) 午	紫微(廟) 破軍(旺) 未	申
夫妻宮 太陽(旺) 辰			天府(旺) 酉
武曲(平) 七殺(旺) 卯			太陰(旺) 戌
天同(平) 天梁(廟) 寅	天相(廟) 丑	巨門(旺) 子	廉貞(陷) 貪狼(陷) 亥

天機坐命子宮的人，其夫妻宮的太陽星是陷落的。其戀愛運差一點、悶一點。此命格的人，不論男女會擁有較沈默、較鬱悶、不夠開朗、在精神與做事、做人處世的態度上都顯現慵懶態度的情人。

天機坐命子宮的人十分聰明，但又十分是非，常使家中產生很多問題，倘若他能不搞大亂子，則家中可以太平，戀愛運雖然有些小問題仍

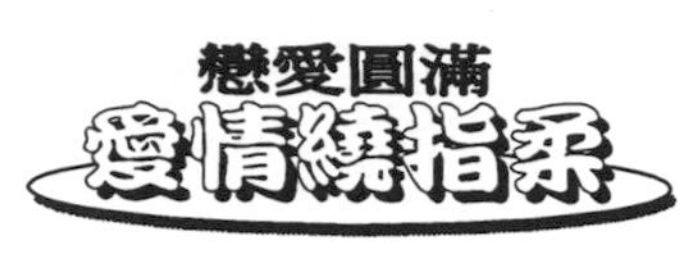

可平順。倘若他喜歡搞怪，則情人有被欺負的可能。

天機坐命子、午宮的人，若夫妻宮和福德宮、遷移宮中有天空、地劫二星出現，則會有不戀愛及不婚的現象，沒有辦法找到理想情侶及伴侶。甲年生的人有太陽化忌在夫妻宮的人，戀愛運也不佳。一輩子和情人及配偶不合。

天機坐命子宮的人，夫妻宮是太陽陷落，感情智商是聰明又帶傻氣。有些三八，又有些自卑。愛管閒事，又有些慵懶，懶得管。有時有些正義博愛，有時又是自私邪惡。他們的思想情緒總處於矛盾之處。就像太陽時而出現，時而隱沒大地，而有黑暗的時間來臨一般。因此這種人是陰晴不定，善變又多煩惱，並且自身也不懂得如何調適自處的人。在感情與情緒智商的成份是不高的。

天機坐命午宮的人，夫妻宮的太陽是居旺的。因此他們性格比較健全、快樂。其感情和情緒智商比較高分，是具有高層次智商的人，他們的開朗、博愛、寬大、不計較別人的是非，或是在戀愛、婚姻中都會扮演主導性、影響力大的角色。其戀愛運是非常美滿的。

天機坐命丑、未宮的人，其夫妻宮也是太陽。天機坐命丑宮的人其夫妻宮的太陽是居陷的，其戀愛運並不佳。天機坐命未宮的人，夫妻宮的太陽是居旺的，戀愛運極其美滿。

天機坐命丑宮

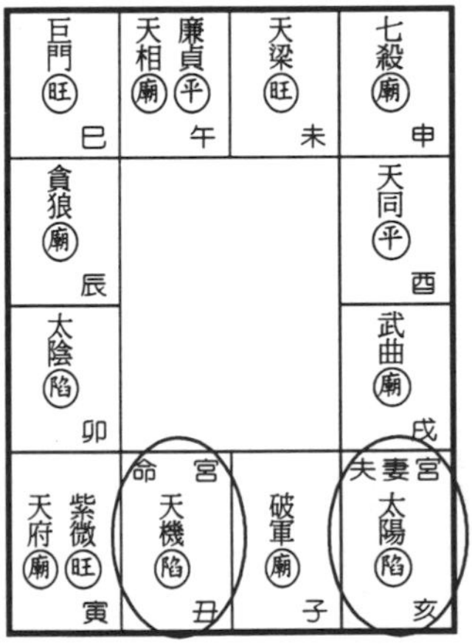

巨門(旺) 巳	廉貞(平) 天相(廟) 午	天梁(旺) 未	七殺(廟) 申
貪狼(廟) 辰			天同(平) 酉
太陰(陷) 卯			武曲(廟) 戌
紫微(旺) 天府(廟) 寅	命宮 天機(陷) 丑	破軍(廟) 子	夫妻宮 太陽(陷) 亥

天機坐命未宮

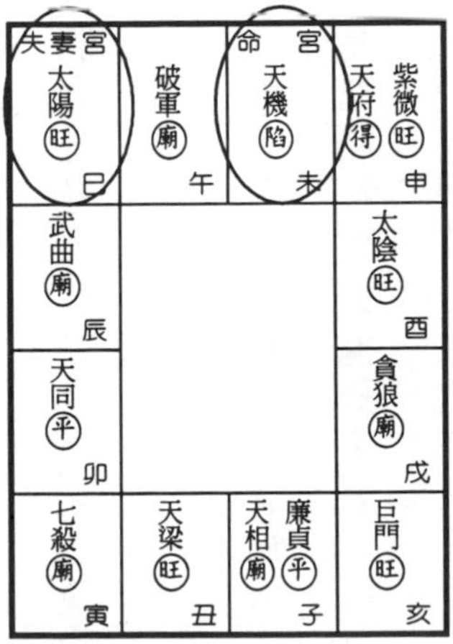

夫妻宮 太陽(旺) 巳	破軍(廟) 午	命宮 天機(陷) 未	紫微(旺) 天府(得) 申
武曲(廟) 辰			太陰(旺) 酉
天同(平) 卯			貪狼(廟) 戌
七殺(廟) 寅	天梁(旺) 丑	廉貞(平) 天相(廟) 子	巨門(旺) 亥

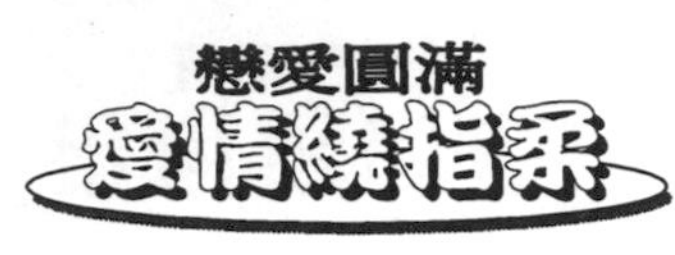

天機坐命丑宮的人，夫妻宮的太陽是陷落的。他們容易找到性格沈默、悶悶的、事業運不佳、成就不高、可能會坐過牢，前途比較暗淡的情人，但會是個凡事不太計較的人。

天機坐命丑宮的人，在感情及情緒智商裡，和天機坐命子宮的人有相似之處，但是他們更同情失敗英雄，常為他們找理由掩飾失敗，所以他們在選擇情人的時候，並不會以對方曾做過什麼不合法的事，是否做過牢？是否一事無成而否定他們，反而會崇拜他們。這些天機坐命丑宮的人天生有反叛、叛逆的性格有關。再加上天機坐命丑宮的人一生的運程和福祿並不是很好，多半靠父母和外面的貴人，使其有較溫飽的環境，因此他就比較容易同情這些在生活環境中倍受挫折的人了。但是天機坐命丑宮的人的愛情還是不美滿的。甚至有時候他根本只是同居而無真正的婚姻關係。

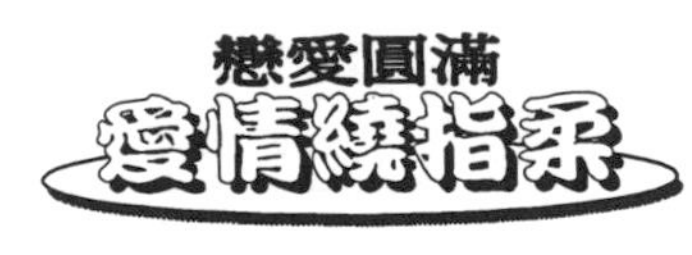

天機坐命未宮的人，夫妻宮的太陽星是居旺的。在他們的感情和情緒的智慧裡，就會和天機坐命丑宮的人大大不一樣了。他們先天的性格就非常開朗，並且很喜歡得到別人的照顧。他的福德宮是太陰居旺，性格上有些陰柔善感，但是勇於表達。不會像天機坐命丑宮的人那麼小氣，他們比較大方。對於富有陽剛氣的人特別具有吸引力，在性格上也不會婆婆媽媽，喜歡生活在光明面。在思想、情緒的形式上就是開朗、明亮、正派的，所以在選擇朋友和情人時也會找這種富有陽剛、開朗、正派的外表與內在的人。因此也可以說，他們的感情智商是很高的了。

天機坐命丑、未宮的人，也怕是甲年生的人，有太陽化忌在夫妻宮，戀愛運就很難順利了。**天機坐命未宮的人，也怕生在丁年，有陀羅和太陽在夫妻宮**，又有巨門化忌相照夫妻宮，戀愛運也不好。情人是個

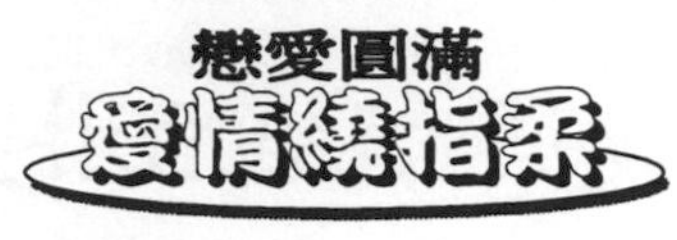

有點笨傻，又會頻惹是非的人。

天機坐命巳、亥宮的人，夫妻宮都是太陽、天梁。其中天機坐命巳宮的人，夫妻宮的太陽、天梁都在廟位，因此有非常美滿的戀愛運。而天機坐命亥宮的人，夫妻宮的太陽居平、天梁只在得地之位，戀愛運還可以，彼此較相處平凡、冷淡，但也可以過日子。

天機坐命巳宮

命宮 天機(平) 巳	紫微(廟) 午	未	破軍(得) 申
七殺(廟) 辰			酉
夫妻宮 太陽(廟) 天梁(廟) 卯			廉貞(平) 天府(廟) 戌
武曲(得) 天相(廟) 寅	天同(陷) 巨門(陷) 丑	貪狼(旺) 子	太陰(廟) 亥

天機坐命亥宮

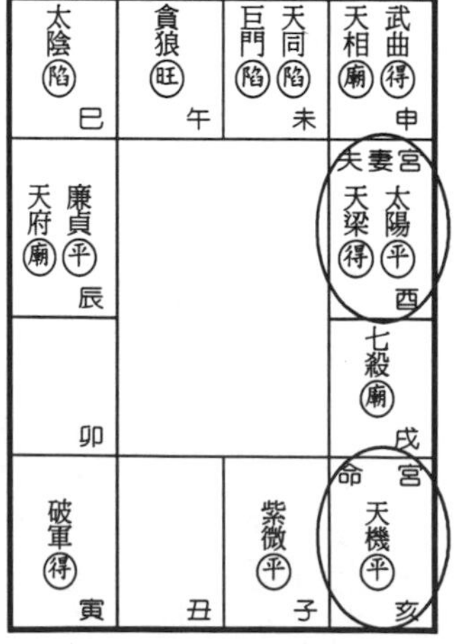

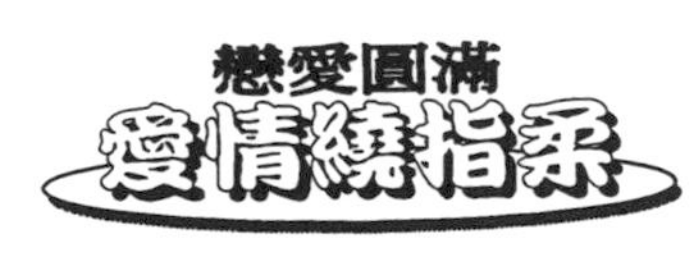

天機坐命巳宮的人，夫妻宮的太陽、天梁皆居廟位，表示其感情智商，和處理情緒的智商都很高。他們很會撒嬌，並且能得到情人良好的照顧。

夫妻宮有天梁星居旺的人，男子會找到比自己年紀長的情人。女子會找到比自己年紀大很多的情人。他們都可以得到情人或配偶的良好照顧，而且感情親密。

天機坐命巳宮的人，在其情感的智慧裡，他們會比較高傲，會選擇具有高地位、愛掌權的人來交往。在愛情的世界裡，也一定是具有領導地位，又有長者風範的人，深深吸引他們，又被他們崇拜的人，才能成為他們的情人。因此在事業上有一些成就，態度瀟灑、寬容，又有一點霸氣的人，才會是他們的理想對象。

天機坐命巳宮的人，夫妻宮是太陽、天梁皆居廟位。也就是說倘若

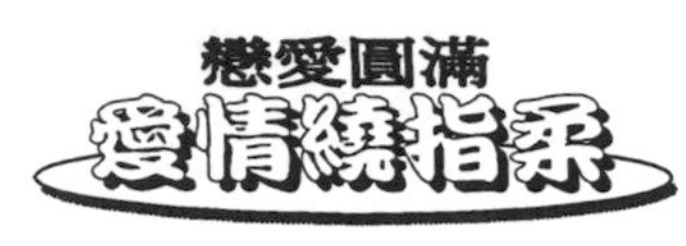

他能形成『陽梁昌祿』格。而『陽梁昌祿』就是夫妻宮了，這種命格也就是古代十年寒窗，考取狀元，進而被選中駙馬的狀元命格。因為情人及妻子都是由『陽梁昌祿』格而來的。如此的戀愛運也非常的美滿。

天機坐命巳宮的人，當然最怕的就是生在甲年了！因為甲年會有太陽化忌和擎羊星都出現在夫妻宮內，縱使再有『陽梁昌祿』格也無法救助戀愛運了。

天機坐命亥宮的人，夫妻宮的太陽居平，已日落西山，天梁居得地剛合格之位。他們會擁有對人生、事業意興闌珊的情人。雖然在情感的表達方式上比較不夠熱情，但仍能做一對平凡的情侶。天機坐命亥宮的人，在自己本身的感情智慧中對人就比較冷淡，但驕傲的習性依然，自視高，但得不到回響，周圍出現的人，程度也不高。層次高的人，彼此又看不對眼，形成自命清高，付出感情的能力又不足，選擇情人的能力也不很好，因此有一般水準的情人和愛情就很不錯了。

天機坐命亥宮的人，也怕生在甲年有太陽化忌在夫妻宮。更怕生在庚年有擎羊在夫妻宮。這兩種命格的人，戀愛運都不佳。彼此有剋害產生。

機陰坐命的人

天機、太陰坐命的人，無論坐命寅宮或申宮，夫妻宮都是太陽星。

機陰坐命寅宮的人，夫妻宮的太陽星居陷。他們會找到表面上很開朗，但內心性格內斂，臉型是圓型大臉的情人。

機陰坐命的人，性格陰柔、善變、又常拿不定主意，內心世界常像月亮時圓、時缺，明亮、晦暗不定，因此常有內心煩悶無法解開的困

擾，因此他們會被外型、個性像太陽坐命的人吸引。只有這類性格、外貌酷似太陽坐命的人，用寬容、博愛、爽朗的態度，像陽光普照大地一般來照耀他們，彷彿才能使他們再發出光亮。

※事實上在所有的命格中，太陰坐命的人和太陽坐命的人是互相吸引的，彼此不但有好感，而且是心心相印的。這主要是因為月亮光是由太陽照射，再反射出去，月亮本身不會發光之故。命格中的太陰坐命的人都很願意依附在太陽坐命的人的身旁，不論男女，皆是如此。太陽坐命的人，也很願意照顧他們，給他們陽光。

機陰坐命寅宮

天相(得) 巳	天梁(廟) 午	七殺(廟) 廉貞(平) 未	申
巨門(陷) 辰			酉
紫微(旺) 貪狼(平) 卯			天同(平) 戌
命宮 天機(得) 太陰(旺) 寅	天府(廟) 丑	夫妻宮 太陽(陷) 子	武曲(平) 破軍(平) 亥

機陰坐命申宮

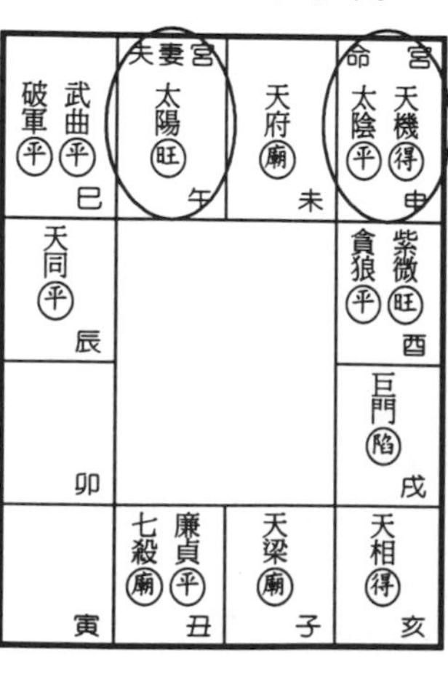

武曲(平) 破軍(平) 巳
夫妻宮 太陽(旺) 午
天府(廟) 未
命宮 天機(得) 太陰(平) 申
天同(平) 辰
紫微(旺) 貪狼(平) 酉
卯
巨門(陷) 戌
寅
廉貞(平) 七殺(廟) 丑
天梁(廟) 子
天相(得) 亥

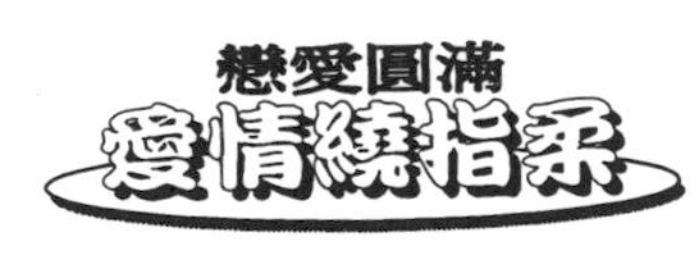

在機陰坐命寅宮的人的感情智商裡，他們深知自己對情感的依賴，也知道必須要有寬容、熱情的人，才適合自己。雖然機陰坐命寅宮的人是性格善變，人生以及環境都容易遷動的，但是他們在感情上渴望穩定。也喜歡在情感上有避風港，或有可依靠的肩膀。因此他們選擇太陽這顆恆星，永遠能平穩的給他光與熱，一直照耀他。也能使他自己這顆太陰星（月亮）更明亮。

機陰坐命寅宮的人，最怕生在甲年，有太陽化忌會在夫妻宮。也怕生在壬年，會有擎羊和太陽居陷在夫妻宮。這兩種年份出生的機陰坐命寅宮的人，戀愛運較波折不順。

機陰坐命申宮的人，夫妻宮的太陽星是居旺的，在他們的感情智商中對太陽的依賴更深，更迫切。因為機陰坐命申宮的人，其命宮中的太陰星是居平位，已沒有什麼亮度了。因此他們對太陽的吸引更甚。

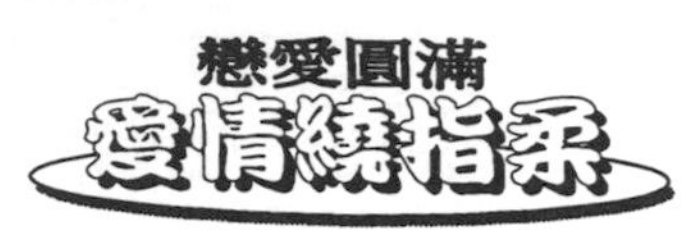

機陰坐命申宮的人，一生很平淡，幸運的就是會擁有感情好的兄弟、情人或配偶。因此在他的一生中，情人及配偶幾乎佔據絕大部份的人生生活相伴的力量。同時情人及配偶也是他此生感情付託與人生發光發亮的關鍵。

機陰坐命申宮的人，本身性格就扭怩、不開朗，需要別人來帶領他、開導他。倘若命宮中有天機化忌或太陰化忌的人，人緣關係就更不好了，他們對愛情和情人及配偶的依賴就會更大。

機陰坐命申宮的人，也怕生在甲年有太陽化忌在夫妻宮。此命格的女子更不利，會和所有的男性不和。丙年、戊年所生的人有擎羊星和太陽在夫妻宮同宮，戀愛運都不佳。

男性機陰坐命的人，多半可娶到類似男人婆的配偶。女性機陰坐命者會找到陽剛氣重的情人。當夫妻宮有化忌、劫空和福德宮有地劫、天空出現時，戀愛緣很薄弱，會無緣不婚。尤其再有擎羊星出現，更驗。

機巨坐命的人

天機、巨門坐命的人，不論是坐命卯宮或酉宮，夫妻宮都是太陽、太陰。代表機巨坐命者的感情智商是陰晴不定，有時快樂、開朗，有時陰柔、鬱悶、內斂的。他們在情緒上是起伏不定、變化多端的。常常在處理自己的感情和情緒問題，也顯得沒法子把握。因此感情、情緒智商並不很高。

機巨坐命卯宮

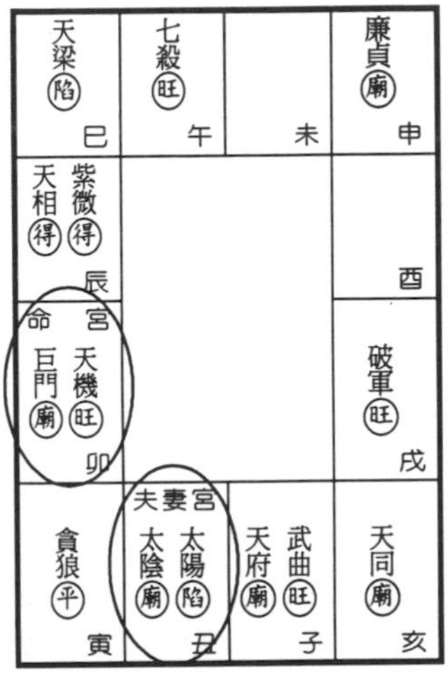

天梁(陷) 巳	七殺(旺) 午	未	廉貞(廟) 申
紫微(得) 天相(得) 辰			酉
命宮 天機(旺) 巨門(廟) 卯			破軍(旺) 戌
貪狼(平) 寅	夫妻宮 太陽(陷) 太陰(廟) 丑	武曲(旺) 天府(廟) 子	天同(廟) 亥

機巨坐命酉宮

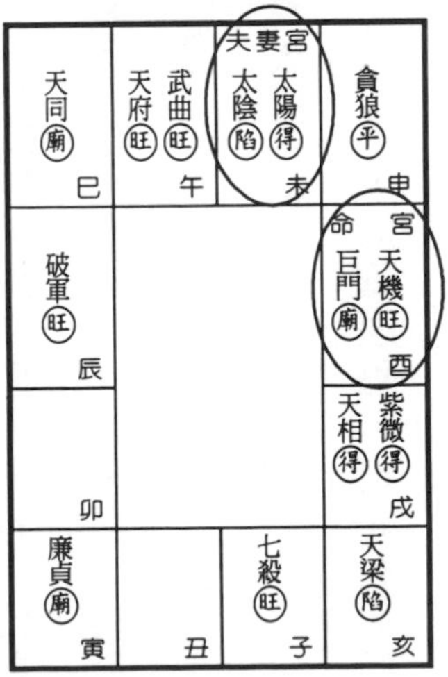

天同(廟) 巳	武曲(旺) 天府(旺) 午	夫妻宮 太陽(得) 太陰(陷) 未	貪狼(平) 申
破軍(旺) 辰			命宮 天機(旺) 巨門(廟) 酉
卯			紫微(得) 天相(得) 戌
廉貞(廟) 寅	丑	七殺(旺) 子	天梁(陷) 亥

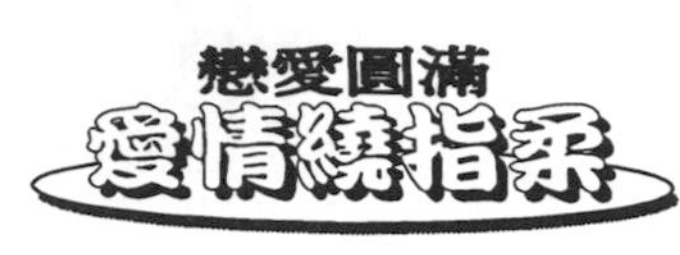

機巨坐命卯宮的人，夫妻宮的太陽是陷落的，太陰是居廟的。代表他們內在感情中是善感多思慮的，屬於多愁善感的一類。同時太陽陷落，也代表感情內斂。陰晴不定的情緒常維持很長的時間。同時他們也比較喜歡能善解人意，既能寬容，又不要太陽剛的人做情人。

機巨坐命酉宮的人，夫妻宮的太陽居得地，太陰居陷。代表在他們的內心深處比較陽剛一點，對於感情和情緒的表達是不夠溫柔體貼的。同時他們也不喜歡哭哭啼啼或是太女性化表現的人。善變多慮多懷疑，仍然是他們的本性。他們的記憶力很好，過目不忘，所以任何人不能在他的心中留下不良的記錄，否則他一定是和你保持距離，永不來往的。

機巨坐命的人，就怕生在甲年有太陽化忌在夫妻宮，也怕生在乙年有太陰化忌在夫妻宮。而男子特別怕夫妻宮有太陰化忌。女子特別怕夫妻宮有太陽化忌，這種命格都會擁有不良的戀愛運，一生都不快樂。另

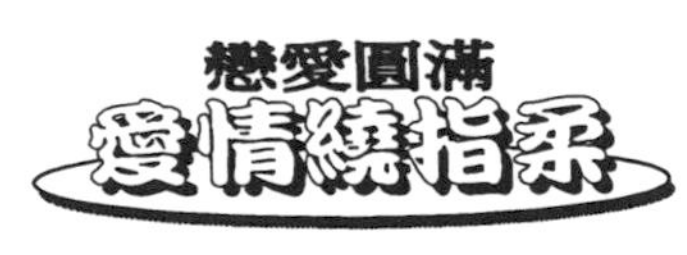

外機巨坐命酉宮的人，怕生在丁年、己年，會有擎羊星在夫妻宮中。機巨坐命卯宮的人，怕生在癸年，也會有擎羊在夫妻宮出現。如此一來，愛情的磨難較大，會情侶不和，也會有不婚的情形。

機梁坐命的人

天機、天梁坐命的人，不論坐命辰宮或坐命戌宮，其夫妻宮都是太陽、巨門。代表情侶間常競賽口才，開辯論會。從表面的結果上來看，好像是機梁坐命的人總佔上風。但最終的結果，卻還是以情人的意見為主要實行準則。機梁坐命的人喜歡講話，又愛辯，強辭奪理，瞎掰一通，總要掰出一個自以為是的道理來。他們的主意很多，情人又喜歡聽，也喜歡和他胡掰一通，搞得很熱鬧，氣氛很好。我們可以看到在他

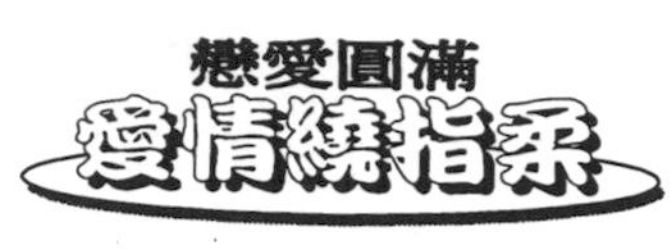

的夫妻宮中巨門居廟位，代表情人就是個口才好、善辯論，進退反覆的人，因此情侶間十分相配。戀愛運算是不錯的。

機梁坐命辰宮

紫微(旺) 七殺(平) 巳	午	未	申
命宮 天機(平) 天梁(廟) 辰			廉貞(平) 破軍(陷) 酉
天相(陷) 卯			戌
夫妻宮 太陽(旺) 巨門(廟) 寅	武曲(廟) 貪狼(廟) 丑	天同(旺) 太陰(廟) 子	天府(得) 亥

機梁坐命戌宮

天府(得) 巳	天同(陷) 太陰(平) 午	武曲(廟) 貪狼(廟) 未	夫妻宮 太陽(得) 巨門(廟) 申
辰			天相(陷) 酉
廉貞(平) 破軍(陷) 卯			命宮 天機(平) 天梁(廟) 戌
寅	丑	子	紫微(旺) 七殺(平) 亥

機梁坐命辰宮的人，夫妻宮的太陽是居旺的，巨門居廟。代表其人在感情智商中，很會利用開朗快樂的心情，製造一些小是非來促進情侶感情。同時他們也用這種特質來交朋友。

機梁坐命的人，在待人處世方面是一個像廣播電台的人物，隨時都

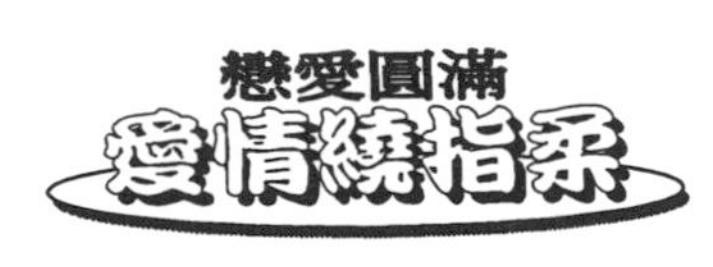

有最新的八卦新聞即時播出。機梁坐命辰宮的人，人緣好一點，性格開朗、三八一點，雖然聒噪，但能吸引同是『是非人』多一點。而機梁坐命戌宮的人，因夫妻宮的太陽只在得地剛合格之位，因此他的功力略弱，人緣比不上坐命辰宮的人，有時候會遭人白眼。

機梁坐命的人，最怕生在甲年和丁年。甲年有太陽化忌，又逢羊陀相夾，會形成『羊陀夾忌』的惡格，不但戀愛運不佳，本身在運行逢寅、申二宮時，都可能遭災、有禍。大運、流年、流月三重逢合，性命堪憂。丁年生的人，會有巨門化忌在夫妻宮，這時候，情侶間因吵鬧不休而彼此痛苦，戀愛運就極為不佳了。**最好的戀愛運就是生在庚年有太陽化祿，生在辛年有巨門化祿、太陽化權在夫妻宮的人**。情人是個有口才，能掌權、態度圓滑的人，情人的事業和機梁坐命者自身的事業都會較高。**癸年生有巨門化權在夫妻宮的人**，其人本身說話就很有份量。情人更是以口才而擁有地位。情人會是民意代表、法官之類，或是和法律有關係的行業工作。

太陽坐命的人

太陽單星坐命時，會有坐命於子宮、午宮、辰宮、戌宮、巳宮、亥宮等六種不同坐命的人。

太陽坐命子宮和太陽坐命午宮的人，其夫妻宮都是天同居平。太陽坐命巳宮和太陽坐命亥宮的人，其夫妻宮也是天同居平。

我在前面中就略微談過太陽坐命者的感情智商的問題。**在太陽坐命者中有四種坐命的人都是一樣，夫妻宮為天同居平的狀況。**天同是福星，也是懶星，因此在感情智謀上，太陽坐命的人是處於有點感覺，但是感覺不深刻的情況。

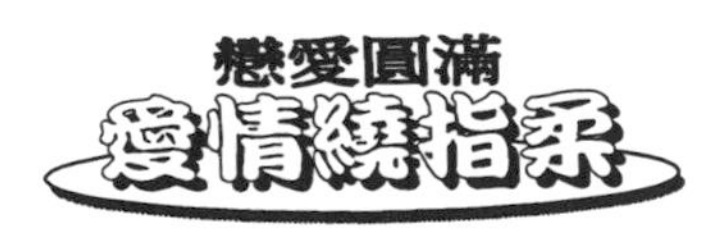

大致說來，這四種太陽坐命的人的情況模式是屬於兄弟姊妹之情和朋友之情，表面上看起來，他們也會談戀愛。但是真正的戀愛情感因素在實質分析上是屬於淺層的。他們是無法和太陰坐命的人的戀愛精神來相比的。並且太陽坐命的人，是不會有身宮落在夫妻宮的狀況的。因為他們根本對愛情的體認不精，因此為愛情而死而自殺的人裡面，是絕對沒有太陽坐命的人。相反的，他們會為事、為面子、為鬱悶而自殺，而這些人又多半是太陽居陷坐命，或太陽和擎羊同坐命宮的人。

就因為如此，上述四種太陽坐命者的婚姻運是平安、祥和，夫妻間沒有波瀾，也沒有戀愛的激情，因此是一對平凡情侶的模式，而可以相守到老。是非常順利的戀愛運了。也是很多人艷羨而不可得的戀愛運。太陽坐命的人，是不可不滿足而有異想，來擾亂自己戀愛運和一生幸福運程的。倘若如此，就真是個大傻瓜了。

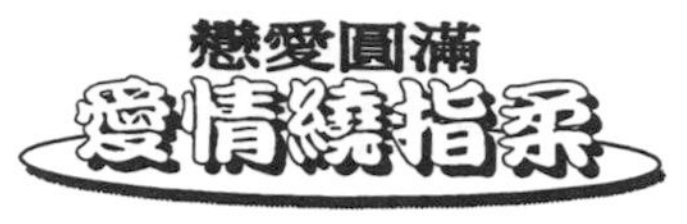

太陽坐命巳宮

命宮 太陽(旺) 巳	破軍(廟) 午	天機(陷) 未	紫微(旺) 天府(得) 申
武曲(廟) 辰			太陰(旺) 酉
夫妻宮 天同(平) 卯			貪狼(廟) 戌
七殺(廟) 寅	天梁(旺) 丑	廉貞(平) 天相(廟) 子	巨門(旺) 亥

太陽坐命亥宮

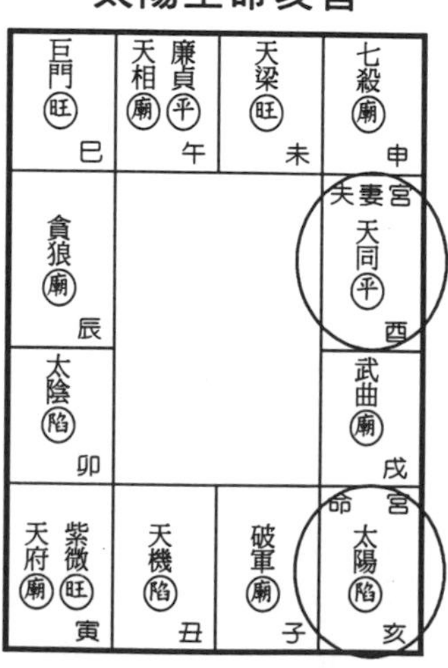

太陽坐命的人，生在丙年的人，有天同化祿在夫妻宮。生在丁年的人有天同化權在夫妻宮。生在庚年有天同化科在夫妻宮，都是有很好戀愛運。

太陽坐命巳宮的人，生在甲年有太陽化忌在命宮，又有擎羊與天同同在夫妻宮，戀愛運不吉。

太陽坐命亥宮的人，不可生在庚年有擎羊和天同同在夫妻宮，亦是婚姻運不吉。因為天同福星被煞星侵臨，造福不成，而有磨難。

太陽坐命子宮的人，不可生在乙年，也是會有擎羊在夫妻宮出現和天同同宮，傷害福星，戀愛運都不吉。有陀羅星在夫妻宮出現的人，反而沒有明顯的情侶不合、或是有那麼嚴重的不祥戀愛運。

太陽坐命辰宮與戌宮的人，夫妻宮都是天同、天梁。這兩種人雖然都會擁有美好的戀愛運。但是在感情的抒發和智慧上略有不同。

太陽坐命辰宮

巳	天機(廟) 午	紫微(廟) 破軍(旺) 未	申
命宮 太陽(旺) 辰			天府(旺) 酉
武曲(平) 七殺(旺) 卯			太陰(旺) 戌
夫妻宮 天同(平) 天梁(廟) 寅	天相(廟) 丑	巨門(旺) 子	廉貞(陷) 貪狼(陷) 亥

太陽坐命戌宮

廉貞(陷) 貪狼(陷) 巳	巨門(旺) 午	天相(得) 未	夫妻宮 天同(旺) 天梁(陷) 申
太陰(陷) 辰			武曲(平) 七殺(旺) 酉
天府(得) 卯			命宮 太陽(陷) 戌
寅	紫微(廟) 破軍(旺) 丑	天機(廟) 子	亥

戀愛圓滿
愛情繞指柔

太陽坐命辰宮的人，夫妻宮的天同是居平的，而天梁星是居旺的。

代表他們的感情和情緒智商是較足智多謀的，也比較會體諒人、照顧人。雖然性格比較頑固，但會用腦子想，如何去博得別人的好感和感情？因此他們在愛情的路子上是順利而通暢的。太陽坐命辰宮的人，和一般太陽坐命的人不一樣，他們比較瞭解戀愛的內容和模式，性格活潑，從小就會與異性交往而有戀愛經驗，因為他們的遷移宮是太陰居旺，從小就在一種由注重感情運作的環境裡磨練訓練。因此對『情』有深刻的瞭解，所以此命格的人多半會早婚，而且妻子會比他年長。

太陽坐命戌宮的人，夫妻宮的天同居旺，天梁居陷。這個命格的人，會比坐命辰宮的人，在感覺器官上差多了。因為他們的遷移宮是太陰居陷，他們是從小處在一種雖然仍是由感情運作的環境裡，但是感情較稀薄(太陰落陷)。因此受到的訓練就較差。通常他們是一付對感情感覺不深刻的樣子。只等待別人來對他付出感情。因此太陽坐命戌宮的人，比較像溫吞水，不會主動出擊的去尋找愛情。故而他們也比較晚婚。他們會凡事不計較，也不用腦子，常讓配偶唸唸叨叨，不過戀愛運依然是不錯的。

因為太陽坐命辰、戌宮的人的夫妻宮處於寅、申宮，而寅、申宮最多只會有陀羅出現，而不會有擎羊星出現，因此太陽坐命辰、戌宮的人的戀愛運是很不錯的了。

日月坐命的人

太陽、太陰坐命的人，夫妻宮都是天同居廟旺的格局。太陽、太陰坐命的人，又稱『日月坐命』的人。

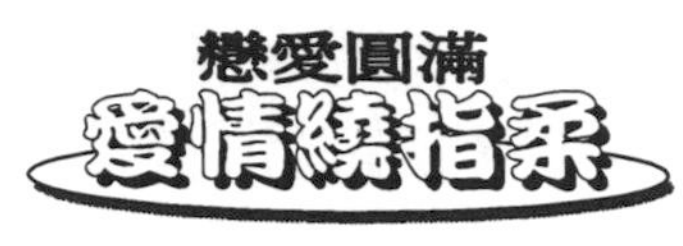

日月坐命丑宮時，太陽是居陷的，太陰是居廟，因此這個命格的人是外型和性格上陰柔多一點的人。同時他們也是愛撒嬌，性格陰晴不定的人。但是真正在感情以及情緒的智商裡，他們可是運作的高手，智商一級棒哩！

日月坐命丑宮

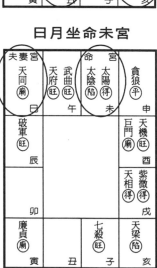

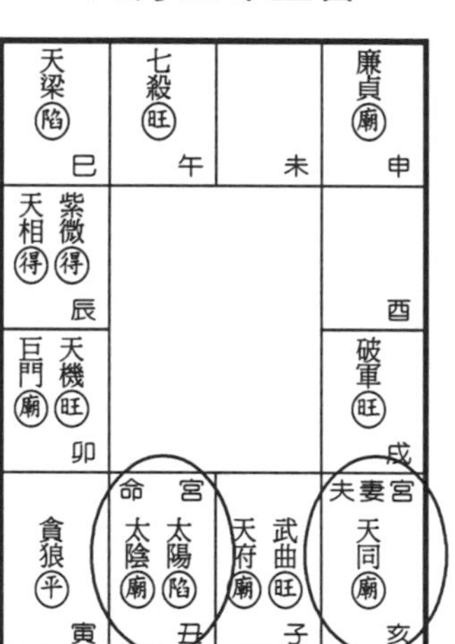

天梁 陷 巳
七殺 旺 午
未
廉貞 廟 申
紫微 得 天相 得 辰
酉
天機 旺 巨門 廟 卯
破軍 旺 戌
貪狼 平 寅
命宮 太陽 陷 太陰 廟 丑
武曲 旺 天府 廟 子
夫妻宮 天同 廟 亥

日月坐命未宮

夫妻宮 天同(廟) 巳	武曲(旺) 天府(旺) 午	命宮 太陽(得) 太陰(陷) 未	貪狼(平) 申
破軍(旺) 辰			天機(旺) 巨門(廟) 酉
卯			紫微(得) 天相(得) 戌
廉貞(廟) 寅	丑	七殺(旺) 子	天梁(陷) 亥

日月坐命未宮的人，因命宮中的太陽居得地之位，而太陰居陷，他們是陽剛氣重一點點的人，同樣的在他們感情智商中都是高水準的人。

日月坐命未宮的人，他是利用智慧，而達到運作感情的高智商。

日月坐命的人，本身都有陰晴不定，反覆無常，拿不定主意，善變等的怪異性格，他們自己也深知自己的缺點，但是很會用自己的這些缺點來磨練別人、試探別人。最後都能找到溫和又沒有什麼脾氣的人來容忍自己。這就是他們高招的地方。所以他們的感情智商和情緒智商，實際上是高手過招，得利最多的。因此戀愛運也最佳。

日月坐命的人，雖然他們表面上很難纏，好像情緒變化很快，使人無法掌握，其實在他們內心深處是很平和的，又愛享福的。他們只是利用善變的情緒，和拿不定主意的方式，讓別人對他產生憐愛，而順便將問題丟給他人，而自己就躲在一旁享福去了。

日月坐命的人，若要以戀愛運來論，生在那一年都不怕，因為其夫妻宮會坐於巳、亥宮，而這些宮位是不會出現擎羊星的，最多會出現陀

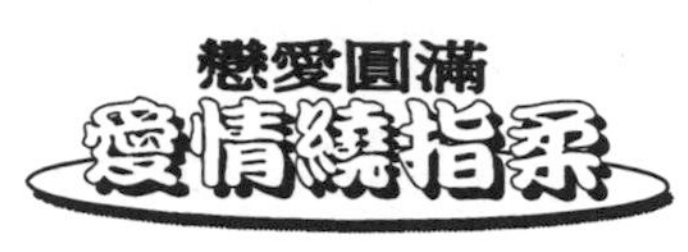

羅星。而陀羅星對戀愛運的傷害不大，最多是自己想法扭曲、想不開，或是情人笨一點，因此沒有關係。雖然在很多書上會有『天同化忌』，但是在我認為天同是福星，是不會化忌的。況且天同居廟時，福力高照，何懼化忌之有？

陽梁坐命的人

太陽、天梁坐命的人，無論坐命卯宮或酉宮，其夫妻宮都是天同、巨門，雙星俱陷落。這是不佳的戀愛運。

陽梁坐命的人，夫妻宮是同巨居陷位。在他們的感情及情緒的模式裡，是有一點溫和，又有一點晦暗不明，懷疑心重，挑剔成性的。因此在內心深處常會製造出一些小是非，而讓自己口舌是非不斷。同樣的他們在處理情侶間的感情問題時，總會產生一些不大不小的困難，讓他們束手無策，而有無力感。因此在感情與情緒智商上，並不算高。陽梁坐命的人，夫妻宮是同巨，雖然是不佳的戀愛運，但也不是最壞的戀愛運，主要是還有一顆天同星福星，雖然居陷，無法施展福力，但它依然是存在著，也不能說是完全無用。因此陽梁坐命的人戀愛運雖不算好，但也不會分手或離婚，只是有口舌是非，天天鬥嘴、吵架而已。

陽梁坐命卯宮

天機(平) 巳	紫微(廟) 午	未	破軍(得) 申
七殺(廟) 辰			酉
命宮 太陽(廟) 天梁(廟) 卯			廉貞(平) 天府(廟) 戌
武曲(得) 天相(廟) 寅	夫妻宮 天同(陷) 巨門(陷) 丑	貪狼(旺) 子	太陰(廟) 亥

陽梁坐命酉宮

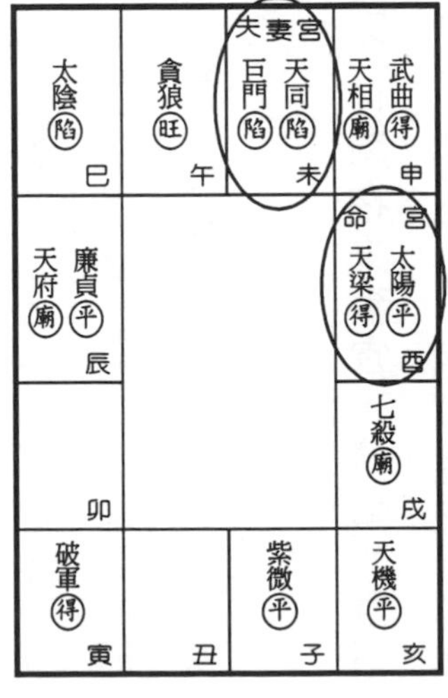

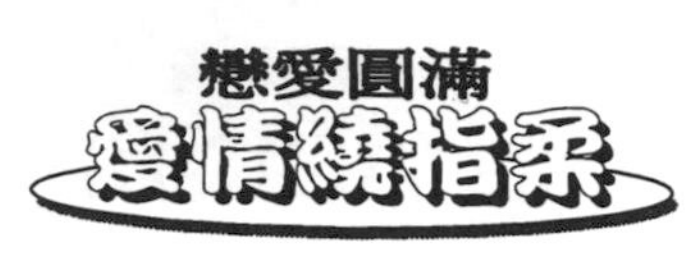

陽梁坐命的人，在本性上就是海派的人，很喜歡照顧外面的人，也喜歡做事業，有做大人物和老大的心態，因此整天在外忙碌，當然會引起情人的埋怨，而產生口角。所幸陽梁坐命的人，氣量很大。但是他們對於真實的愛情是比較不能感受的，也不會用心於此。因此在感情智商上分數是很低的。

陽梁坐命的人最怕是生在丁年有巨門化忌在夫妻宮，情侶間爭鬥多，吵鬧不休，很可能婚姻破裂。**陽梁坐命酉宮的人，不可生在己年，陽梁坐命卯宮的人，不可生在癸年**，都會有擎羊星在夫妻宮出現，是最不佳的戀愛運了。另外，這種有擎羊在夫妻宮的人還不可再遇火星在夫妻宮或相照夫妻宮，會有『巨火羊』格局，會有縊死，跳水自殺的可能，並且是為感情事件而自殺。

陽梁坐命的人，最好生在丙年，有天同化祿在夫妻宮，或是生在辛年有巨門化祿在夫妻宮，這些都是有利戀愛運的格局。

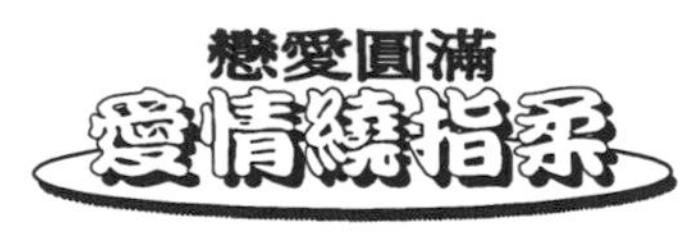

空宮坐命有陽梁相照的人

現在我們要談一談，一種特別的命理格局，也就是空宮坐命，而有陽梁相照的命理格局，其實這種命格也應該屬於陽梁坐命系列的命格之一。

命宮是空宮，沒有主星，遷移宮相照過來的星是太陽、天梁。因此在論命時，應該歸類於陽梁坐命系列的人。因為其性格裡就具有陽梁坐命者，個性寬宏，喜歡做大事業，愛照顧人等等的很多特性。

在這個命格格局裡，夫妻宮就成為空宮，由天同、巨門相照的格式了。如果夫妻宮不錯，剛好有文昌、文曲進入。在『夫、遷、福』一組的三合宮位中形成『陽梁昌祿』格。因此其人的戀愛運就算是非常不錯的了。會在他的官場生涯裡，情人和配偶也是出力很多的人。

空宮坐命，有陽梁相照的命盤

財帛宮 天機 巳	子女宮 紫微 午	夫妻宮 文昌 文曲 未	兄弟宮 破軍 天空 申
疾厄宮 七殺 辰			命宮 酉
遷移宮 太陽 天梁 卯			父母宮 廉貞 天府 戌
僕役宮 武曲 天相 左輔 地劫 寅	官祿宮 天同 巨門 丑	田宅宮 貪狼 子	福德宮 太陰 亥

有文昌、文曲在夫妻宮同時出現的時候，情人的相貌不錯。因為文昌在未宮居平，文曲居旺。因此情人是個很會講話的人，但知識程度不高。

有文昌、文曲在夫妻宮出現的人，在此人的感情及情緒智商裡，是很能控制自己情緒的人，也很能調節自己情緒的人。同時他們對於愛情觀很能掌握表達，在愛情生活裡，他們是非常富足的人。

有文昌、文曲同在夫妻宮的人，情人都能配合他、體諒他，夫妻能共同找到婚姻和感情的樂趣、目標，攜手同行。

如果有官祿宮的同巨相照夫妻宮，又被擎羊、化忌相夾，會產生最後還是因為事業上的問題而生離死別，成為由吉轉悲的戀愛運了。

陽巨坐命的人

太陽、巨門坐命的人，夫妻宮都是天同、太陰。陽巨坐命寅宮的人，夫妻宮的同陰皆居廟旺之位，會有最幸福美滿的戀愛運。陽巨坐命申宮的人，夫妻宮的同陰居平陷之位，也可擁有普通、平凡的戀愛運。

陽巨坐命寅宮

紫微(旺) 七殺(平) 巳	午	未	申
天機(平) 天梁(廟) 辰			廉貞(平) 破軍(陷) 酉
天相(陷) 卯			戌
命宮 太陽(旺) 巨門(廟) 寅	武曲(廟) 貪狼(廟) 丑	夫妻宮 天同(旺) 太陰(廟) 子	天府(得) 亥

陽巨坐命申宮

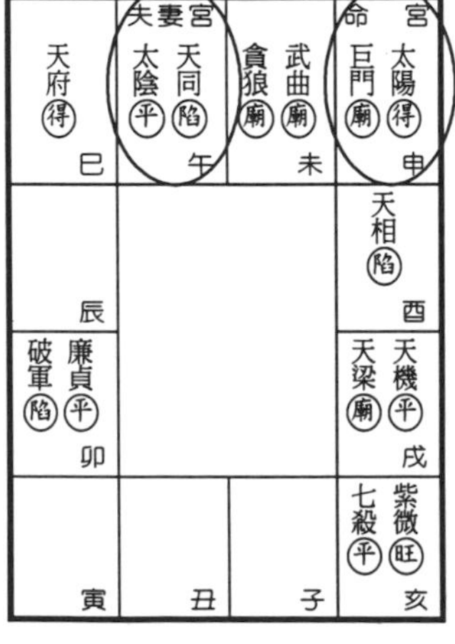

天府(得) 巳
夫妻宮 天同(陷) 太陰(平) 午
武曲(廟) 貪狼(廟) 未
命宮 太陽(得) 巨門(廟) 申
辰
天相(陷) 酉
廉貞(平) 破軍(陷) 卯
天機(平) 天梁(廟) 戌
寅
丑
子
紫微(旺) 七殺(平) 亥

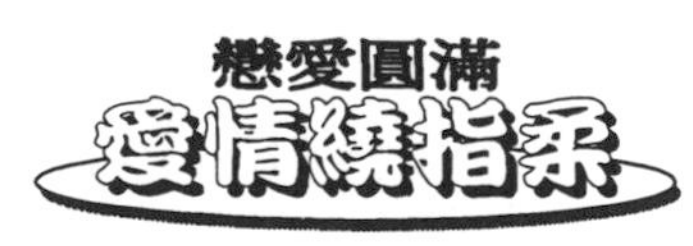

陽巨坐命寅宮的人，戀愛運中有天同、太陰，他們在感情智商上，是有一點遲鈍，又喜歡談戀愛的人。他們喜歡別人對自己無限的付出，但他自己卻不知如何回報？在情感模式中，喜歡安享感情、情緒的愉悅，卻不肯花心思去感受別人內心感受的人。大致看起來陽巨坐命寅宮的人運氣很好，會擁有溫柔，心思細膩的情人。戀愛運特別好。**但是有擎羊星和天空、地劫、化忌在夫妻宮出現時**，良好的安享戀情的模式就受到傷害了。這種命格的人，常常是因為自己內心自私，計較或灰心、空乏的感情而導致不婚或戀愛及婚姻失利。**倘若是乙年生的人又有太陰化忌在夫妻宮的人**，內心的糾葛更多，戀愛運更不順利。這些夫妻宮中有擎羊、化忌、空劫的人，也就是戀愛運不佳的人。同時在感情智商方面也趨於劣等。

陽巨坐命申宮的人，戀愛運的同陰是居平陷之位的。因此在戀愛運裡不算很順暢，但是也不會分手或離婚。陽巨坐命申宮的人，在感情智商和情緒智商方面，是較遜於坐命寅宮的人，他們在內心方面不夠富足，因此在掌控自己的感情和情緒方面技術就不佳了。也就是在情感官能方面收發都不夠好的狀態。只想得到別人的關愛，享受福氣，但有想不到福。自己本身又不知如何去付出感情，吸引回報。因此是屬於『心窮』的狀況，也因此無法得到令他們滿足的戀愛運。

陽巨坐命申宮的人，倘若又生於丙年、戊年會有擎羊星出現在夫妻宮，生在乙年會有太陰化忌在夫妻宮，則有情侶或夫妻相剋，不合，以及不婚的現象。有天空、地劫在『夫、遷、福』三合宮位中出現的人，也會沒辦法結婚。同樣是不佳的戀愛運。

武曲坐命的人

武曲坐命的人，不論坐命辰宮或坐命戌宮，其夫妻宮都是七殺居廟。這種戀愛運的格式是和紫微坐命的人，有相同情形的格式。

武曲坐命辰宮

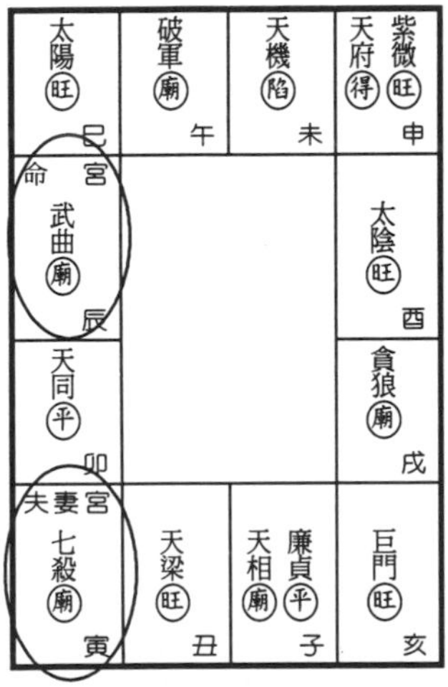

太陽(旺) 巳	破軍(廟) 午	天機(陷) 未	紫微(旺) 天府(得) 申
命宮 武曲(廟) 辰			太陰(旺) 酉
天同(平) 卯			貪狼(廟) 戌
夫妻宮 七殺(廟) 寅	天梁(旺) 丑	廉貞(平) 天相(廟) 子	巨門(旺) 亥

武曲坐命戌宮

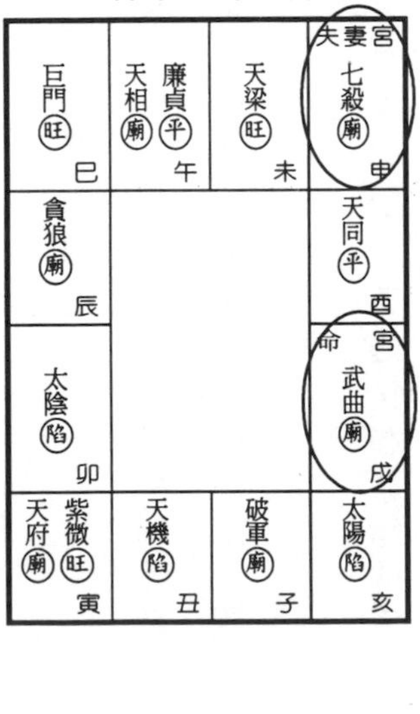

巨門(旺) 巳	廉貞(平) 天相(廟) 午	天梁(旺) 未	夫妻宮 七殺(廟) 申
貪狼(廟) 辰			天同(平) 酉
太陰(陷) 卯			命宮 武曲(廟) 戌
紫微(旺) 天府(廟) 寅	天機(陷) 丑	破軍(廟) 子	太陽(陷) 亥

當夫妻宮為七殺時，只要找情侶為七殺坐命的人，或是情人是能幹、忙碌、喜歡打拼事業的人，同樣也可擁有一般還不錯的戀愛運。並不像一般命書所說，夫妻相剋，有生離死別的狀況發生。

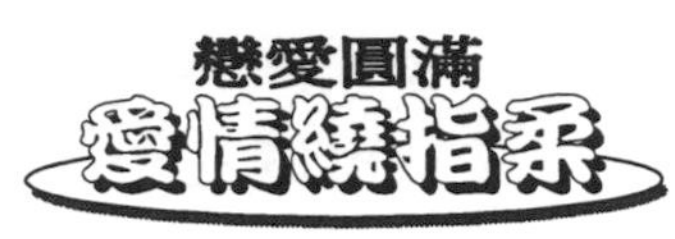

夫妻宮是七殺星的人，代表情人的性格很強硬，做事很拼命，會為一個目標持續奮鬥。同時也代表這個人本身也具有上述性格上的特質。因為情侶兩個人同時都是性格強硬的人，常會為了某些觀念而發生不合現象。因此必須時常溝通。能夠在適當範圍內重視彼此的利益而讓步，共同達成一個幸福的目標。自然也可以成就幸福的戀情。

夫妻宮是七殺星的人，很重視利益的成敗。情侶雙方也能共同體認這個事實。因此在利害權衡之下，也能相互暫時放棄成見，而共譜外觀和諧的戀情。

武曲坐命的人，性格剛直，重是非黑白的問題。在感情和情緒的表達上很直接，他們比較重視事業和金錢，有時太過忙碌，而無暇顧及感情的培養。但是這個問題，最後還是會讓自己很累，因此武曲坐命的人，不要只顧埋頭苦幹事業。應該放一些精神在溝通上面，在感情世界，情緒世界裡就自然會有好的收獲了，也可以造就美好的戀愛運了。

武府坐命的人

武曲、天府坐命的人，不論是坐命子宮或坐命辰宮，夫妻宮都是破軍居旺的格式。這表示武府坐命者的戀愛運不太妙，也表示在他們的感情與情緒智商中有許多破綻與瑕疵，因此這個戀愛運不被看好。但是他們也不一定會分手。

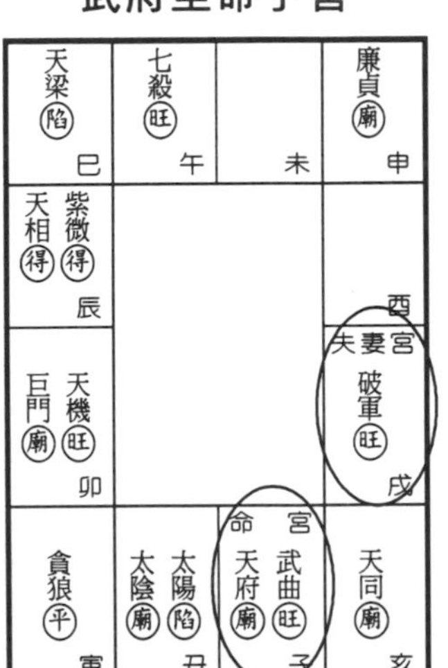

武府坐命午宮

天同(廟) 巳	命宮 武曲(旺) 天府(旺) 午	太陽(得) 太陰(陷) 未	貪狼(平) 申
夫妻宮 破軍(旺) 辰			天機(旺) 巨門(廟) 酉
卯			紫微(得) 天相(得) 戌
廉貞(廟) 寅	丑	七殺(旺) 子	天梁(陷) 亥

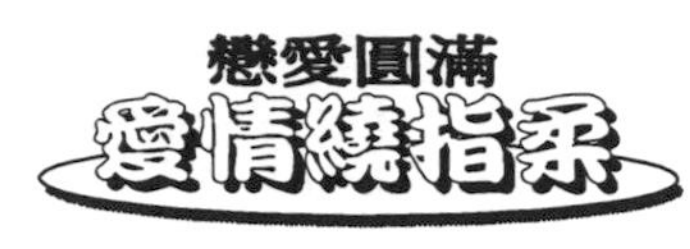

武府坐命者的夫妻宮是破軍。他們會找到性格大膽、豪放，行事反覆多變，疑心病很重，破耗較多的情人。同時在武府坐命者的感情世界裡也是會有多疑、善變、衝動、起伏不定，自己也無法掌握的狀況。

由武府坐命者『夫、遷、福』這一組三合宮位中我們可以看出來，這就是明顯的『殺、破、狼』格局，而破耗就產生在夫妻宮。也表示在武府坐命的人一生中，由感情、情緒所造成人生的變化性很大。

※ 在命理格局中，每個人的命盤中都有破軍星。看命盤時，我們俗稱，每個人的命局中都有一破，有的人破在夫妻宮，有的人破在父母宮，有的人破在官祿宮，有的人破在財帛宮，破軍星有衝鋒陷陣，造成破耗的特性。破軍星出現在各宮位都是弊多利少的。出現

在夫妻宮會因彼此性格不合，價值觀不一樣而離婚。但是會不會離婚，完全是由個人的意志所決定的，命理上只提供現象問題和大多數歸納起來的明顯狀況，所以戀愛運好不好和會不會分手、離婚並不直接有連帶關係。

某先生是武府坐命午宮的人，夫妻宮中有破軍、右弼化科和陀羅入宮。從命盤上來看某先生的戀愛運不太好，有破軍和右弼這兩顆星都是屬於會分手、再婚的星。但是他卻沒有分手、再婚。陀羅這顆星雖是煞星，在此卻呈現抵制破軍凶悍作用的星曜了。陀羅有性格沉悶、古怪、慢吞吞、思想笨拙，常暗中坐一些自以為很對，自認完全是別人不瞭解的行為動作。對自我的原諒性很高，錯誤完全推給別人，這麼一個性格。就因為陀羅能慢一點、笨一點，所以反而能抵制破軍的衝動特性。反而不會分手了。他們只是懷疑心更增重了而已。

武相坐命的人

武曲、天相坐命的人，其夫妻宮都是貪狼居旺位。當貪狼居旺位在夫妻宮中出現的時候，代表此人的情人是智商很高、很聰明、多才多藝、速度很快，對感情問題有一套異於常人，屬於自我式的看法，他們在感情上用情不深，是急躁、快速、一見鍾情，但不長久的方式。情人多半會做軍警職或教育體系的工作，而且是忙碌、東奔西跑，常不在家的工作。

武相坐命寅宮

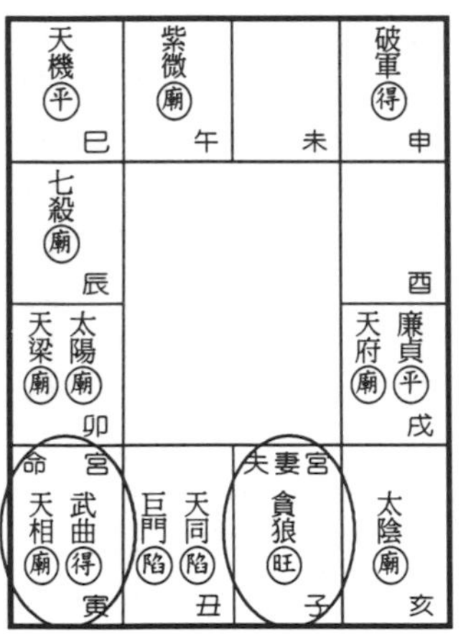

天機 平 巳
紫微 廟 午
未
破軍 得 申
七殺 廟 辰
酉
太陽 廟 天梁 廟 卯
廉貞 平 天府 廟 戌
命宮 武曲 得 天相 廟 寅
天同 陷 巨門 陷 丑
夫妻宮 貪狼 旺 子
太陰 廟 亥

武相坐命申宮

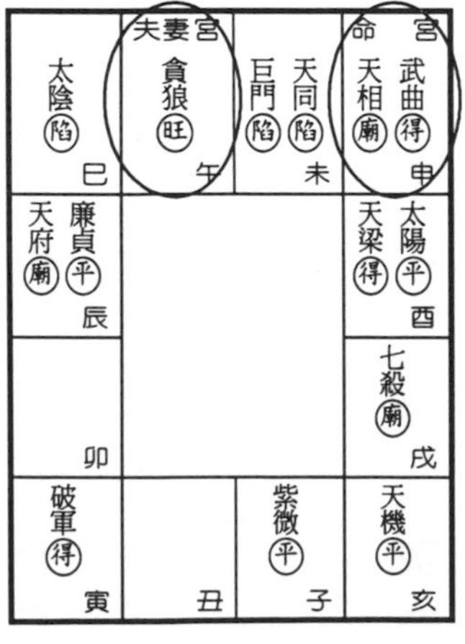

太陰 陷 巳
夫妻宮 貪狼 旺 午
天同 陷 巨門 陷 未
命宮 武曲 得 天相 廟 申
廉貞 平 天府 廟 辰
太陽 平 天梁 得 酉
卯
七殺 廟 戌
破軍 得 寅
丑
紫微 平 子
天機 平 亥

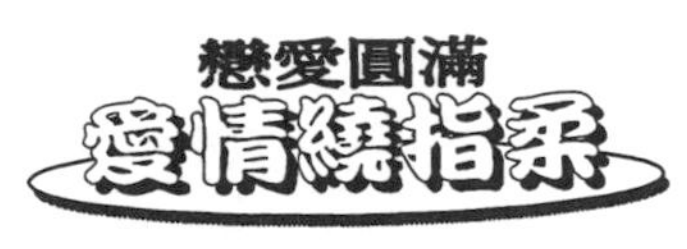

有貪狼星在夫妻宮時，也會出現一些負面的婚姻特性，情人會是個性格強勢、貪心、自私、自顧自己的人，較不會去細心體念家人及配偶的內心感情和情緒。因此在很多命理書上，都以此現象為戀愛運不佳的寫照。

其實，當武相坐命的人之夫妻宮為貪狼時，他們自己本身也常發生上述的性格上的狀況。在感情與情緒的知覺範圍裡，他們對事情、人與人之間彼此心靈是否契合，很迅速的就能立即感覺出來。也就是說，她和別人有沒有緣份，他很容易就立即知曉。知曉以後，緣份深的，彼此可以相處愉快，他感覺到別人可以善待他的，就可立即親密的再一起繼續下一個步驟的感情發展。倘若感覺彼此味道不對，便立即閃開。他們從來不會再做一次努力或等待。雖然說命格中有天相星的人，都很熱心，有服務別人的善心，但是對於態度不好的人，他們是懶得搭理的。

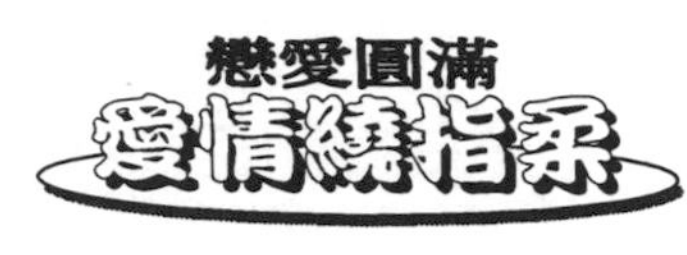

倘若對方能態度轉好，他才會接受再幫助他。在感情和情緒智商裡，武相坐命的人，感覺靈敏，也閃得很快。從不會投下無謂的感情和情緒不愉快的地方或人身上，這也成為他們在這方面自處的長處了。

貪狼星在夫妻宮的人，實際上『夫、遷、福』三合宮位就坐在『殺、破、狼』格局上，因此他們在性格方面是屬於強悍、較堅定、也比較凶的。也是有某種程度的頑固，因此你要說服他，改變想法是比較困難的。不過武相坐命的人，因為思想速度快，有時他自己可以意會出是非黑白與道理的真假，很快他自己就會修正，所以是無須旁人緊張的。

武相坐命的人，夫妻宮是貪狼星，因為自己和情人都具有思想速度的敏捷，和做人處世上的反應力。速度感一致是他們相互欣賞的主因。但若情人在彼此觀念上不同時，這些快速的反應力也容易把他們分開，

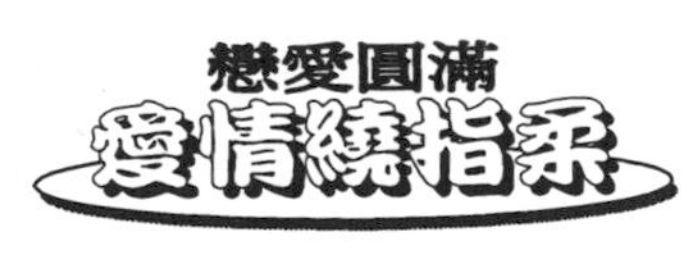

這就是戀愛運不佳的前兆了。倘若能把思想和情感、情緒上的速度感劃分開來，也就是在情感上或情緒上多控制，戀愛運也就不會受到影響了。所以只要是夫妻宮有貪狼星的人，在情緒不好時冷靜下來。多思考一會兒，就不會分手，也就能保有較好的戀愛運了。(夫妻宮是貪狼的人，決定分手的速度很快，常常是連爭吵都沒有，只為感覺不對，就彼此冷淡的分開了)。

武相坐命的人，生在癸年有貪狼化忌在夫妻宮的人，是感覺比較遲鈍的人(這是和普通沒有化忌的人的比較)。但一般來說和別的命宮坐命者比較，他們還是算快的。並且在感情和情緒裡，常顯出自己無法整理、理出頭緒，和心情鬱悶、無法排解的困境，戀愛運也不順，會有不婚和分手的狀況。這是他們本身感情智商出了問題之故。

武相坐命的人，己年生的人，夫妻宮有貪狼化權的婚姻運是需要好

好維護的。此命格的情人有位高權大之勢。女子可以嫁一個武職高官，男子會娶一個從事文化、教育職業負責掌權(負責人)之人。夫妻雙方的性格都很強勢。而情人的性格可能會更強，因此須要好好維護協調，不要意氣用事，才能使戀愛運順利。

武相坐命的人，生在戊年有貪狼化祿在夫妻宮的人，比較有機會獲得較好的戀愛運。因為貪狼是一個人緣桃花星又居旺，而化祿也是一個人緣桃花星，因貪狼居旺的關係，此處的化祿也高居旺位了，所以貪狼化祿在夫妻宮時，表示情人的交際手腕是很好的，同時武相坐命的人，在內心中也是非常契合這種圓滑的交際手腕的，所以在情侶雙方的觀念中，雙雙都認為和外界的資訊溝通、人際關係、社會地位都很重要。這樣一來，情侶間有了共同目標和價值觀，自然和樂的氣氛會很融洽。再加上雙方的速度感相同，感情和情緒的反應相同，因此戀愛運趨佳的機率就大增了。這是武相坐命者最佳戀愛運模式。但是武相坐命的人，很可能因為自己太好的交際手腕，反而不一定能掌握住真愛，有些人反而缺乏真正的戀愛經驗呢！

武殺坐命的人

武曲、七殺坐命的人，夫妻宮都是天相居廟位。這是一種非常幸福的戀愛運，只要夫妻宮沒有擎羊出現就會是非常幸福美好的戀愛運，只有丁年、己年、癸年的人，容易會有擎羊出現在夫妻宮的機率。

武殺坐命卯宮

巳	天機(廟) 午	紫微(廟) 破軍(旺) 未	申
太陽(旺) 辰			天府(旺) 酉
命宮 武曲(平) 七殺(旺) 卯			太陰(旺) 戌
天同(平) 天梁(廟) 寅	夫妻宮 天相(廟) 丑	巨門(旺) 子	廉貞(陷) 貪狼(陷) 亥

武殺坐命酉宮

廉貞(陷) 貪狼(陷) 巳	巨門(旺) 午	夫妻宮 天相(得) 未	天同(旺) 天梁(陷) 申
太陰(陷) 辰			命宮 武曲(平) 七殺(旺) 酉
天府(得) 卯			太陽(陷) 戌
寅	紫微(廟) 破軍(旺) 丑	天機(廟) 子	亥

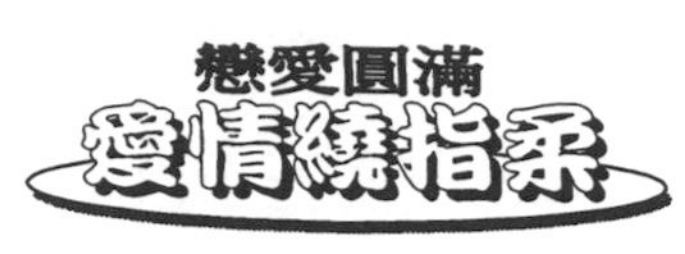

我們常可以看到武殺坐命的，命格上雖然屬於強悍的命格，而實際上在性格和待人處世方面卻溫和有禮。這就是因為代表感情、情緒智慧的夫妻宮是天相福星居廟的關係。

天相是一顆勤勞認真的福星，又是知禮義、明是非，思想態度極為合理化的福星，它穩重、自制力強、溫和、願意付出的耐心，不會隨便的變化、生氣、亂發脾氣。因此在夫妻宮出現時，這個人和他的情人就都同屬於比較世故、仁慈、自重、有尊嚴、願意幫助別人，注意自己名聲和儀表，能得到別人尊敬的人了。

武殺坐命的人，因為戀愛運好，又能相互幫忙事業，對家庭有強烈的責任感與凝聚力。因此一般武殺坐命的人戀愛運都非常美滿。

武殺坐命的人，雖然在感情與情緒智慧上很穩定、平和，具有很多優點。但是若在『夫、遷、福』這一組三合宮位中出現化忌、地劫、天空、擎羊等星時，戀愛運仍是不順利的。有不婚或者是夫妻感情冷淡、感情不佳的狀況發生。

武殺坐命的人，在感情受到創傷時，反而非常勇敢。他們不會獨自哀傷哭泣，一定會想辦法將對方加以制裁。資深記者周玉蔻小姐就是武殺坐命的人，緋聞案件公諸於世，就是她制裁對方的方法。武殺坐命的人，在感情受創時，絕不會顧及身份、地位而隱忍，這就是他們命格個性強悍部份的展現，敢愛敢恨就是最好的寫照了。

很奇怪的是武殺坐命的人，身宮會落在夫妻宮的比例非常高，因此他們在戀愛中就全心投入，倘若遇到對方變心，就會造成對他們極大的傷害，他們甚至會用性命與對方玉石俱焚，為愛而持刀，這是屢見不鮮的了。

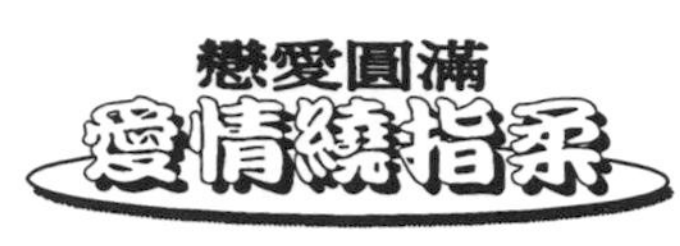

武貪坐命的人

武曲、貪狼坐命的人，無論是坐命丑宮或坐命未宮的人，其夫妻宮都是天府居得地之位。這表示其人在感情世界和心態及情緒上都是很保守的，一板一眼，遵循著自己為自己所訂出的規矩，不太願意做絲毫的改變。因此在他們的內心世界裡有一個頑固如堅石的世界。

另一方面天府是財庫星，擁有天府在夫妻宮的人，又會在心態上很富裕，但這只是讓自己有很舒適的精神享受，在感情上他們仍然是很計較，很會精打細算的。這也就是說武貪坐命的人只會把感情和心力放在自己家族成員的身上。

武貪坐命丑宮

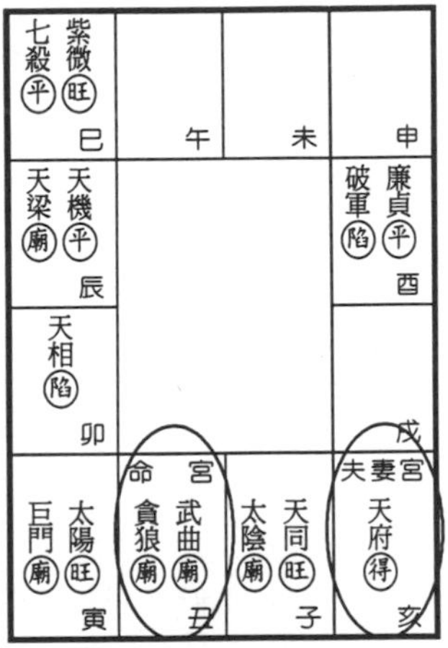

紫微(旺) 七殺(平) 巳	午	未	申
天機(平) 天梁(廟) 辰			廉貞(平) 破軍(陷) 酉
天相(陷) 卯			戌
太陽(旺) 巨門(廟) 寅	命宮 武曲(廟) 貪狼(廟) 丑	天同(旺) 太陰(廟) 子	夫妻宮 天府(得) 亥

武貪坐命未宮

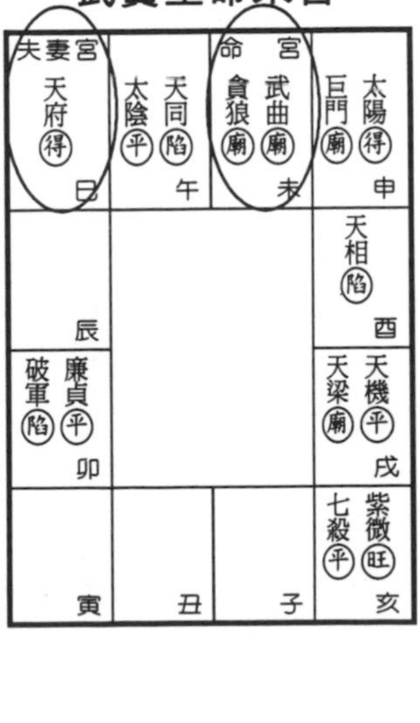

夫妻宮 天府(得) 巳	天同(陷) 太陰(平) 午	命宮 武曲(廟) 貪狼(廟) 未	太陽(得) 巨門(廟) 申
辰			天相(陷) 酉
廉貞(平) 破軍(陷) 卯			天機(平) 天梁(廟) 戌
寅	丑	子	紫微(旺) 七殺(平) 亥

武貪坐命的人夫妻宮是天府，在他們的感情及情緒世界裡，就分為很多層次，譬如說未婚前在家中，他和兄弟姊妹的感情較深厚，對父母也好，但是比較起來，與父母之間的感情就沒有與兄弟姊妹的情感圓融深厚了。戀愛以後，他們會與情人的感情更深厚，父母親已位居第三、四位了。因此武貪坐命的人家庭緣份很好。戀愛運、配偶運、家庭運更佳。他們會很依賴、很黏著情人或配偶，彼此融洽享受愉快的戀愛生

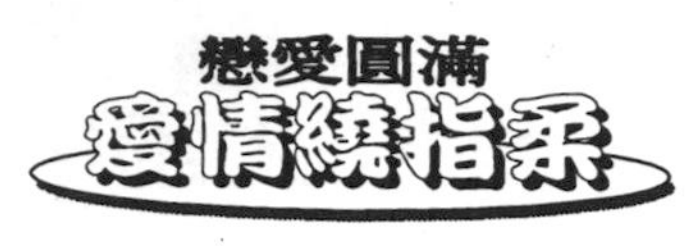

活。

武貪坐命的人，夫妻宮最多只會有陀羅、火、鈴入宮，而不會有擎羊星進入夫妻宮，因此對戀愛運不會造成很大的傷害，戀愛運都屬於極佳的型式。只有在其人『夫、遷、福』三個宮位中出現地劫、天空時，會形成晚婚及結不成婚，找不到理想對象的煩惱。這就算是不佳的戀愛運了。

武貪坐命的人，都會找到很會幫自己理財、很貼心、很向著自己、為自己著想的情人。他們自己很操勞的忙著賺錢，又找到幫忙守財庫的好幫手，情侶運實在太好了。他們的情人會是一個長得白白淨淨、外表斯文、有涵養、有格調的人。也多半會在公家機關、或大企業中做一份勤勞規矩的工作，夫妻兩個人過著很踏實、很恩愛的生活。

武破坐命的人

武破坐命的人，夫妻宮都是空宮，有紫貪來相照。這是一種不錯的戀愛方式，但不可稱做戀愛運。

武破坐命巳宮

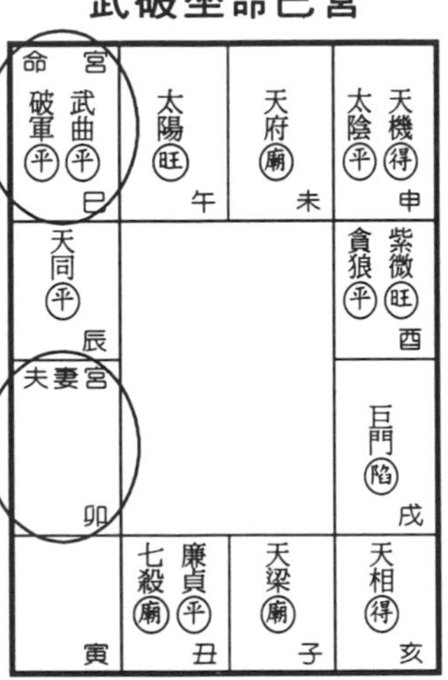

武破坐命亥宮

天相(得) 巳	天梁(廟) 午	廉貞(平) 七殺(廟) 未	申
巨門(陷) 辰			夫妻宮 酉
紫微(旺) 貪狼(平) 卯			天同(平) 戌
天機(得) 太陰(旺) 寅	天府(廟) 丑	太陽(陷) 子	命宮 武曲(平) 破軍(平) 亥

通常夫妻宮是空宮時，表示其人在感情與情緒智慧中有模糊地帶，感覺不深刻。但是由官祿宮相照過來的星曜會彌補這種缺憾，因此我們

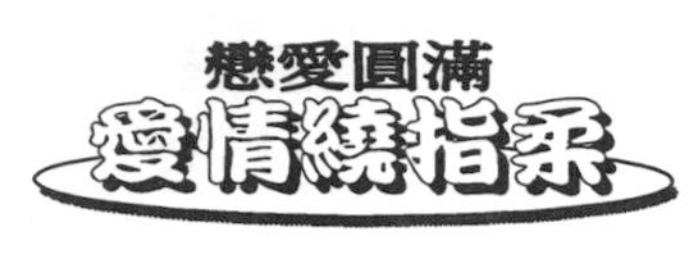

很快的便能搜索到此人的內在性格和情緒變化的掌握了。

當夫妻宮有紫貪時，會有下列的狀況：夫妻二人有相同的興趣，可以志同道合，彼此在愛情的回應與相處上很能掌握彼此的性向，不管他們是吵吵鬧鬧的過生活，還是文文靜靜的過生活，都是充滿情趣，可以讓彼此有很愉快的戀愛經驗。

武破坐命的人，夫妻宮是空宮，有紫貪相照，其戀愛運是次於夫妻宮有紫貪的人，他們在感情狀況方面和夫妻宮是紫貪的人一樣。也屬於還不錯的戀愛運。因為是空宮，姻緣不強，會有同居，沒有辦手續，或者是常更換情侶的情況發生。但夫妻宮中有文昌、文曲星進入時，此人對男女情色問題尤其喜好，雖然情感好的時候如膠似漆，但是也會更換情侶。甲年生的人、庚年生的人，可能會有擎羊星出現在夫妻宮，此時戀愛運便不佳。

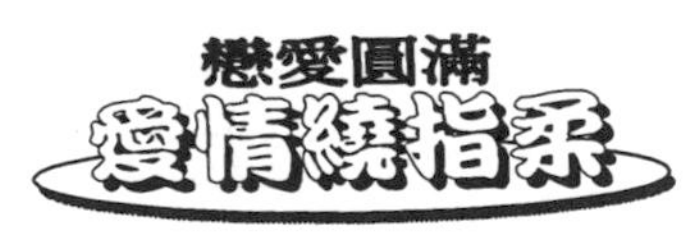

武破坐命者的感情和情緒和實際夫妻宮是紫貪的人是一樣的，他們都有很重的桃花，重視性生活，對情人和伴侶的挑選重視其外型、長相和地位高尚的人，而且又要是與趣相投的人，因此在武破坐命的感情和情緒智商方面，他們算是很厲害很高標準的人，實際上他們也能找到這樣的情人和配偶一起生活。

天同坐命的人

天同單星坐命的人會因命宮位置不同，而有六種不同坐命方式的人。如天同坐命卯宮、天同坐命酉宮、天同坐命辰宮、天同坐命戌宮、天同坐命巳宮、天同坐命亥宮的人。

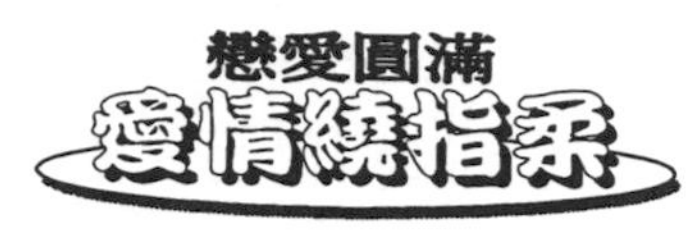

天同坐命卯、酉宮的人，其夫妻宮都是天梁居旺位。這是非常美滿的情侶運和戀愛運。男子卻會娶到比自己年紀大，又能照顧自己，愛護自己，很懂得生活情趣的妻子。而此命格的女子，可以找到比自己年紀大很多(大七、八歲至十歲以上)的夫婿，也能受到疼愛與照顧。情侶間相親相愛，戀愛運讓人艷羨。

天同坐命卯宮

太陽(旺) 巳	破軍(廟) 午	天機(陷) 未	紫微(旺) 天府(得) 申
武曲(廟) 辰			太陰(旺) 酉
命宮 天同(平) 卯			貪狼(廟) 戌
七殺(廟) 寅	夫妻宮 天梁(旺) 丑	廉貞(平) 天相(廟) 子	巨門(旺) 亥

天同坐命酉宮

巨門(旺) 巳	廉貞(平) 天相(廟) 午	夫妻宮 天梁(旺) 未	七殺(廟) 申
貪狼(廟) 辰			命宮 天同(平) 酉
太陰(陷) 卯			武曲(廟) 戌
紫微(旺) 天府(廟) 寅	天機(陷) 丑	破軍(廟) 子	太陽(陷) 亥

天梁星是貴人星、蔭星。在夫妻宮中，情人就是自己的貴人，當然

是命好、運氣好的人啦！在感情方面，天同坐命卯、酉宮人在『夫、遷、福』這組三合宮位中就顯示出天梁、太陰、太陽，這些穩定的星曜出來。太陰又是對感情有超級敏感度的星曜，因此天同命卯、酉宮的人在感情的接受與回應上是非常高超的人。所以他們也能享受這種福氣。

天同坐命辰、戌宮的人，夫妻宮是空宮，有機陰相照。當夫妻宮出現空宮時，其人對感情的感受都不會太深刻。但感情模式的類別深淺仍然要由對宮反射過來星曜的旺度來分層次不同。

天同坐命辰宮

武曲(平) 破軍(平) 巳	太陽(旺) 午	天府(廟) 未	天機(得) 太陰(平) 申
命宮 天同(平) 辰			紫微(旺) 貪狼(平) 酉
卯			巨門(陷) 戌
夫妻宮 寅	廉貞(平) 七殺(廟) 丑	天梁(廟) 子	天相(得) 亥

天同坐命戌宮

天相(得) 巳	天梁(廟) 午	廉貞(平) 七殺(廟) 未	夫妻宮 申
巨門(陷) 辰			酉
紫微(旺) 貪狼(平) 卯			命宮 天同(平) 戌
天機(得) 太陰(旺) 寅	天府(廟) 丑	太陽(陷) 子	武曲(平) 破軍(平) 亥

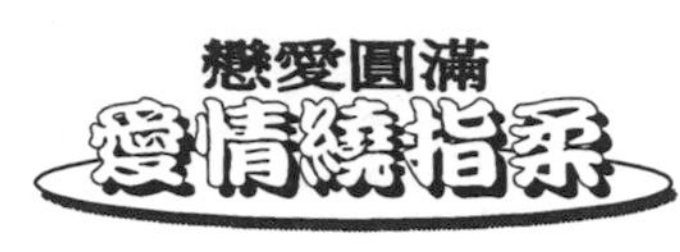

天同坐命辰宮的人，夫妻宮是空宮，相照的天機居得地之位，太陰居平。這個命格的戀愛運是變化多端的。而且其人本人在感情的接收與回應方面並不很順利。這很可能會造成認人不清，會與人同居，或是為了愛情肯犧牲，而有不婚的現象。天同坐命戌宮的人，也同樣會有這些現象，但會好一點，因為相照的太陰居旺，對愛的感受力強一些，至少是為愛而愛的。不會像天同坐命辰宮的人，常常找不到愛的方向，或是感情不順，斷斷續續，經常更換情人。

天同坐命辰、戌宮的人，都有不太完整的家庭，從小父母離婚，沒有兄弟姊妹，或是有同父異母的兄弟姊妹，或是家境貧困，因此讓他們的人生在幼年時代便經歷很多是非困難的困境。所幸天同坐命辰、戌宮的人非常乖巧，逆來順受，但是也養成他們渴望愛情，有一廂情願的方式。這種方式往往會遭人利用，碰不到好的對象。因此他們在感情智商裡，顯得分數並不高。

天同坐命巳、亥宮的人，夫妻宮是空宮，有天機、巨門相照。有空宮在夫妻宮，其人的感情模式是不深刻的，經常會產生逐漸冷淡的情形，尤其是又有天機、巨門這兩顆星來相照的狀況。天機有善變的特性，巨門有產生是非紛亂而改變的特性。機巨代表智慧型的挑剔，引起動亂。因此有機巨在夫妻宮的人，會數落情人和伴侶的戀愛史，非常計較、挑剔、吃醋。當機巨相照夫妻宮時也同樣會有這些狀況。

天同坐命巳宮

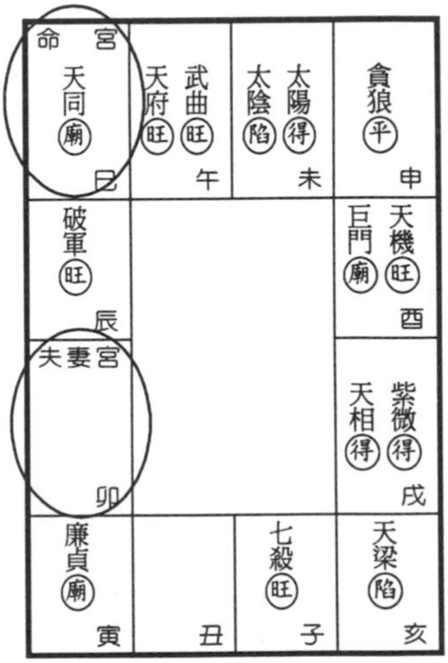

命宮 天同(廟) 巳	武曲(旺) 天府(旺) 午	太陽(得) 太陰(陷) 未	貪狼(平) 申
破軍(旺) 辰			天機(旺) 巨門(廟) 酉
夫妻宮 卯			紫微(得) 天相(得) 戌
廉貞(廟) 寅	丑	七殺(旺) 子	天梁(陷) 亥

天同坐命亥宮

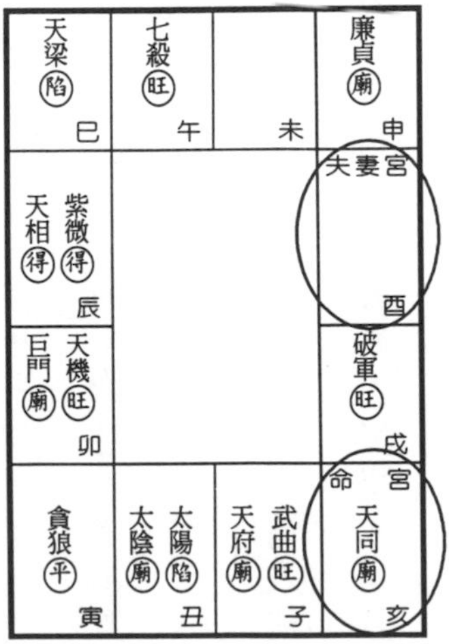

天梁(陷) 巳	七殺(旺) 午	未	廉貞(廟) 申
紫微(得) 天相(得) 辰			夫妻宮 酉
天機(旺) 巨門(廟) 卯			破軍(旺) 戌
貪狼(平) 寅	太陽(陷) 太陰(廟) 丑	武曲(旺) 天府(廟) 子	命宮 天同(廟) 亥

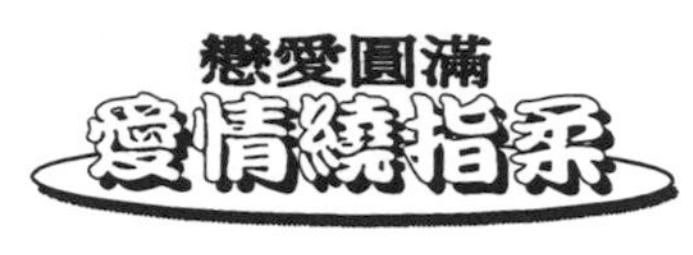

天同坐命巳宮的人，若有文昌星在夫妻宮，因文昌居平位，情人是外型粗曠，不夠斯文及精明度不高的人。並且這個天同坐命巳宮者本身也是內在的感情和情緒比較混濁，辨明是非黑白也不夠精明的人。

倘若天同坐命巳宮的人，有文曲星在夫妻宮，因文曲居旺，情人則是個多才藝，口才也非常好的人，而且為人靈巧，善於應對交際。並且這個天同坐命巳宮的人，本身也會喜歡說話，有好口才，思想敏捷靈巧，也喜歡愛現和交際應酬了。

天同坐命亥宮的人，若夫妻宮有文曲或文昌，因昌曲皆居廟位，有文昌星在夫妻宮的人，會擁有長相俊挺、文化水準高、風度翩翩、精明幹練的情人。並且是很會精打細算，凡事計較得很清楚的人。

若有文曲星在夫妻宮中，也是擁有長相不錯，但口才圓滑，很愛說話，為人靈巧，也非常會精打細算的情人。同時此人的感情世界和情緒變化都很快，也會具有口才佳、靈巧、圓滑、精打細算，有一些計劃的特殊性格。

天同坐命巳、亥宮的人，若有左輔、右弼出現在夫妻宮，皆主有無數次的戀愛經驗及二次以上婚姻變動。有左輔星在夫妻宮的人，會擁有性格剛直，很有幫夫(妻)運，能在事業上助情人一臂之力的伴侶，其人本身在感情及情緒的模式裡也會蠻依賴情人或伴侶，但是他不會表明，會在心裡做估量。看對方付出多少，他才施放多少感情。

有右弼在夫妻宮的人，會擁有體態輕盈小巧、很黏人、喜歡照顧人、有點兒任性、霸道，只對自己所愛的人，才稍作讓步的情人。同時，具有這樣夫妻宮的人，其本身在情感性向和情緒控制上也會有上述的特徵。

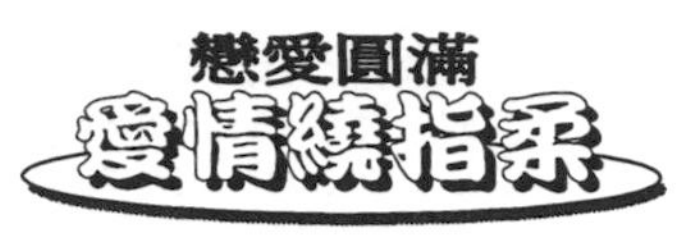

本來夫妻宮中有左輔、右弼是非常好的婚姻運型式的。但因為這樣的夫妻宮仍屬空宮型式，感情的深度不強，若夫妻的一方忙碌或是聚少離多，感情就很容易變淡。再者，左輔、右弼屬於平輩幫忙的貴人星。婚姻中是不喜歡有太多人來幫忙的。因此夫妻宮中有左輔、右弼時，常會因有第三者的出現，而導致戀愛不睦而分手。這也就是夫妻宮中有左輔、右弼時，命相者都會判定會有離婚、分手跡象的可能。但是我在本書前面也說過，要不要離婚全在本人自己的意志，有的人夫妻宮中有左輔、右弼時，結了三、四次婚。有的人堅持不離婚，端看個人意志罷了。身為命相者的人，只能告訴你，左輔、右弼單星在夫妻宮出現時，離婚的機率會大一點。

天同坐命巳、亥宮的人，不管你的夫妻宮出現文昌、文曲、左輔、右弼、擎羊、陀羅、火星、鈴星、地劫、天空這些星，其婚姻運，都要

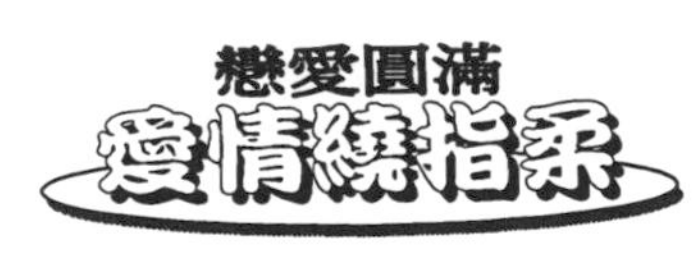

加上對宮相照的機巨的特質一同做一個『特質的總和』。其判定情人的長相、身高、個性、知識水準、情緒好壞、職業種類、成就高低也是從這些總括起來的特質所判定出來的。當然囉！有關你個人的感情智商、情緒智慧、情緒控制力和內心天性的喜好也都展現於夫妻宮之中，也都要把上述那些特質相加起來，所得的結果就是答案了。

天同坐命巳、亥宮的人，夫妻宮中有擎羊星的人，也就是甲年出生或庚年出生的人。這是一種屬於『福不全』的命格。會因其人內心世界的計較和多慮，而常讓自己很不愉快。同時他也會找到比較陰險深沉的配偶。有火星、鈴星在夫妻宮的人，會找到脾氣比較暴躁，沒有耐性的配偶。自己本身也會是個外表看似溫和，實際性情急躁的人。有天空、地劫在夫妻宮出現的人，姻緣遲，也可能不婚或有戀愛中途中斷的情形。這些都屬於不好的戀愛運。

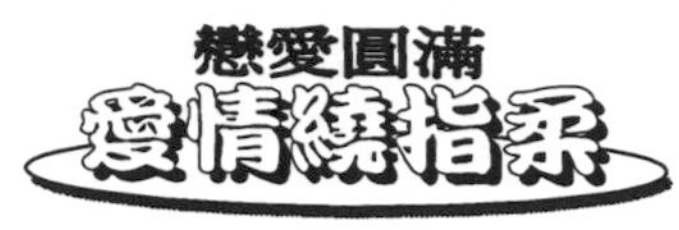

同陰坐命的人

天同、太陰坐命的人，夫妻宮都是空宮，而有天機、天梁相照的形式。

同陰坐命子宮

紫微(旺) 七殺(平) 巳	午	未	申
天機(平) 天梁(廟) 辰			廉貞(平) 破軍(陷) 酉
天相(陷) 卯			夫妻宮 戌
太陽(旺) 巨門(廟) 寅	武曲(廟) 貪狼(廟) 丑	命宮 天同(旺) 太陰(廟) 子	天府(得) 亥

同陰坐命午宮

天府(得) 巳	命宮 天同(陷) 太陰(平) 午	武曲(廟) 貪狼(廟) 未	太陽(得) 巨門(廟) 申
夫妻宮 辰			天相(陷) 酉
廉貞(平) 破軍(陷) 卯			天機(平) 天梁(廟) 戌
寅	丑	子	紫微(旺) 七殺(平) 亥

有夫妻宮出現空宮的狀況時，其人的感情世界中多半常常會出現空茫的時刻，這也就是我們稱做其人感情不深刻的原因了。當夫妻宮為空

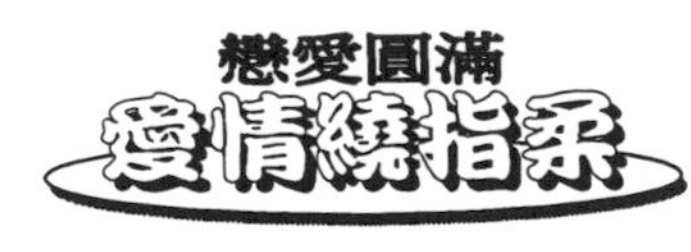

宮，又有天機、天梁相照時，這個同陰坐命者本身就具有聰慧、靈巧的智慧，他喜歡聰明的人，也喜歡具有處處表現老大風格架式的人。但是同陰坐命者所喜歡的人，最後都是聰明機智有餘，又會投機取巧，但實際能力不足的人，甚至於他們在賺錢的能力上也是不足的。除了相照夫妻宮的星是天機化祿或天梁化祿，他找到的情人才會是稍有一點財力的人。

同陰坐命的人，常常會找到中看不中用的情人和伴侶也常使自己的戀愛運不順利，這主要和其人的性格、思想有關。**同陰坐命子宮的人**，通常女子都有美麗風滿的外型，男子都有修長挺俊的外表。他們非常喜歡享福，思想的型態又多屬於羅曼蒂克型。當然他們喜歡有才氣又聰明又有俊美外貌的人與他匹配。**同陰坐命午宮的男子、女子都比較瘦**，個子也矮，因為天同、太陰在午宮居平陷之位的關係。當然在本命中帶財

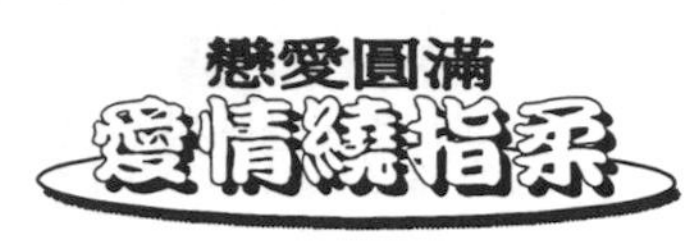

就少，當夫妻宮為空宮，又有機梁相照時，所遇到的情人、伴侶也就都是財富狀況更差的人。

要說同陰坐命的人，是愛情至上，不愛麵包的人，那也不一定。像同陰坐子宮的人，本身財源好，多半是他養別人，久而久之，也會產生煩感而分手。**同陰坐命子宮的女子**，多半遇到如此吃軟飯的男友和伴侶。同陰坐命午宮的人，因為自己和情人、伴侶都是苦哈哈的人，只要夫妻宮中沒有擎羊、劫空等星，反倒可成一種有清貧之樂的戀愛運。

空宮坐命有同陰相照的人

空宮坐命子、午宮，有同陰相照的人。

空宮坐命子宮

天府(得) 巳	天同(陷) 太陰(平) 午	武曲(廟) 貪狼(廟) 未	太陽(得) 巨門(廟) 申
辰			天相(陷) 酉
廉貞(平) 破軍(陷) 卯			夫妻宮 天機(平) 天梁(廟) 戌
寅	丑	命宮 子	紫微(旺) 七殺(平) 亥

空宮坐命午宮

紫微(旺) 七殺(平) 巳	命宮 午	未	申
夫妻宮 天機(平) 天梁(廟) 辰			廉貞(平) 破軍(陷) 酉
天相(陷) 卯			戌
太陽(旺) 巨門(廟) 寅	武曲(廟) 貪狼(廟) 丑	天同(旺) 太陰(廟) 子	天府(得) 亥

空宮坐命午宮，有同陰在子宮相照的，而空宮中會出現擎羊星的命格，實際就是擎羊坐命，有同陰相照的命格。此命格為『馬頭帶箭』格。其人性格陰沉凶悍、身材瘦小。他的夫妻宮就正是天機、天梁。此

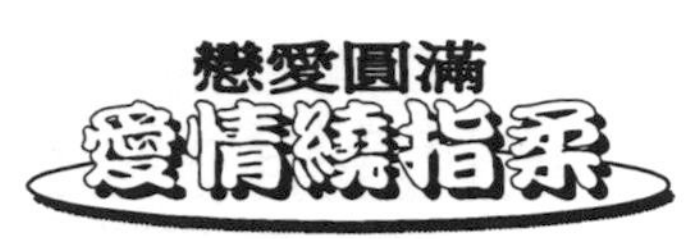

二星是主星，這時候代表此人內心感情世界，和情緒智商的模式就是足智多謀、心機深沉、善言語、口才、喜歡說服別人，是個厲害的角色。同時他也會選擇和他一樣聰明、敏慧、口才又好、騙死人不償命的情人了。而這個擎羊坐命午宮，有同陰相照的人，會生長於財運好的環境中，又足智多謀，是個很會賺錢的人。並且會是個較有成就的人。前法務部長城仲模就是此命格的人。是一種很好的戀愛運。

※倘若命宮為空宮在午，而不是擎羊星坐命，縱然有同陰相照，也不能算是『馬頭帶箭』格。

另一種命格就是空宮命坐子宮為空宮，而有同陰在午宮相照的命格。這種命格的人，無論空宮的命宮中再進入什麼星，如羊、陀、火、鈴、昌、曲、劫、空，其夫妻宮固然仍是機梁，但一生比較窮困，生活水準不高，但是倒是可以找到聰明又會照顧人的情人，這種戀愛運反而比別人幸福得多。

同巨坐命的人

天同、巨門坐命的人，夫妻宮都是太陰星。表示同巨坐命的人，心思都非常細膩，講究別人對待他的態度必須是溫和、柔情，很符合情義的方式。因此他們也會找到這樣的人來做情人，小心翼翼的侍候他們。

同巨坐命丑宮

天機(平) 巳	紫微(廟) 午	未	破軍(得) 申
七殺(廟) 辰			酉
太陽(廟) 天梁(廟) 卯			廉貞(平) 天府(廟) 戌
武曲(得) 天相(廟) 寅	命宮 天同(陷) 巨門(陷) 丑	貪狼(旺) 子	夫妻宮 太陰(廟) 亥

同巨坐命未宮

夫妻宮 太陰(陷) 巳	貪狼(旺) 午	命宮 天同(陷) 巨門(陷) 未	武曲(得) 天相(廟) 申
廉貞(平) 天府(廟) 辰			太陽(平) 天梁(得) 酉
卯			七殺(廟) 戌
破軍(得) 寅	丑	紫微(平) 子	天機(平) 亥

同巨坐命的丑宮的人，夫妻宮的太陰星居旺。代表他們在感情和情

緒智商中層次很高，非常敏感、也非常計較、情緒波動也最大。當他們對別人好的時候，也就是當他高興的時候，對人是體貼入微的。但是心情的起伏很大，變臉的速度也很快。因此最好是常常有些小惠、小利益給他，才能哄住他。所幸他的情侶運、戀愛運很好，就是會有人願意受氣，願意盡一切力量來討好他。

同巨坐命的人，命宮中的天同、巨門俱落陷，命格不高，財帛宮是空宮，官祿宮是天機陷落，一生沒有什麼大出息，但是命坐丑宮的人戀愛還不錯，這是可喜可賀的事情。

同巨坐命未宮的人，夫妻宮是太陰居陷，表示其人在感情的敏感度和情緒管理上更差，他們所找到的情人也是缺乏財祿的人，並且是性情有些古怪的人。但只要多忍耐、互相體諒，仍可維持普通水準的戀愛運。

同巨坐命的人，最怕生在乙年，有太陰化忌在夫妻宮中出現，就會形成感情不順的戀愛運。生於午時、子時，有劫空在夫妻宮出現的人，容易常常戀愛失敗或根本處於情感空虛的狀況，很難保有戀情、結得成婚。

同梁坐命的人

天同、天梁坐命的人，夫妻宮是巨門居旺。代表其人在本身內在感情模式中是猶豫、懷疑、挑剔、是非問題很多，喜歡強詞奪理、護短、問題糾纏扯不清的一些狀況。同樣的，同梁坐命的人，也會找到有上述這些特性的情人，一輩子糾纏、扯不清，並且是非爭鬥、口角很多，造成一些家庭問題，戀愛運不算很好。但是若要以『是否會離婚』來做一個戀愛運的判定，則同梁坐命者的戀愛運又不算是最壞的戀愛運了，只不過是家宅不寧罷了。同梁坐命的人，多半喜歡在外遊蕩奔忙，喜歡管別人家的閒事，自己家的事不愛管，常會引起情人的怨言、嘮叨，這也是問題的癥結。

同梁坐命寅宮

巳	天機(廟) 午	紫微(廟) 破軍(旺) 未	申
太陽(旺) 辰			天府(旺) 酉
武曲(平) 七殺(旺) 卯			太陰(旺) 戌
命宮 天同(平) 天梁(廟) 寅	天相(廟) 丑	夫妻宮 巨門(旺) 子	廉貞(陷) 貪狼(陷) 亥

同梁坐命申宮

廉貞(陷) 貪狼(陷) 巳	夫妻宮 巨門(旺) 午	天相(得) 未	命宮 天同(旺) 天梁(陷) 申
太陰(陷) 辰			武曲(平) 七殺(旺) 酉
天府(得) 卯			太陽(陷) 戌
寅	紫微(廟) 破軍(旺) 丑	天機(廟) 子	亥

同梁坐命的人，若夫妻宮有巨門化權時，情人的口才能力特佳，那他只有在外面發表口才能力了，在家中他是吵不過情人和配偶的。倘若

有巨門化祿在夫妻宮時，情人是個靠口才吃飯的人，為人油滑、能幹又厲害。但其人戀愛運還不錯。倘若是生在丁年有巨門化忌在夫妻宮的人，戀愛運就真的不好了，同時這個同梁坐命本身也是在思想中就是反覆無常，常往壞的地方跑，思緒糾纏不清的狀況，常引起是非口舌的糾紛。情侶間的問題更形混亂，根本無法解得開了。情侶會彼此惡言相向，故為不佳的戀愛運。

同梁坐命寅宮的人，生在壬年，會有擎羊和巨門同在夫妻宮，**同梁坐命申宮的人**，生在丙年或戊年，會有擎羊和巨門同在夫妻宮，這些都是極惡劣的戀愛運形式。夫妻之間很可能相互是非、糾纏、彼此惡鬥不停相互傷害。而且傷害自己最深的就是情人了。並且也有被情人及伴侶殺害的可能。這一點是不能不防的。

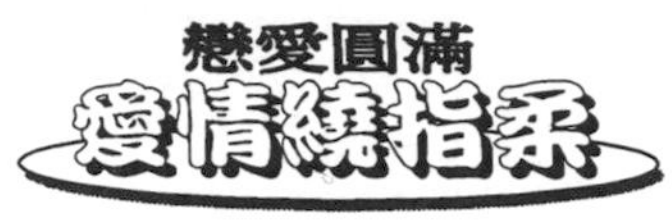

空宮坐命有同梁相照的人

一種就是空宮坐命寅宮，有同梁在申宮相照的命格。**另一種就是空宮坐命申宮**，有同梁在寅宮相照的命格。

空宮坐命寅宮

廉貞(陷) 貪狼(陷) 巳	巨門(旺) 午	天相(得) 未	天同(旺) 天梁(陷) 申
太陰(陷) 辰			武曲(平) 七殺(旺) 酉
天府(得) 卯			太陽(陷) 戌
命宮 寅	紫微(廟) 破軍(旺) 丑	夫妻宮 天機(廟) 子	亥

空宮坐命申宮

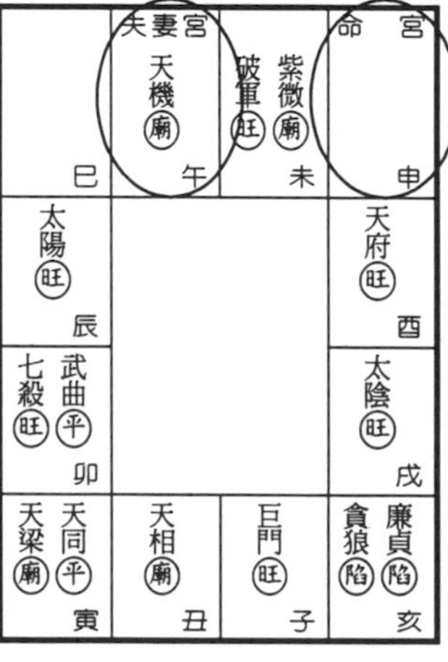

在空宮為命宮時，而這個空宮中有文昌或文曲或是左輔、右弼，或是陀羅、火星、鈴星或地劫、天空，通常我們會稱做文昌坐命、文曲坐

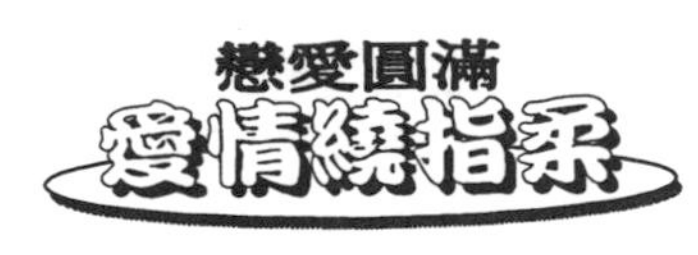

命、陀羅坐命、火星坐命……以此類推。凡有上述這些星進入命宮，基本上我們仍稱是空宮坐命，因為這不是屬於十二個命盤格式上主要的十四顆主星坐命的型式，他們只是時系星、月系星、干系星入命宮，故依然稱做命宮坐命。

首先來講空宮坐命寅宮，在申宮有同梁相照的命格。其夫妻宮是天機在子宮居廟位。其次是空宮坐命申宮，在寅宮有同梁相照的命格。其夫妻宮也是天機居廟位。

當天機居廟位在夫妻宮出現時，代表其人的感情智商和情緒智商是善變而機智的。此命格的人，很會隨外界的變化而控制自己的情緒和感情的走向。他們很擅於察言觀色，隨機應變，也擅於應付處理人際關係。有時候，甚至給人油滑而不實在的感覺。有時候又有些好似剛直，其實愛搞怪，會製造一些是非，造成一些小混亂來讓自己開心。這一切

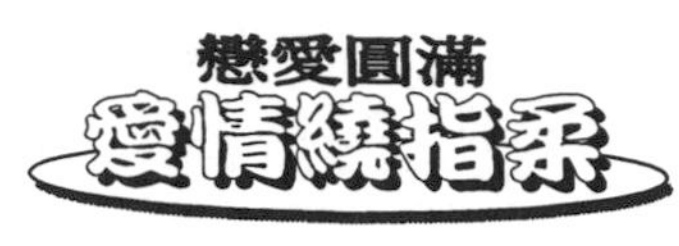

的心態只源自於他自己以為自己太聰明了。當然囉！聰明的人一定要有聰明的情人及伴侶，才能相得益彰。

空宮坐命，而有同梁相照的人，戀愛運算是不錯的。情侶兩個智力相當，能力也相當。情人一定是個精明能幹的上班族，所從事的行業也以腦力激盪的行業為主。

當空宮坐命寅宮，有同梁相照時，空宮中若有文昌、文曲進入，因為昌曲居平陷，其人是一個性格散漫、好脾氣、精明度不高的人。當命宮的空宮有陀羅星進入時，因陀羅星在寅宮落陷，其人有矮壯的身材、性格四海，而胸有城府。人稱『東北王』的張作霖就是陀羅坐命寅宮，而有天同、天梁化權相照命格的人。所以說陀羅坐命的人，也有能成就大事業的人。

當坐命寅宮為空宮有火星、鈴星進入而又有同梁相照時，因火星、鈴星居廟位，其人有中高身材、性子急、動作快速。常有一些小偏財運。

當空宮坐命申宮，有同梁在寅宮相照時，空宮中若有文昌、文曲星進入，因昌曲在得地剛合格之位(算是進入旺位)，其人的精明度較高，外表形象儀表也較佳。當有陀羅星或火星、鈴星進入命宮時，因上述三星在申宮皆居陷位，故其人身材矮，相貌也不美麗。

總括起來說，命宮中是屬於空宮形式，而有同梁相照的命格，差不多都是桃花運較強的命格，再加夫妻宮又是善於變化的天機星，在古代封建社會裡是多妻妾的命格。在現代社會中則形成具有『婚外情』、劈腿，與人同居，常更換女友等情況的命格了。倘若夫妻宮有天機化忌的人，戀愛運是不幸福的，在戀愛過程裡是非紛擾多，夫妻不和，各持己見，頑固不化，常有長年冷戰的情形發生。

廉貞坐命的人

廉貞坐命的人，其夫妻宮都是七殺居旺位。

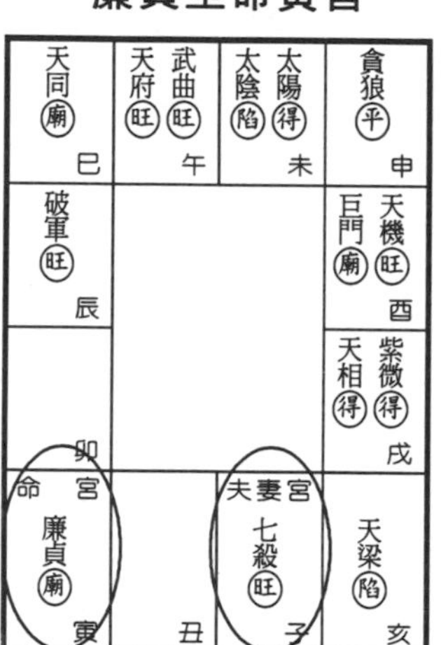

廉貞坐命寅宮
天同(廟) 巳
武曲(旺) 天府(旺) 午
太陽(得) 太陰(陷) 未
貪狼(平) 申
破軍(旺) 辰
天機(旺) 巨門(廟) 酉
卯
紫微(得) 天相(得) 戌
命宮 廉貞(廟) 寅
丑
夫妻宮 七殺(旺) 子
天梁(陷) 亥

廉貞坐命申宮

天梁(陷) 巳	夫妻宮 七殺(旺) 午	未	命宮 廉貞(廟) 申
紫微(得) 天相(得) 辰			酉
天機(旺) 巨門(廟) 卯			破軍(旺) 戌
貪狼(平) 寅	太陽(陷) 太陰(廟) 丑	武曲(旺) 天府(廟) 子	天同(廟) 亥

廉貞坐命的人，性格都比較強悍，胸有城府，也喜歡運用權勢達到支配人的效果。在心態上他們很勞碌，也比較喜歡有用的、會做事的人，因此在找尋情人時，會選擇性格剛直、有能力、能幹的人。但是他

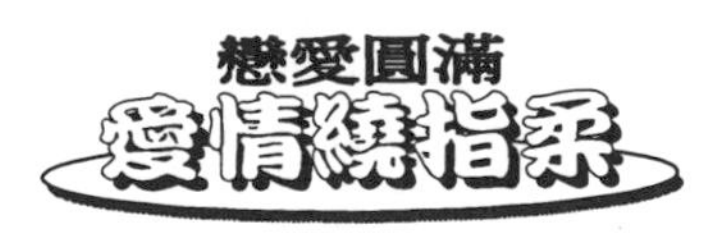

們常常會看錯人，有時候會找到表面能幹，只會說不會做的人，這樣，情侶間的問題就很大了。

廉貞坐命的人，喜歡搞政治。在工作的場所，也會把它弄得很政治化，在一般生活中，這種習性也是難改的。因此情侶間常有金錢利益等糾葛的問題，倘若利益分配得好，情人心情開心，戀愛生活就愉快，否則就家無寧日。

廉貞坐命的人，夫妻宮是七殺，雖然他們常常很喜歡表現感性的一面，但實際上來講，他們在感情智商上的水準是很低的，而在情緒控制上是高水準的。他們只是很會用心思做權謀，但並不能真正去感覺別人的內心世界。在他們的感觀世界中，金錢利益很重要，可解決很多事情，別人也多半是衝著他的金錢和利益而來的。事實上，他們如果感情智商高一點，真心用情來感覺對方、打動對方，也許並不需要花太多的金錢和利益的交換，便能擄獲人心了。

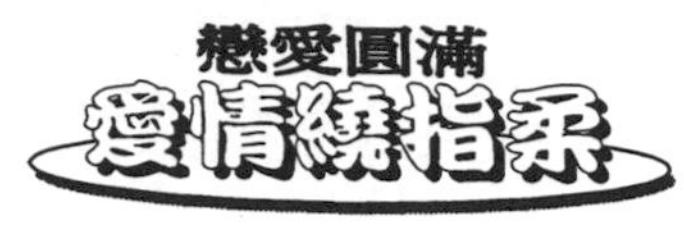

說到廉貞坐命的人，在情緒智商上是高水準的，一點也不假。他們在重要關頭很能忍，如果要放砲傷人，也一定先行權衡利害關係之後，才會說出重話。

雖然命書上都告訴你，有七殺星在夫妻宮的人，只要聚少離多，夫妻各忙各的，便會安然無事。但是這是不夠的。廉貞坐命的人，最好就是找七殺坐命的人做情人伴侶，因為七殺坐命者的夫妻宮較好，性格較穩定，彼此相配，是相得益彰的。

廉府坐命的人

廉貞、天府坐命的人，夫妻宮都是破軍居得地之位。

廉府坐命辰宮

太陰(陷) 巳	貪狼(旺) 午	天同(陷) 巨門(陷) 未	武曲(得) 天相(廟) 申
命宮 廉貞(平) 天府(廟) 辰			太陽(平) 天梁(得) 酉
卯			七殺(廟) 戌
夫妻宮 破軍(得) 寅	丑	紫微(平) 子	天機(平) 亥

廉府坐命戌宮

天機(平) 巳	紫微(廟) 午	未	夫妻宮 破軍(得) 申
七殺(廟) 辰			酉
太陽(廟) 天梁(廟) 卯			命宮 廉貞(平) 天府(廟) 戌
武曲(得) 天相(廟) 寅	天同(陷) 巨門(陷) 丑	貪狼(旺) 子	太陰(廟) 亥

廉府坐命的人，在性格上比廉貞坐命的人，更喜歡運用交際手腕，但是他們非常的吝嗇小氣，只希望利用職務上，人際關係上的利益去攏

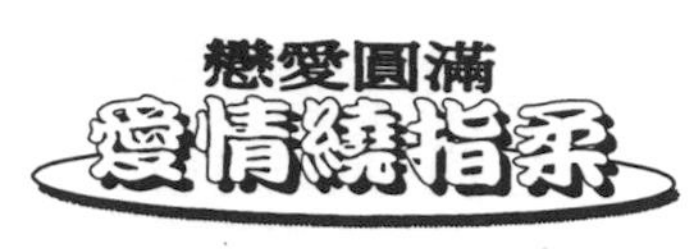

絡人，也就是用別人的錢去攏絡人，自己卻是一毛不拔的。

夫妻宮是破軍的人，又在得地之位，其人在感情智商和情緒智商上，水準都是低落的。他們只是天生性格悶悶的，狀似溫和，凡事放在內心做一些盤算，不太說話，也不愛表達，常常也很害怕別人會採知他的心意，心思有點鬼鬼的。他們沒辦法瞭解別人的想法，感覺能力差，**倘若有陀羅在命宮，或在遷移宮相照的人**，給人的感覺更是笨笨的，一點也不靈活，感覺就更遲鈍了。這樣命格的人，當然他們在尋找情人時會根本無法感覺到對方的真正個性，常常只看到表面很好、很開朗，好像很能幹的樣子，就選定了。結果相戀以後問題就很多，原來兩個人的性格根本不合，價值觀也不一樣。這樣的戀愛運當然不算很幸福的戀愛運，只求不分手，便是好的戀愛運了。

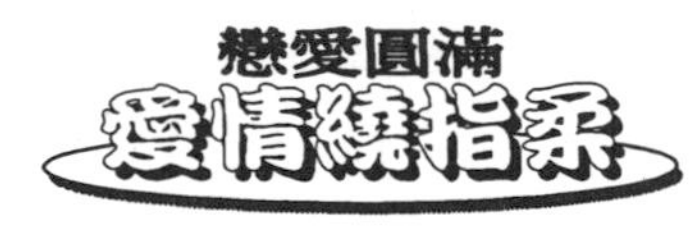

廉府坐命的人，夫妻宮是破軍，都會找到理財能力不佳，沒有運用錢財觀念的情人，他們常常因為價值觀的不一樣，而夫妻反目。廉府坐命的人，雖然一生都很富裕，但是他們非常吝嗇，不但在金錢上吝嗇，在感情上也是吝嗇的。他們只重視自己的福利，一切以自己為主，先把自己顧好了，也並不一定會照顧別人。他所照顧的人，也必須是與他親近的，屬於自家人的人，或者是彼此有利害關係的人才行。

廉府坐命的人，情侶關係只要不分手，都算還可以的戀愛運，因為彼此價值觀不一樣，情侶間的相互幫助是不夠的，情人的幫忙只怕愈幫愈忙，破耗更大。

陽梁昌祿格

廉相坐命的人

廉貞、天相坐命的人，夫妻宮都是貪狼居廟。貪狼是桃花星，因此廉相做命的人，在與異性交往上具有桃花運，是很順利的。但是這種桃花運對戀愛關係卻不一定是好的。廉相坐命的人，很容易因為桃花、緋聞破壞了自己的戀愛運。往往也會因為太好色，貪得無厭，有劈腿狀況、婚外情，而守不住戀情。

廉相坐命子宮

太陽(旺) 巳	破軍(廟) 午	天機(陷) 未	紫微(旺) 天府(得) 申
武曲(廟) 辰			太陰(旺) 酉
天同(平) 卯			夫妻宮 貪狼(廟) 戌
七殺(廟) 寅	天梁(旺) 丑	命宮 廉貞(平) 天相(廟) 子	巨門(旺) 亥

廉相坐命午宮

巨門(旺) 巳	命宮 廉貞(平) 天相(廟) 午	天梁(旺) 未	七殺(廟) 申
夫妻宮 貪狼(廟) 辰			天同(平) 酉
太陰(陷) 卯			武曲(廟) 戌
紫微(旺) 天府(廟) 寅	天機(陷) 丑	破軍(廟) 子	太陽(陷) 亥

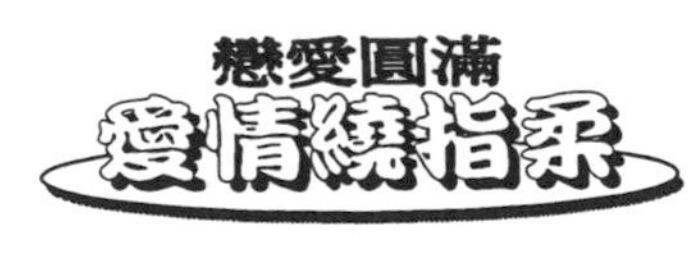

廉相坐命的人，夫妻宮都是貪狼居廟。在其人內在深層的感情中是一種速度快、游離不定的型式。對於任何人，他都是給予圓滑的、不得罪人的，表面看起來很美好的，但是情感深度卻很淺的情感。他們具有圓滿的親和力，卻很少真正去愛人。付出情感的方式是馬馬虎虎的，也不願意別人去探究他內心的情感秘密。他和什麼人都很好。容易認識新朋友，只重視表面融和的假象，並不會和人深交。

廉相坐命的人，會找到性格開朗、交際手腕強、為人圓滑的情人。他們的情人外貌長相也很不錯，有高挑的身材，無限的好運。而且會在公教機關或軍警機關或股票市場任職。

廉相坐命的人，性格差不多，都是對愛情不能付出深刻情意的人。常常會因為某些利害衝突而彼此有意見而分手。因此有貪狼星在夫妻宮的人，彼此在相互對待的感情深度上，比起別的有好的戀愛運的星曜坐

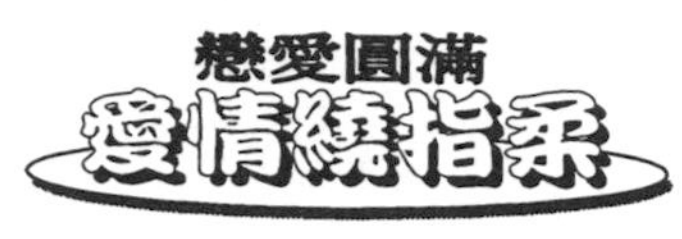

命者來說，是極為冷淡的形式。因此也不算是好的戀愛運。

通常在命理學的歸納法中，有貪狼星在夫妻宮的人，會擁有性格怪異的情人或者是品行不端的伴侶。這也主要是因為貪狼星是顆貪星，凡事愛貪。在感情中貪多而不實在。也可能因貪圖情人的某些條件，如美麗、能幹或多金而相愛結合，但結婚後狀況不如自己預期的那樣，或者是久而久之而厭倦冷淡，是故而影響戀愛運。因此廉相坐命的人，一定要從自身反省開始，才能改善戀愛運，使之變好。

癸年生的廉相坐命者，夫妻宮中有貪狼化忌，會擁有人際關係很差的情人，情侶關係也相處惡劣。乙年、辛年有擎羊星和貪狼同在夫妻宮的人，也必需要注意夫妻相處之道，不要彼此太苛求對方，造成相互傷害。己年生的廉相坐命者，有貪狼化權在夫妻宮，情人的身份地位會較高。但是個性強悍跋扈的人，必須多忍耐，才能保有美滿的戀愛運。戊

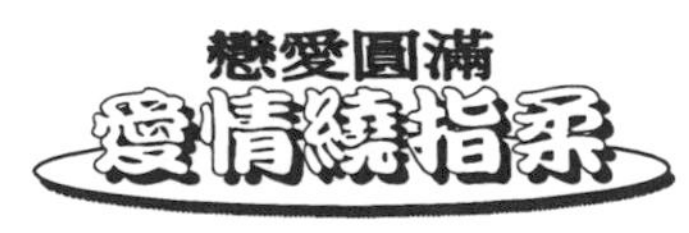

年生的廉相坐命者，有貪狼化祿在夫妻宮，是比較美滿的戀愛運。因為有貪狼化權、貪狼化祿都會加速增加你的暴發運。情人就是助你在事業上暴發的人，使你得到極大財富的關鍵，因此更要好好維持美滿的戀愛才對！

廉殺坐命的人

廉貞、七殺坐命的人，無論是坐命丑宮或未宮，其夫妻宮都是天相居得地之位。這表示廉殺坐命的人在內在感情世界裡是平和沒有波浪的。同時在情緒智商上極懂得控制自己，情緒智商的層次也是高階的。

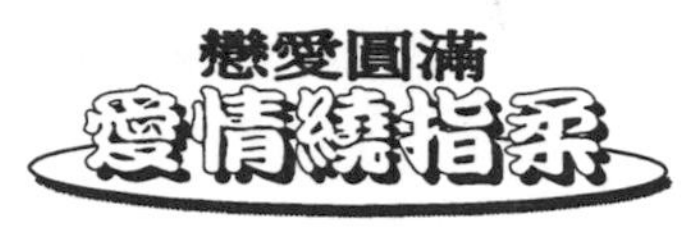

廉殺坐命丑宮

武曲(平) 破軍(平) 巳	太陽(旺) 午	天府(廟) 未	天機(得) 太陰(平) 申
天同(平) 辰			紫微(旺) 貪狼(平) 酉
卯			巨門(陷) 戌
寅	命宮 廉貞(平) 七殺(廟) 丑	天梁(廟) 子	夫妻宮 天相(得) 亥

廉殺坐命未宮

夫妻宮 天相(得) 巳	天梁(廟) 午	命宮 廉貞(平) 七殺(廟) 未	申
巨門(陷) 辰			酉
紫微(旺) 貪狼(平) 卯			天同(平) 戌
天機(得) 太陰(旺) 寅	天府(廟) 丑	太陽(陷) 子	武曲(平) 破軍(平) 亥

天相是溫和、謹慎、穩重、矜持、懂得自重，而且是勤奮的福星。

有天相在夫妻宮中，就代表在其人的內心深層的感情世界中具有上述的優點。因此他們在選擇情人時，也會朝著這個方向去尋找，一定會找到外貌忠厚老實、溫和、正派、體面、穩重、勤奮的情人。所以說如此的戀愛運是真的太好了。

但是倘若說命坐丑宮的廉殺坐命者，又生在癸年，本命是『廉殺

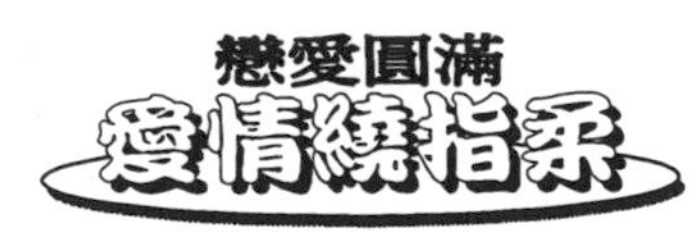

羊』坐命，夫妻宮又天相、陀羅的人。以及生在丁年和己年的廉殺坐命未宮的人，本命中有『廉殺羊』，夫妻宮又有天相、陀羅的人。這三種命格的人，會因為自身思想上的陰險邪惡，而把自己的戀愛運搞壞。並且他們命格中具有惡死的凶兆，必需要修身養德，時時小心來改變自己的命運。

廉殺坐命的人，大致都很溫和，因為廉貞居平、七殺居廟，因此擁有死腦筋，凡事愛苦幹蠻幹、不計後果，這種情況在工作上是好的，用在感情上，倘若其人身宮又落在夫妻宮，特別對情人、配偶、愛情專注，往往就在愛情遇到挫折時，因愛生恨，玉石俱焚了。這種人往往都是夫妻宮有陀羅星出現時，所形成愛鑽牛角尖，非常想不開，或者是命宮中有羊刃(擎羊星)的人的性格特色了。並且他們的情人及配偶也同樣會是個愛鑽牛角尖、頭腦不靈活、笨笨的人，兩個可真是一對了。

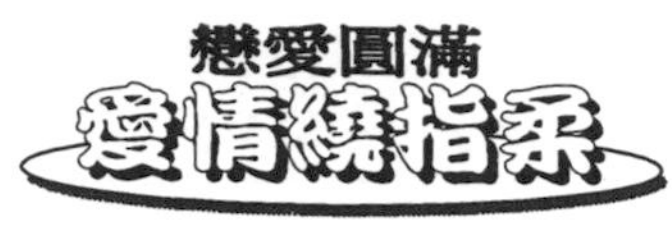

廉破坐命的人

廉貞、破軍坐命的人，無論是坐命卯宮或酉宮，夫妻宮都是空宮，有武曲、貪狼相照。

廉破坐命卯宮

天府(得) 巳	天同(陷) 太陰(平) 午	武曲(廟) 貪狼(廟) 未	太陽(得) 巨門(廟) 申
辰			天相(陷) 酉
命宮 廉貞(平) 破軍(陷) 卯			天機(平) 天梁(廟) 戌
寅	夫妻宮 丑	子	紫微(旺) 七殺(平) 亥

廉破坐命酉宮

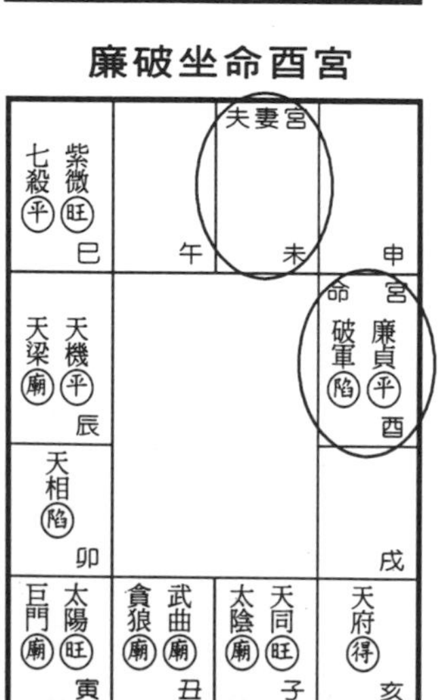

紫微(旺) 七殺(平) 巳
午
夫妻宮 未
申
天機(平) 天梁(廟) 辰
命宮 廉貞(平) 破軍(陷) 酉
天相(陷) 卯
戌
太陽(旺) 巨門(廟) 寅
武曲(廟) 貪狼(廟) 丑
天同(旺) 太陰(廟) 子
天府(得) 亥

夫妻宮是空宮的人，情侶緣份都不強。其人的內心情感世界的感情模式也是不深刻的。夫妻宮是空宮，又有武貪相照的人，內心情感模式

是性格剛直、直接、敢愛敢恨、敢於表達。他們愛人就會直接給予對方需要的好處。不會扭扭捏捏，也不會說很多甜言蜜語。有些人光說不練，只會談情說愛，這種方式在他們眼裡是十分痛恨的。這種內心情感的深層內涵是和夫妻宮是武貪的人是具有相同情形。

廉破坐命的人，因為夫妻宮是空宮。倘若空宮內沒有其他的甲級星進入，其內心情感和情緒智商就如同前述的特性一般。倘若夫妻宮的空宮中有文昌、文曲、左輔、右弼、羊、陀、火、鈴、劫、空等星進入，其情感模式和情人的形象，個性就要用進入夫妻宮的星再加上相照的武貪的特質來一同論定了。

廉破坐命的人，生在卯時或酉時，有文昌、文曲在夫妻宮的人，情人是外表長相美麗、文雅有氣質、精明、口才好，但性格剛強，有個性的人。而具有這種夫妻宮的人，其人本身也具有愛美、注重外表型式、

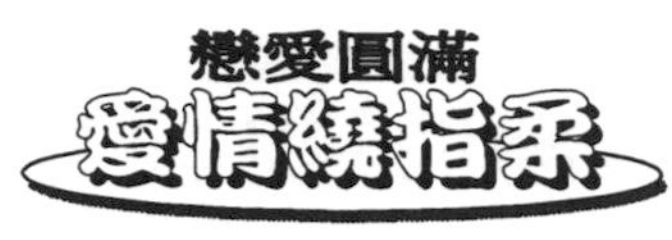

好大喜功、桃花重、好色等內在深層的感情。而其人的戀愛運是非常相合美滿的模式。

倘若夫妻宮有左輔、右弼進入時，其人的感情深度是不夠深刻的。有左輔、右弼進入夫妻宮的人，有多次婚姻的可能。也容易有劈腿、婚外情、養小妾、細姨，或與他人同居，這就是對人情感的深度不夠，而容易移情別戀。夫妻宮中有左輔、右弼出現的，是四月生或十月生的廉破坐命者。因為又有武貪相照的結果，他們會擁有能力很強，很能幫助事業，在生活上也很會照顧人的情人及配偶，而情人的性格也會是剛直、話少、做事很有魄力的人。戀愛運雖然不錯，很讓人艷羨，但仍然會因為有第三者的介入而容易分手。

倘若夫妻宮有擎羊時，會擁有多疑善妒，頭腦很好，有點陰險、厲害的情人，彼此因為思想、性格不同而相剋。有陀羅星在夫妻宮時，配

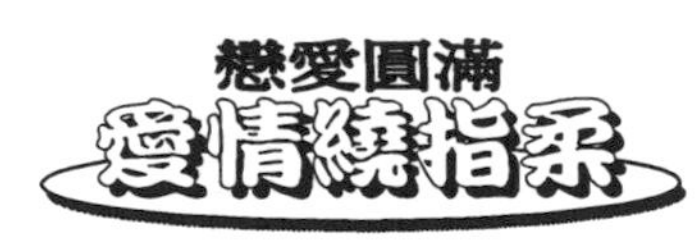

偶是個看起來比較笨，不太表示意見，只在內心鑽牛角尖，脾氣又臭又硬的頑固之人。有羊陀單獨在夫妻宮，加上相照的武貪，情人若是做軍警武職的，就比較好，也可以白頭到老。倘若情人不是做軍警武職的人，戀愛運就岌岌可危了，彼此相剋不合，要小心有分手、離婚的問題要發生了。並且有擎羊星在夫妻宮的人，讓你煩心頭痛的，就是與情人的感情問題，這個問題會終身纏繞著你。

有火星、鈴星在夫妻宮的人，反而不必太擔心，雖然情人的脾氣暴躁，而你的內心也是急躁火爆的。小心應付，仍不會有太大的困難。況且夫妻宮是火星、鈴星的人，因對宮有武貪相照，會形成雙重暴發運。每六、七年發一次，每年的流月中也會常有小偏財，因此暴發運會分散你的注意力，也就不必為情侶間的磨擦而煩心了。

有地劫、天空在夫妻宮的人，和『夫、遷、福』三合宮中，有地劫、天空出現的人一樣，會有無戀情、晚婚和不婚的狀況，同實這種命格的人，桃花運也不強，戀愛運也不強。倘若『夫、遷、福』三合宮位中多劫空、擎羊、陀羅、煞星等，不但會是無戀情、晚婚、不婚的人，同時，可能會遁入空門，做寺廟住持。

廉貪坐命的人

廉貞、貪狼坐命的人，夫妻宮都是天府星，但坐命巳宮和坐命亥宮者，其夫妻宮天府星的旺度卻不一樣。廉貪坐命巳宮的人，夫妻宮的天府居得地之位。廉貪坐命亥宮的人，夫妻宮的天府星居旺位。因天府星旺度的不同，所代表其人內心深處情感的深度厚薄就不一樣，同時情人的外在相貌，身材高矮，以及情人的經濟能力也就不一樣了。

廉貪坐命巳宮

巳	午	未	申
命宮 廉貞(陷) 貪狼(陷) 巳	巨門(旺) 午	天相(得) 未	天同(旺) 天梁(陷) 申
太陰(陷) 辰			武曲(平) 七殺(旺) 酉
夫妻宮 天府(得) 卯			太陽(陷) 戌
寅	紫微(廟) 破軍(旺) 丑	天機(廟) 子	亥

廉貪坐命亥宮

巳	午	未	申
巳	天機(廟) 午	紫微(廟) 破軍(旺) 未	申
太陽(旺) 辰			夫妻宮 天府(旺) 酉
武曲(平) 七殺(旺) 卯			太陰(旺) 戌
天同(平) 天梁(廟) 寅	天相(廟) 丑	巨門(旺) 子	命宮 廉貞(陷) 貪狼(陷) 亥

有天府星在夫妻宮的人，都是屬於有美滿戀情的人。同時在他們自身的內心感情中是非常富足，怡然自得。他們根本不太關心別人的看法和感觀。只重視自已的喜好。看起來也些自私，但是他們就能找到全心為他們付出感情的人。

廉貪坐命巳宮的人，夫妻宮的天府只居得地之位，他的情人為中等

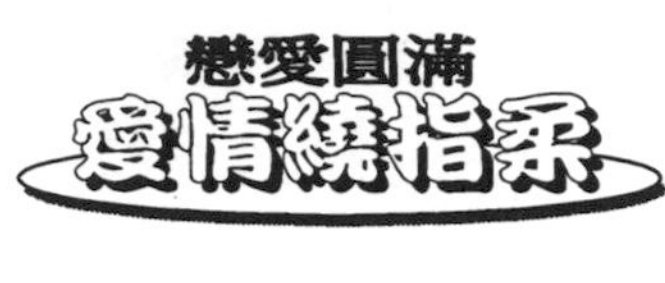

略矮的身材，外貌還忠厚、老實、經濟能力只有小康的程度，只要沒有擎羊星在夫妻宮(卯宮)出現，就會找到心向著自己，疼愛、幫助自己的情人。

廉貪坐命亥宮的人，夫妻宮是天府居旺位。其情人為中等略高的身材，外貌中厚、老實、有富態、經濟能力較高，彼此相愛的情感也會較深。只要沒有擎羊星在酉宮出現，就會擁有特佳理財能力，經濟狀況好，能互相體諒的情人。

廉貪坐命的人，夫妻宮是天府星，在他們內心的心態上很喜歡物質享受，為人比較物質化，常以金錢價值觀來看待別人。而且他們在心態上很計較，有自私、小氣、吝嗇，對自己很好，對別人明顯的忽略和不重視。雖然他們都可找到一昧的奉承他們、以及對自家人有自私護短心態的情人。但是廉貪坐命的人，多半具有邪桃花，喜歡酒色財氣，尤其

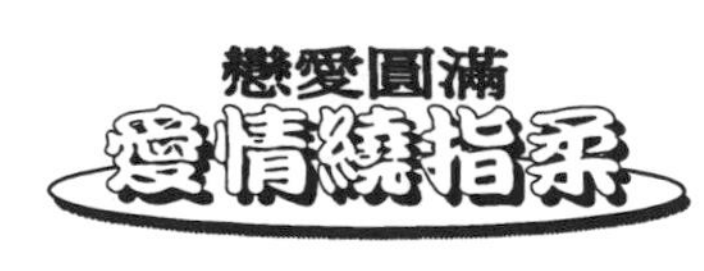

是好淫色，戀愛運本來很好，但會被他們搞砸了。

廉貪坐命的人，因為本命中的廉貞、貪狼都居陷位，一般在社會中的人際關係都很差。本命中廉貪又是桃花星，是品級不高的桃花。因此會朝向尋找不正常關係的男女交往方面發展，而情人依然會原諒他。

廉貪坐命的人，倘若在甲年生和庚年生的人，夫妻宮中容易出現擎羊星。如此的戀愛運就更不順利了。情人不會在金錢財物上照顧他，反而情人非常厲害，常常數落他的不是，彼此相剋爭吵，戀愛很難維持。

空宮坐命有廉貪相照的人

命宮為空宮，有廉貞、貪狼相照的人，常常在命宮中會出現文昌或文曲、火星或鈴星、或是陀羅、或是地劫、天空兩星同坐命宮。這樣的命格，我們就會稱其為文昌坐命或文曲坐命，或是火星坐命、陀羅坐命，或是劫空坐命的人。

空宮坐命巳宮

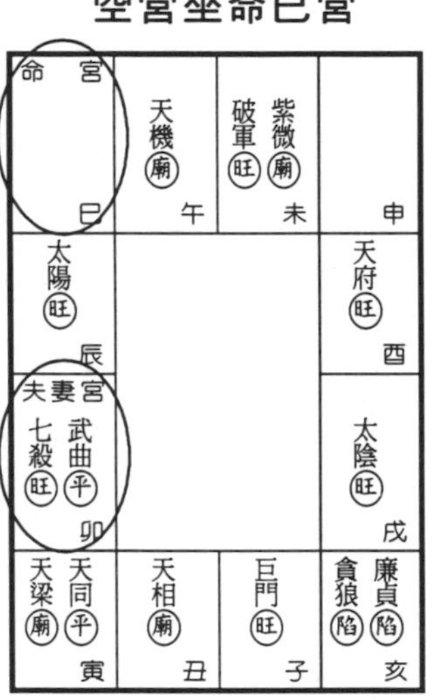

空宮坐命亥宮

廉貞(陷) 貪狼(陷) 巳	巨門(旺) 午	天相(得) 未	天同(旺) 天梁(陷) 申
太陰(陷) 辰			夫妻宮 武曲(平) 七殺(旺) 酉
天府(得) 卯			太陽(陷) 戌
寅	紫微(廟) 破軍(旺) 丑	天機(廟) 子	命宮 亥

命宮為空宮，有廉貪相照的人，其夫妻宮是武曲、七殺。武曲居平、七殺居旺，這種戀愛運形式當然不算好，算是一種比較凶悍的戀愛運。而且不管你是昌曲坐命、火鈴坐命、陀羅坐命、劫空坐命，都會找到沒什麼錢，只是打工階級，性格又兇悍的情人。戀愛運當然很不好

了。

命宮為空宮，有廉貪相照的人，不論命宮中進入的是什麼星，他都同樣具備了廉貪坐命者的性格，好物質享受，自私、計較等特性。只是他們的運氣就很不好了，就沒有能像廉貪坐命的人還能有一點機會找到能偏向自己、能護自己短處，又能供給自己花用的情人了。

倘若此命格的人，夫妻宮又有擎羊星和武曲、七殺同宮，這就是『因財被劫』的格式。情侶間因金錢問題鬥爭得很厲害。因財持刀的情形就在情侶間上演。有些情侶吵架，用刀互砍，就是具有這種命格和戀愛運的人。這也就是命格低、內心險惡的下等人命格。

天府坐命的人

天府坐命的人，因命宮所在位置的不同，有六種不同的格式。分別是天府坐命丑宮、天府坐命未宮、天府坐命卯宮、天府坐命酉宮、天府坐命巳宮、天府坐命亥宮等六種不同的坐命的人。

天府坐命丑宮和天府坐命未宮的人，夫妻宮都是武曲、破軍，雙星居平陷之位。

天府坐命丑宮

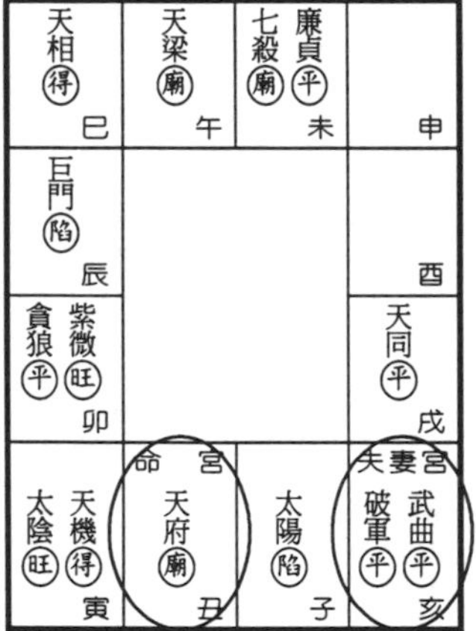

天府坐命未宮

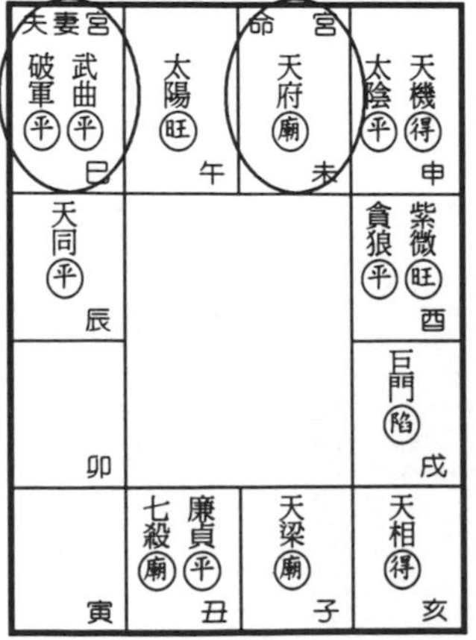

天府坐命丑、未宮的人，夫妻宮是武破，當然戀愛運是不佳的。會找到長相平凡、較瘦、經濟能力不好、耗財又很多的情人。也可以說他們的情人理財能力是極差的。

天府坐命的人，自己都有很好的理財能力，愛計較、精於計算，因為本身是財庫星坐命，且居廟位，理財能力是極強的。但是天府星是替別人理財的人，本身雖待在錢堆中，並不表示錢財就是他的，他只是負責清點的會計業務罷了，我們可以看他的財帛宮是空宮，有紫貪相照的情形就可得知。

天府坐命丑、未宮的人，性格保守、內向、自傲、內心感情智商並不高，他們常常被情人外在的假像所迷惑，認為對方有豪氣，有擔當，個性豪爽，敢做敢當而愛戀對方，等到相戀在一起以後，才發現彼此的價值觀根本差得太遠，而難以共同生活。天府坐命的人是嘮叨而計較小

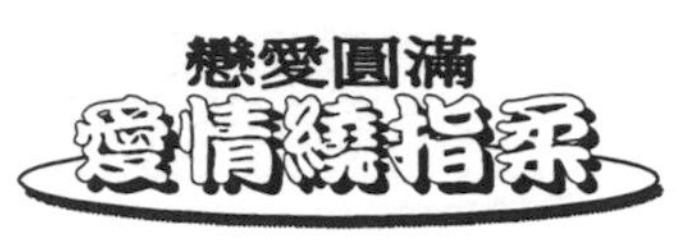

節的人，當然爭吵的次數就很多了。他們的爭執都是為了『錢』和價值觀不一樣而爭吵。倘若夫妻宮再有武曲化權或破軍化權的人，更是會為情人的浪費和爭奪金錢控制權而反目。

天府坐命丑、未宮的人，若生在壬年，有武曲化忌在夫妻宮的人，情人對金錢控制的能力更差，所賺的錢更少。情侶間的關係更惡劣。總之這種情侶關係一定會因金錢問題，欠債，而走向分手之道。

倘若天府坐命丑、未宮的人，是生在己年有武曲化祿在夫妻宮或生在癸年，有破軍化祿在夫妻宮，戀愛運會好一點，具有稍為不錯的格式。戀愛運中有小康的境遇，情侶間的感情也會融洽一點。

天府坐命卯宮和天府坐命酉宮的人，夫妻宮都是紫微、破軍。雙星在廟旺之地。這代表天府坐命卯、酉宮的人，會擁有長相氣派、性格豪放、工作能力很強，為人四海，但仍然沒有理財能力的情人。

天府坐命卯宮

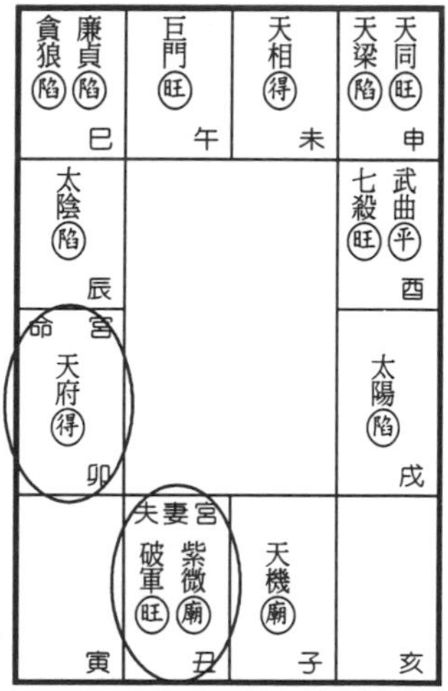

廉貞(陷) 貪狼(陷) 巳	巨門(旺) 午	天相(得) 未	天同(旺) 天梁(陷) 申
太陰(陷) 辰			武曲(平) 七殺(旺) 酉
命宮 天府(得) 卯			太陽(陷) 戌
寅	夫妻宮 紫微(廟) 破軍(旺) 丑	天機(廟) 子	亥

天府坐命酉宮

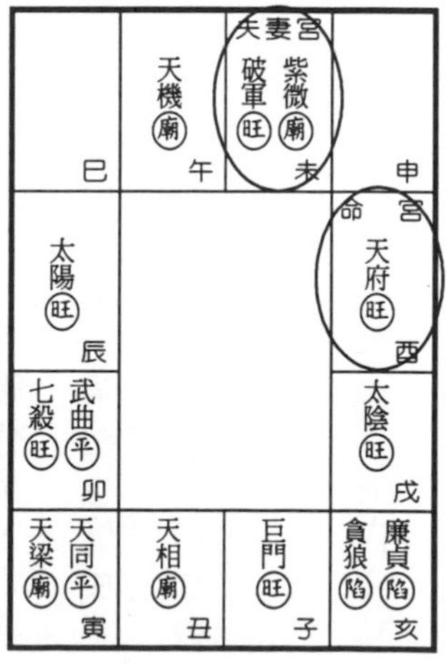

巳	天機(廟) 午	夫妻宮 紫微(廟) 破軍(旺) 未	申
太陽(旺) 辰			命宮 天府(旺) 酉
武曲(平) 七殺(旺) 卯			太陰(旺) 戌
天同(平) 天梁(廟) 寅	天相(廟) 丑	巨門(旺) 子	廉貞(陷) 貪狼(陷) 亥

天府坐命卯、酉宮的人，夫妻宮是紫微、破軍，代表在他們內心在心態和感情深處是自傲、高高在上，對周圍的人、事、物常不滿意，有時候卻處處與人合不來，頻頻置肘，脾氣有點怪，性格有些衝和剛直，但又多疑善於自圓其說。雖然天府坐命的人外表都很老實、保守，在感情和男女關係上他們的深層內在意念卻是極度開放的、大膽的、不畏人言的。也就是在這樣的心態下，他就會找到外表氣派，長相胖胖壯壯，

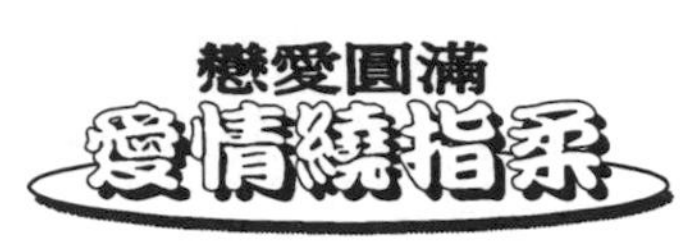

表面上給人很有安全感，說話、行為有些大膽、放蕩不羈、有點壞壞的、氣質粗曠、吊而啷噹，看起來四海豪爽，但又有些壞脾氣的人。通常別人在與他熟識之後，就會發現此人花錢的能力比賺錢的能力還強。雖然他好像也會賺錢，也很拼命在賺錢，但他的花費太大，總是捉襟見肘，久而久之靠借貸生活，他也不以為意了。

天府坐命卯、酉宮的人，因本身內在感情就是處於一種只要是自己喜歡的典型的人，就會奮不顧身的以身相許，因此先上車後補票，或是乾脆與對方同居照顧，監管這種花花大少型的情人。(後來某些也能成為配偶)。不管會不會結婚，很多天府坐命卯、酉宮的人，最後很多都會被情人的債務拖垮。倘若沒被拖垮的人，你就是最幸運的人了。

紫破在夫妻宮，就有淫奔大行(私奔)的心態，屬於桃花重的內在感情。尤其是天府坐命卯宮的女子，最後都把自己陷入感情弄得有些萬劫

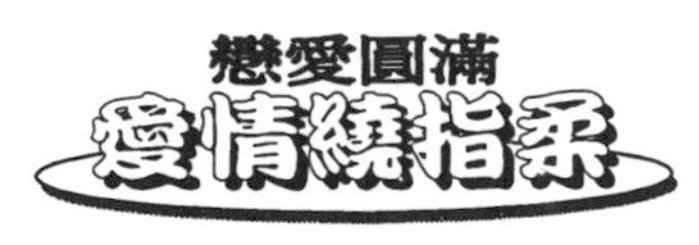

不復的境地。

倘若夫妻宮中有紫微化權、破軍化權、天府坐命卯、酉宮的人被情人和配偶吸引的力量更大，不過這時候他們也可能會找到有一些能力的情人，這個機率只是一半一半。百分之五十的機率罷了。其他的人找到的全是不學無術的情人和配偶，而且會落入有些荒淫的生活之中。

天府坐命卯、酉宮的人，生在丁年、己年、癸年，有擎羊在夫妻宮出現的人，常會談沒有結局的戀愛，結不成婚，或是只能有同居關係才留得住情人。

天府坐命巳、亥宮的人，夫妻宮都是廉貞、破軍。雙星居平陷之位。這表示在天府坐命巳、亥宮的人的感情智商，情緒智商中都是極低的層次。雖然天府坐命巳、亥宮的人，外表是溫和、正派，看起來還蠻有品行的人。但是在他們的內在思想中是多疑、沒有原則，可以接受邪惡、自私、不法的觀念，也就是說他們內心對不高級、沒有道德感的事情寬容度很大。也可以說他們對人根本沒有眼光可言，其實在其人的內在思想中是不夠正派的。

天府坐命巳宮

命宮 天府(得) 巳	天同(陷) 太陰(平) 午	武曲(廟) 貪狼(廟) 未	太陽(得) 巨門(廟) 申
辰			天相(陷) 酉
夫妻宮 廉貞(平) 破軍(陷) 卯			天機(平) 天梁(廟) 戌
寅	丑	子	紫微(旺) 七殺(平) 亥

天府坐命亥宮

紫微(旺) 七殺(平) 巳	午	未	申
天機(平) 天梁(廟) 辰			夫妻宮 廉貞(平) 破軍(陷) 酉
天相(陷) 卯			戌
太陽(旺) 巨門(廟) 寅	武曲(廟) 貪狼(廟) 丑	天同(旺) 太陰(廟) 子	命宮 天府(得) 亥

天府坐命巳、亥宮的人，夫妻宮是廉破。他們會擁有長相較醜、氣質很差、沒有人品，不論社會地位和知識程度都極低的情人。這一對情侶在外表上就根本不相配，當然戀愛運也極差。

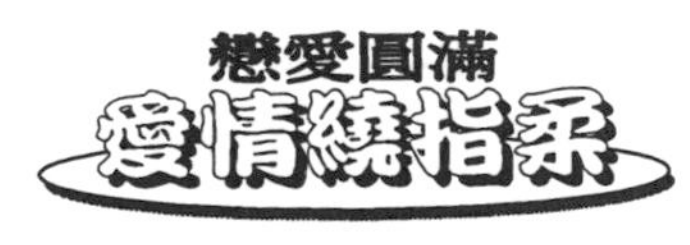

天府坐命巳、亥宮的人雖然仍是很會計較的人，但對於這樣一個沒品行的情人，也只有破耗的份兒，一點辦法都沒有。倘若坐命巳宮又是生在甲年有廉貞化祿、破軍化權在夫妻宮中，因同時又會有擎羊在夫妻宮中，情人是個更強勢的人，情侶感情更壞。

命坐亥宮的人，倘若生在庚年，有擎羊在夫妻宮中，情侶間勾心鬥角更嚴重，有相互謀害的可能，戀愛運也是很不好的。

如何尋找磁場相和的人

用顏色改變運氣

太陰坐命的人

太陰單星坐命的人，也有六種不同的坐命型局，如坐命卯宮、坐命酉宮、坐命辰宮、坐命戌宮、坐命巳宮、坐命亥宮等的人。

太陰坐命卯宮和酉宮的人，其夫妻宮都是天機陷落。這代表其人的感情智商和情緒智商都浮動善變，智商很差。

太陰坐命卯宮

巨門(旺) 巳	廉貞(平) 天相(廟) 午	天梁(旺) 未	七殺(廟) 申
貪狼(廟) 辰			天同(平) 酉
命宮 太陰(陷) 卯			武曲(廟) 戌
紫微(旺) 天府(廟) 寅	夫妻宮 天機(陷) 丑	破軍(廟) 子	太陽(陷) 亥

太陰坐命酉宮

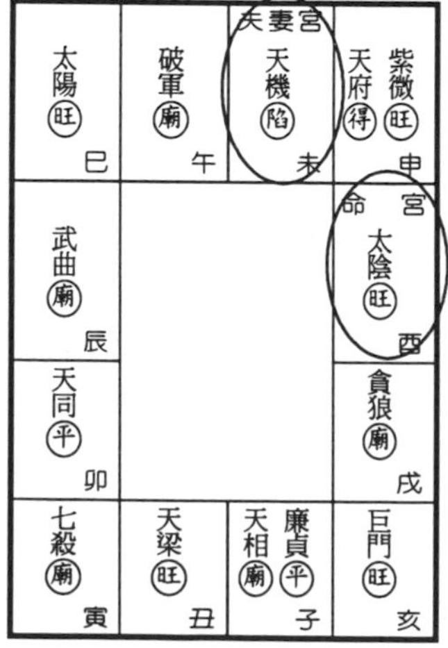

太陽(旺) 巳	破軍(廟) 午	夫妻宮 天機(陷) 未	紫微(旺) 天府(得) 申
武曲(廟) 辰			命宮 太陰(旺) 酉
天同(平) 卯			貪狼(廟) 戌
七殺(廟) 寅	天梁(旺) 丑	廉貞(平) 天相(廟) 子	巨門(旺) 亥

太陰坐命的人，都是內心纖細，喜歡利用天生的第六感去感應周遭人、事、物對自己好不好？有沒有利益？愛不愛自己等等的問題。他們的觸腳常常可以很深的探測到別人的內在心靈之中。

太陰坐命卯、酉宮的人，當然也具有這種超級的第六感，但是他們在情感原色上比較灰色。常會把周圍的人、事、物往壞的地方想。他們自以為聰明，時常先發制人，因此總是造成對自己的傷害。

太陰坐命卯、酉宮的人，會擁有個子矮小、瘦弱、看起來聰明，但人緣不佳、運氣也差的情人。這個戀愛運當然也陷入不良的戀愛紀錄之中了。

太陰坐命卯、酉宮的人，感情很豐富，喜歡談情說愛。他們在家庭中除了兄弟姊妹的感情很好之外，和父母並不親密，又喜歡戀愛，因此很年輕便會嘗試戀愛及婚姻。他們就是喜歡瘦瘦的、聰明、靈活的人，

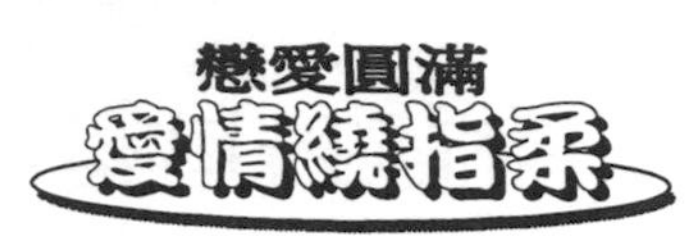

也不太計較對方的家世和經濟能力，完全以愛情為重。結婚之後，才發現生活中麵包還是很重要的。而自己的情人在經濟上完全沒有能力負擔。在經過一段時期的付出之後，戀愛運還是陷入低潮而分手。另一種就是沒有經濟能力的情人，好不容易謀到差事，到外地工作，而移情別戀。

太陰坐命卯、酉宮的人，非常天真，常常受到感情的創傷和打擊，倘若本命中有擎羊，或是夫妻宮再有擎羊星出現的人，會因感情問題而自殺。福德宮有擎羊的人，也容易自殺。感情問題和情人就是傷害你最深，來剋害你的人。

有天機化權和天機化忌在夫妻宮也不好。天機陷落化權只會把壞的條件加重。有天機化祿在夫妻宮反而較好，會擁有雖然會搞怪，但還可以應付的戀愛運及情人。情侶感情也會稍好一點。情人的脾氣也會圓滑一點，經濟能力也會稍稍好一點。

太陰坐命辰宮和太陰坐命戌宮的人，夫妻宮都是空宮，有天機、太陰相照。

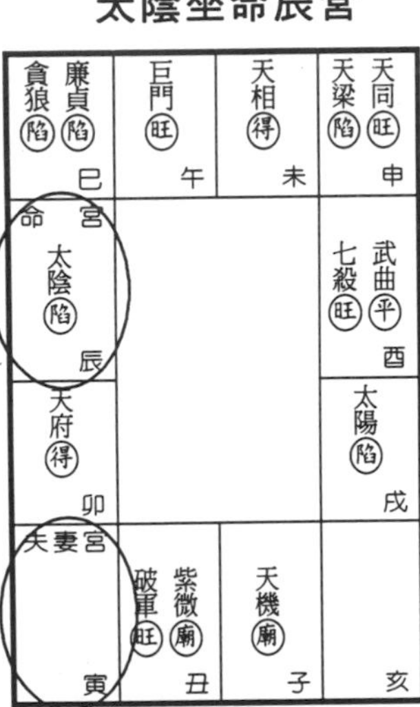

太陰坐命戌宮

巳	天機廟 午	紫微廟 破軍旺 未	夫妻宮 申
太陽旺 辰			天府旺 酉
武曲平 七殺旺 卯			命宮 太陰旺 戌
天同平 天梁廟 寅	天相廟 丑	巨門旺 子	廉貞陷 貪狼陷 亥

太陰坐命辰宮的人，是『紫微在丑』命盤格式的人，擁有『日月反背』的命理格局，本命太陰居陷位。本命帶財少一點，身體較差，一生的運程也較弱。他們的夫妻宮是空宮，戀愛緣份較淺。又因相照夫妻宮的天同居旺，天梁居陷。因此在其人的內在情感中屬於溫和，不以為

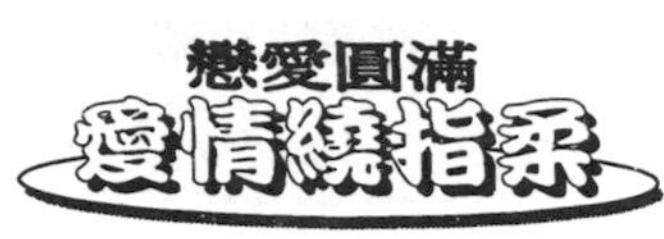

意，不用什麼大腦去思考事情，只一昧沉於自己的感情世界中的人。因此他們多半會找到責任心不強，內心有些固執，不肯聽別人勸告，喜歡偷懶，做事不賣力，只求溫飽的情人。而且也容易有與人同居，沒有名份的男女關係，此命格的人，情人、伴侶的年紀會比自己小很多。

太陰坐命戌宮的人，本命太陰居旺，命中帶財的成份較旺，而且在命理格局中，是『日月皆旺』。他外面的世界就是太陽居旺，一片朝氣蓬勃，因此他們的活動力強，容易早婚。同樣的，他們的夫妻宮是空宮酉天同居平、天梁居廟相照。這也是一種具有容易與人同居，有夫妻之實，而無名份的伴侶狀態。他們會找到為人四海，很會照顧人，但性格頑固，有臭脾氣，忙碌但不一定有工作能力的人。

當夫妻宮為空宮時，其實在此人的性格中，都有對感情迷惘，並不能真正分辨自己的感情模式。這也就是情感深度不夠的原因。但是他們

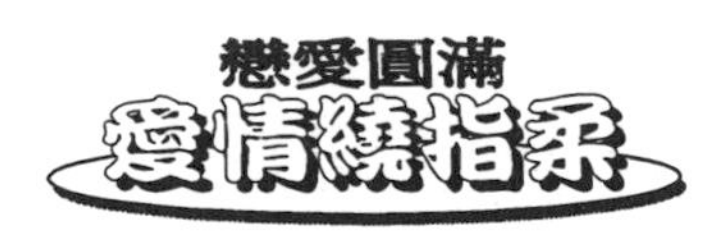

常常不自覺，自以為是愛上了某人，而且愛得很深，但是並不能真正分辨對方的感情是否也和自己有等量的付出。

太陰坐命辰、戌宮的人，和父母的感情很壞，有的人甚至擁有品行不端的父母，他們很想及早逃出家庭和父母的控制，因此容易落入戀愛的陷阱。但是往往又所託非人。影星于楓就是太陰、擎羊坐命戌宮的人，同樣是沒有名份的婚姻，也找到只會光說不練，沒有工作能力的同居人。這整個的婚姻模式都源自於本身感情上的空泛感，只誤以為自己可找到真實的愛情所致。因此要改變這種不吉的戀愛運，其實還是要從自身做起，認真的反省，一定要找到真實的、有名有份的伴侶才行。

太陰坐命辰、戌宮的人，不論相照空宮的夫妻宮的同梁有沒有化權，戀愛運都是屬於空茫不實際的情形，只有在情人的性格會有所變化。倘若有化祿相照夫妻宮的，情人是油滑的人。有化權相照夫妻宮的，是性格強悍固執，有大男人或大女人主義的人。

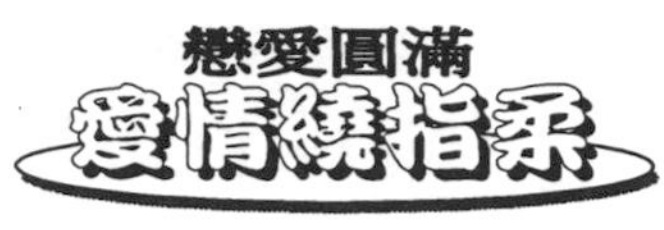

太陰坐命巳宮和太陰坐命亥宮的人，夫妻宮都是空宮，有太陽、天梁相照。這也代表太陰坐命巳、亥宮的人，在內心深處的感情世界中有模糊不清的地帶。但有陽梁相照，仍會是快樂的、有善心、願意付出、照顧別人、心地坦蕩光明、正派的深層意念。

太陰坐命巳宮

命宮 太陰(陷) 巳	貪狼(旺) 午	天同(陷) 巨門(陷) 未	武曲(得) 天相(廟) 申
廉貞(平) 天府(廟) 辰			太陽(平) 天梁(得) 酉
夫妻宮 卯			七殺(廟) 戌
破軍(得) 寅	丑	紫微(平) 子	天機(平) 亥

太陰坐命亥宮

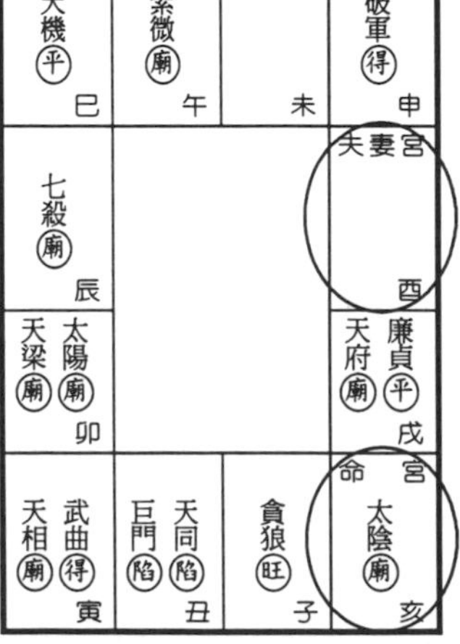

太陰坐命的人，都是比較感性的人，也喜歡用溫情主義去打動別人。本命太陰居旺的人，更是擁有運用溫情主義能耐的個中好手。因此

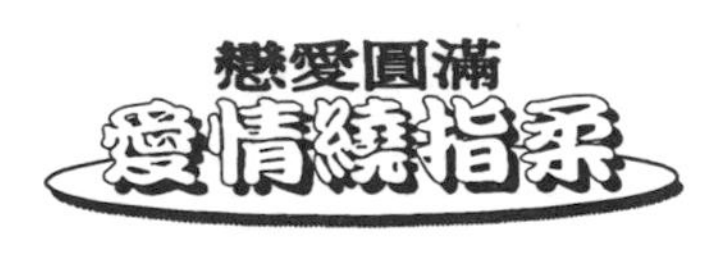

別人都會被他們這種以柔性做訴求的手段給征服。

另外，又因為太陰是月亮，月亮光是靠太陽反射而來的，沒有太陽，月亮也亮不起來。因此太陰坐命的人深受太陽的吸引。他們非常喜歡和具有爽朗性格、外表像太陽一樣明亮的人來往，這也是太陰深受太陽所吸引的結果。太陰坐命巳、亥宮的人，夫妻宮的空宮有陽梁相照，所以他們被太陽吸引得更直接而強力。所以他們更會找到大臉、臉圓圓的、體型壯碩、性格開朗、快樂、沒什麼心機的情人。

總統馬英九先生就是太陰、文曲坐命亥宮的人，我們可以在媒體上看到，有很多場合，對於民眾、老人、小孩，他都會展現比較溫情的一面，而不像陳水扁先生那麼剛硬。這就是本命的性格和夫妻宮的特性所致的了。我們再看看馬英九先生的夫人，也正是大圓臉類似太陽坐命的外型。馬英九先生是庚年出生的人，擎羊在酉宮，正好處在夫妻宮，因此馬夫人也具有尖尖的下巴。正正符合了夫妻相。

總統馬英九先生 命盤

<table>
<tr><td>遷移宮
天機
辛巳</td><td>疾厄宮
紫微 右弼
壬午</td><td>財帛宮
陀羅 天鉞
癸未</td><td>子女宮
破軍 火星 祿存 左輔
甲申</td></tr>
<tr><td>僕役宮
七殺 天空
庚辰</td><td colspan="2" rowspan="2">陽男
庚寅年
土五局</td><td>夫妻宮
擎羊
乙酉</td></tr>
<tr><td>官祿宮
太陽化祿 天梁 文昌
己卯</td><td>兄弟宮
廉貞 天府 鈴星
丙戌</td></tr>
<tr><td>田宅宮
武曲化權 天相
戊寅</td><td>福德宮
天同化科 巨門 天魁 天刑
己丑</td><td>父母宮
貪狼
戊子</td><td>命宮
太陰化忌 文曲
丁亥</td></tr>
</table>

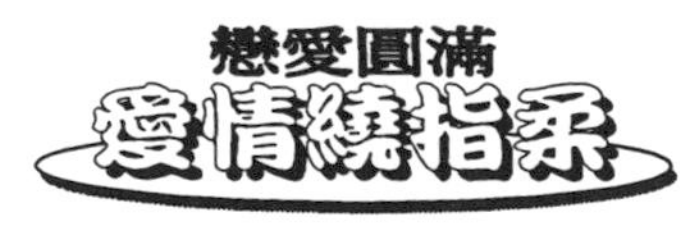

有擎羊在夫妻宮，又有陽梁相照，代表情人及配偶具有強勢的智謀。他是比一般人心機多一點的人，正好可在選舉競爭上成為有利的幫手。有擎羊星在夫妻宮的人，情人及配偶是讓自己最擔心的人，也是最怕的人。躺若能互相體諒，再加上太陰坐命本質溫和柔軟的性格，以柔剋剛，也未嘗不能造就美滿戀情。馬英九先生就是最好的實例了。

時間決定命運
投資煉金術
驚爆偏財運

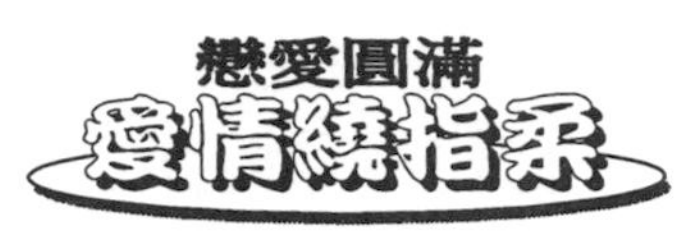

貪狼坐命的人

貪狼坐命的人，依坐命宮位的不同，也有六種不同的坐命型式。例如：貪狼坐命子宮、坐命午宮、坐命寅宮、坐命申宮、坐命辰宮、坐命戌宮等六種不同坐命的人。

貪狼坐命子宮和貪狼坐命午宮的人，夫妻宮都是廉貞、天府。而廉貞居平，天府居廟。這代表其人在內在深層的感情世界中是具有強烈自私意味，有獨佔性，不喜歡用太多的精神來維護感情，只希望別人能不斷的付出給自己，讓自己充份享受感情的美妙，因此他們是自私、小氣、很討厭情人是博愛的人。同時他們也是最愛吃醋，眼睛中揉不進一粒砂子的人。在愛情世界裡本來就是容不下第三者的。但是貪狼坐命子、午宮的人，卻是特別緊張了，他們不但對情人、配偶是如此，對一般的朋友、家人，其實也有愛吃醋的心態，只是他們都故意在態度上表示大方，其實心裡已是醋海翻騰了。

貪狼坐命子宮

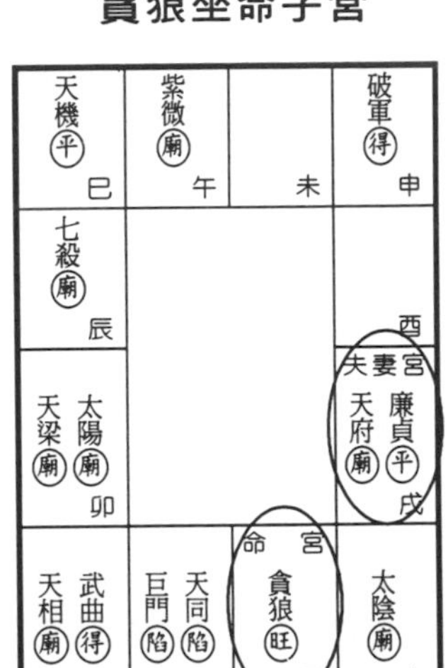

天機 平 巳
紫微 廟 午
未
破軍 得 申
七殺 廟 辰
酉
太陽 廟 天梁 廟 卯
夫妻宮 廉貞 平 天府 廟 戌
武曲 得 天相 廟 寅
天同 陷 巨門 陷 丑
命宮 貪狼 旺 子
太陰 廟 亥

貪狼坐命午宮

太陰(陷) 巳	命宮 貪狼(旺) 午	天同(陷) 巨門(陷) 未	武曲(得) 天相(廟) 申
夫妻宮 廉貞(平) 天府(廟) 辰			太陽(平) 天梁(得) 酉
卯			七殺(廟) 戌
破軍(得) 寅	丑	紫微(平) 子	天機(平) 亥

貪狼坐命子、午宮的人，雖然愛吃醋，但是戀愛運是非常不錯的。他們一定會擁有精明度雖不高，但有理財能力，又有向心力，能對他忠心服從的情人。而且配偶的交際手腕很高強，這一點也是貪狼坐命子、午宮的人擇偶條件中首重的條件之一了。

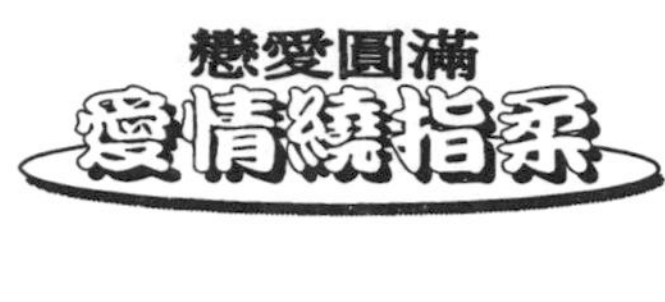

貪狼坐命子、午宮的人，會有護家、對他護短，一味的應和著他的情人。通常他們的情人膚色都較白，有高傲和勢利的性格，看起來人緣很好，他們會權衡利害關係而擇友，因此他們的情人也一定會帶領貪狼坐命子、午宮的人，在環境高尚、富裕的地方展開交際。這一對情侶在外人眼中也真是夠登對了。

貪狼坐命子、午宮的人，當其人的命宮、夫妻宮、遷移宮、福德宮有劫空、化忌、羊陀、火鈴等煞星多個出現時，就會有戀愛運不順、不婚的現象產生。其中以有劫空、化忌、擎羊在『夫、遷、福』及命宮中出現最為嚴重，戀愛失敗、不婚、結不成婚的狀況也最多。

貪狼坐命的人，桃花都很強，人也長得漂亮。只有貪狼和陀羅同宮的人長得較不好看。那是受陀羅星的影響所致。倘若有劫空在命、夫、遷、福等宮位，其人常有灰色思想，拿不定主意，反反覆覆常錯過姻緣，而戀愛失敗、無戀情、晚婚或不婚。年紀老大之後，更結不成婚，喜歡過獨居生活了。

貪狼坐命寅宮、申宮的人，夫妻宮是武曲、天府，雙星都居旺。是非常美滿幸福，情人又多金會賺錢的戀愛運，令人豔羨。

貪狼坐命寅宮

天梁(陷) 巳	七殺(旺) 午	未	廉貞(廟) 申
紫微(得) 天相(得) 辰			酉
天機(旺) 巨門(廟) 卯			破軍(旺) 戌
命宮 貪狼(平) 寅	太陽(陷) 太陰(廟) 丑	夫妻宮 武曲(旺) 天府(廟) 子	天同(廟) 亥

貪狼坐命申宮

天同(廟) 巳	夫妻宮 武曲(旺) 天府(旺) 午	太陽(得) 太陰(陷) 未	命宮 貪狼(平) 申
破軍(旺) 辰			天機(旺) 巨門(廟) 酉
卯			紫微(得) 天相(得) 戌
廉貞(廟) 寅	丑	七殺(旺) 子	天梁(陷) 亥

貪狼坐命寅、申宮的人，本命貪狼居平。貪狼本來是好運星，貪狼坐命的人，都常常有比別人好的機會和運氣，非常好運。但是本命貪狼居平時，好運機會就明顯的少了。再加上它所代表外面的環境的遷移宮

是廉貞居廟，這是一種陰險，勾心鬥角的環境。從貪狼坐命寅、申宮的人整個命盤看起來，只有夫妻宮和福德宮最好。福德宮為紫相，因此貪狼坐命寅、申宮的人，根本是個比較懦弱、沒有能力、只喜歡享福、依賴情人及妻子為生的人。以前較古早的時候，到別人家入贅為贅婿的人，就是這種命格。

貪狼坐命寅、申宮的人，夫妻宮是武曲、天府，在其人的感情智商中，表面看起來很富裕，但是在內心深處的感情世界裡是小氣、吝嗇、勢利、巴結有勢利的人，對沒有勢力的人很冷淡，很苛薄，是一個一朝得勢，雞犬升天的小人。他們桃花非常重，屬於較邪淫的人，尤其再有陀羅命宮或遷移宮出現時，就形成『風流彩杖』格，更具有邪淫的必備性格，愛偷腥，或根本就是花天酒地的人。事實呢，他很會哄騙情人，在這方面很有本事，他的情人還是會原諒他，讓他回家的。

整個說起來，貪狼坐命寅、申宮的人，是太好命了，情人比他聰明，比他有能力，因此負擔家計的任務都由配偶挑起來。此命格是女子，當然讓別人不覺得怪。此命格的人，若是男子，就是吃軟飯的人，會讓人看不起了。再加上他們的財帛宮是破軍，是破耗多，又沒有理財能力的人，我們只能說上天安排得真好！給每個人都安排了活路。

貪狼坐命辰、戌宮的人，夫妻宮是紫微、天府，這也是非常美滿的戀愛運。情人一定是家世好，具有高地位，經濟能力富足的人。情侶倆親愛精誠，一致對外，相互幫助，彼此很尊重對方，感情份外融洽。

貪狼坐命辰、戌宮的人，非常的好命，外在環境(遷移宮)是武曲居廟，生下來就在富裕的環境，又加上夫妻宮是紫府，在內在深層的感情心態上，就有一種高高在上、富足的，但是仍然會很計較的心態。他們對錢不會計較(因為理財能力不佳)他們計較的是別人對他情感付出的多寡。

貪狼坐命辰宮

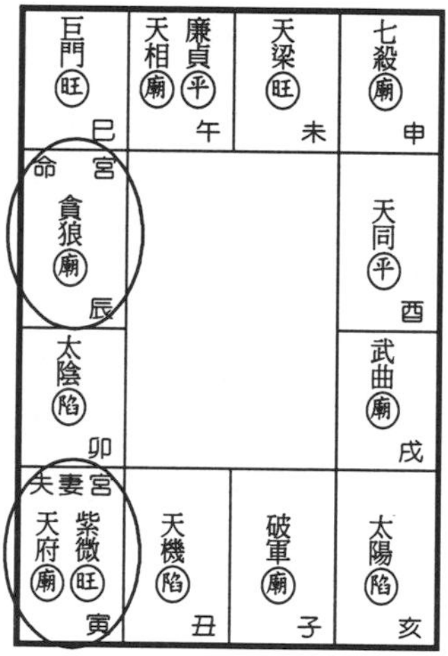

巨門(旺) 巳	廉貞(平) 天相(廟) 午	天梁(旺) 未	七殺(廟) 申
命宮 貪狼(廟) 辰			天同(平) 酉
太陰(陷) 卯			武曲(廟) 戌
夫妻宮 紫微(旺) 天府(廟) 寅	天機(陷) 丑	破軍(廟) 子	太陽(陷) 亥

貪狼坐命戌宮

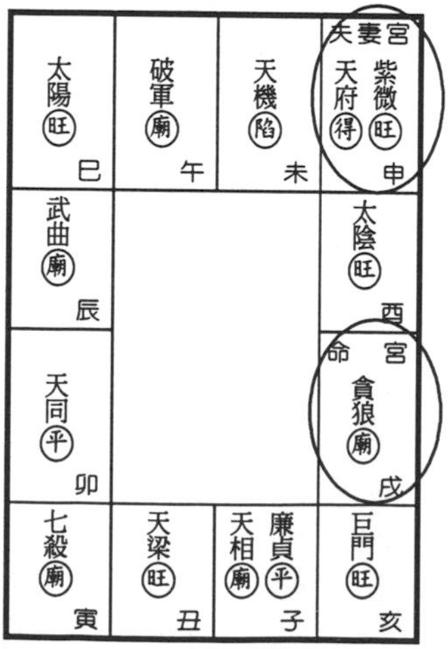

太陽(旺) 巳	破軍(廟) 午	天機(陷) 未	夫妻宮 紫微(旺) 天府(得) 申
武曲(廟) 辰			太陰(旺) 酉
天同(平) 卯			命宮 貪狼(廟) 戌
七殺(廟) 寅	天梁(旺) 丑	廉貞(平) 天相(廟) 子	巨門(旺) 亥

有天府在夫妻宮的人，雖然在感情方面很富足，但是他們喜歡衡量判定別人的忠誠度，對自己好的人，屬於自己這一幫的人，他才會對他好，也會對他多加維護，甚至於會有護短的情形。對與自己不是一國的人，便完全保持距離，不再搭理。貪狼坐命辰、戌宮的人，夫妻宮是紫府，上述的情況更為明確。

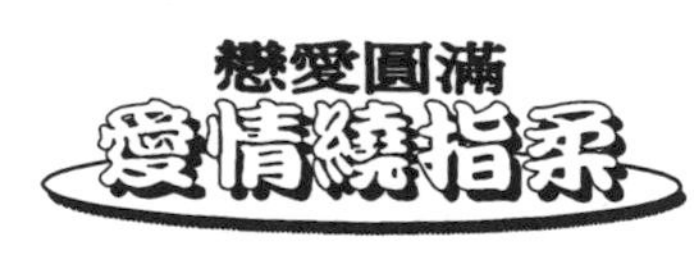

貪狼坐命辰、戌宮的人，不但戀愛緣份好，情人就是幫他看理財庫的人。所看管的財庫很大喔！簡直就是天家皇帝的財庫那麼大喔！所以呢？貪狼坐命辰、戌宮的人一定要早點戀愛結婚，就會愈來愈有錢了。

貪狼坐命辰、戌宮的人，倘若命宮裡有擎羊、陀羅、化忌、劫空的人，容易晚婚和不婚。因為擎羊星不會在寅、申、巳、亥四個宮位出現，因此貪狼坐命辰、戌、宮的人，只會在命、遷、福等宮，具有擎羊星，而這種命格的人，因為用腦過度，對別人防守太嚴，會失去很多好機會，是操勞不停、福不全的人。

命宮中有陀羅，福德宮有擎羊星的人，更屬於福不全的人，心機運用太過，實際上很多想法都是太多餘的，設想方向錯誤的，也多半不會發生的。因此他們只是自尋煩惱，使自已陷下不安之中。而這種貪狼、陀羅坐命的人，若命宮中再有地劫、天刑等星同在命宮的人，更是自己

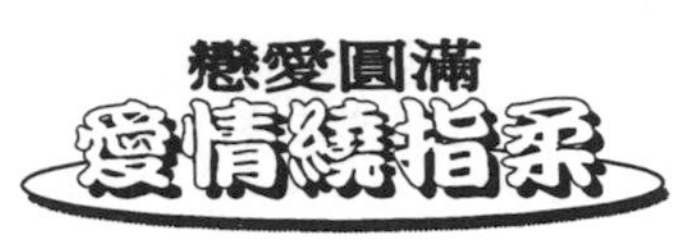

製造很多想法來剋害自己，並且是因為自己有不好的想法，結果引發外人的覬覦和探知，而再將此人的好運機會給劫去。由此來說，想得太多就完全不是好事了，根本是自己陷自己於不吉之中，這種方式是不是很笨呢？**所以通常有陀羅在命宮出現的人，命理學中，對其人的評語都是覺得他們是頑固又笨的人，常把事情弄糟。**

巨門坐命的人

巨門單星坐命時，因命宮所在的宮位不同，有六種不同坐命型式。例如巨門坐命子宮、坐命午宮、坐命辰宮、坐命戌宮、坐命巳宮、坐命亥宮等六種不同坐命的人。

巨門坐命子宮或午宮的人，夫妻宮都是太陰星。巨門坐命子宮的人，夫妻宮的太陰星是居旺的。巨門坐命午宮的人，夫妻宮的太陰星是居陷的。這就分別代表了不同的意義了。

巨門坐命子宮

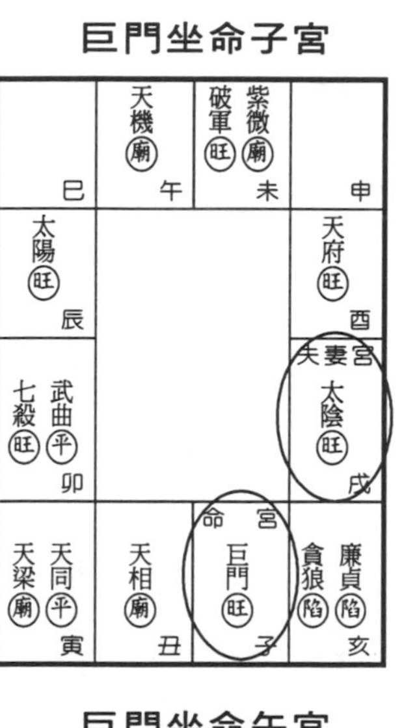

巳
天機(廟)
午
紫微(廟)
破軍(旺)
未
申
太陽(旺)
辰
天府(旺)
酉
武曲(平)
七殺(旺)
卯
夫妻宮
太陰(旺)
戌
天同(平)
天梁(廟)
寅
天相(廟)
丑
命宮
巨門(旺)
子
廉貞(陷)
貪狼(陷)
亥

巨門坐命午宮

夫妻宮是太陰星的人，代表其人內在深層感情思想中，是渴求溫柔體貼，凡事用感覺來辦事和對待人際關係的。他們內在感情有時候很天真，很羅曼蒂克，很感性。喜歡別人來哄他、溺愛他、呵護他，縱使是假情假意的方式，他也感動的。因此夫妻宮是太陰星的人，他們也會找到外表看起來溫柔體貼，相貌陰柔，在性格上外柔內剛的情人。戀愛運很美滿。

巨門坐命子宮的人，因為夫妻宮的太陰星是居旺的，他更有機會找到美麗、俊俏、多情，又能同聲一氣，夫妻相合的情人。太陰居旺又是財星居旺，因此情人在錢財上的聚集是不遺餘力的。

巨門坐命午宮的人，夫妻宮的太陰星是居陷的。戀愛運也是不錯的，但是情人在財務上較吃緊，理財能力不好，形成美中不足的情形，並且巨門午宮的人和女性不合，和情人時有芥蒂爭執。

巨門坐命的人，口才好、多疑，很容易體會出別人心裡隱藏的變化。所以說巨門坐命的人是非常聰明，又喜於運用心理戰術的人。

有太陰化忌(乙年生的人)和擎羊星(乙、辛年生的人)在夫妻宮中時，真是糟蹋了這麼好的戀愛運。其人一生都會有對感情不滿足、常挑剔、自找麻煩，使自己一生卻陷入不快樂的境界。戀愛運當然不好了。有劫空在命、夫、遷、福四宮時，姻緣不強，自己也凡事不用心，當然會戀愛機會少、晚婚和結不成婚，有些人根本無意結婚的。

巨門坐命辰宮和巨門坐命戌宮的人，是本命居陷位的人。他們的夫妻宮都是天機、太陰入宮。

巨門坐命辰宮

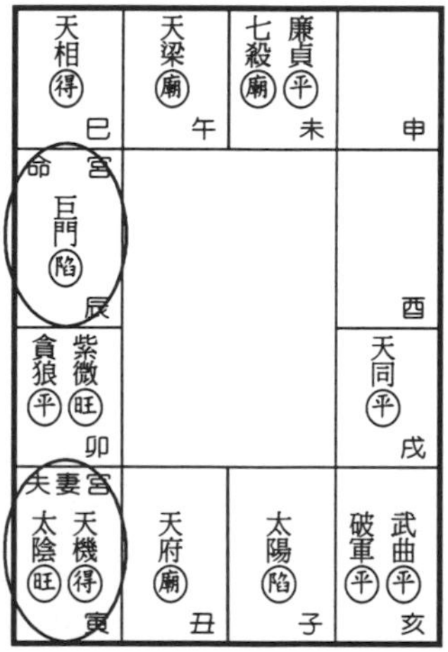

天相(得) 巳	天梁(廟) 午	廉貞(平) 七殺(廟) 未	申
命宮 巨門(陷) 辰			酉
紫微(旺) 貪狼(平) 卯			天同(平) 戌
夫妻宮 天機(得) 太陰(旺) 寅	天府(廟) 丑	太陽(陷) 子	武曲(平) 破軍(平) 亥

巨門坐命戌宮

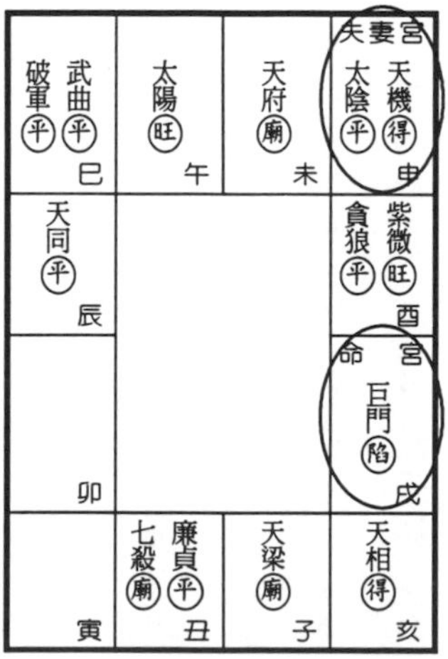

武曲(平) 破軍(平) 巳	太陽(旺) 午	天府(廟) 未	夫妻宮 天機(得) 太陰(平) 申
天同(平) 辰			紫微(旺) 貪狼(平) 酉
卯			命宮 巨門(陷) 戌
寅	廉貞(平) 七殺(廟) 丑	天梁(廟) 子	天相(得) 亥

巨門坐命辰宮的人，夫妻宮的天機居得地剛合格之位，而太陰廟

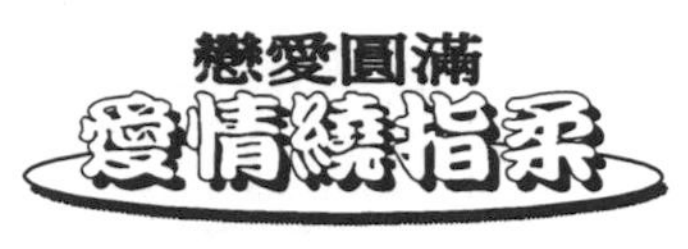

旺。這個人可以找到聰明、靈活、外表長相陰柔，尚稱美麗俊俏的人做情人。並且戀愛運不錯，情人會很體貼自己，會給自己帶來財運，配偶的理財、聚財能力也不錯。同時情人也是個性善變、有心機的人。

有天機、太陰在夫妻宮的人，其內在深層的感情意識中，本身就是善變多鬼怪的，很喜歡享福，享受別人對自己的溫情照顧。具有如此命格的人，雖然可以得到情人的幫助，但是在感情世界裡，他並不一定會從一而終，常常會變，也會另外同時擁有其他的對象，這就是天機星所產生的善變和不確定因素所造成的了。

巨門坐命巳宮和亥宮的人，其夫妻宮都是太陰星。其內心感情智商的模式和情人的外型、長相、性格和巨門坐命子、午宮的人是差不多一樣的。

巨門坐命巳宮

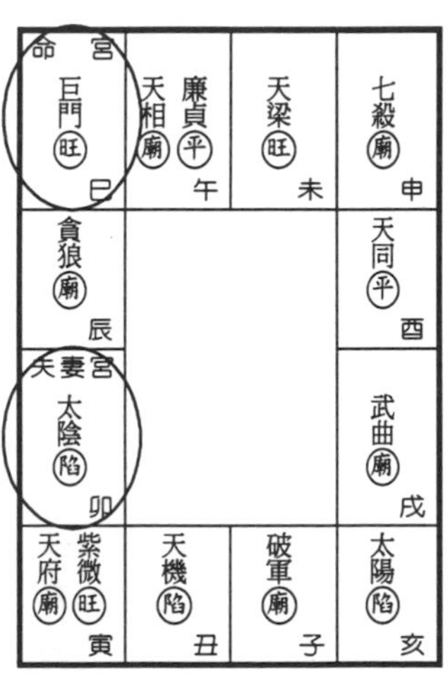

巨門坐命亥宮

巳	午	未	申
太陽(旺)	破軍(廟)	天機(陷)	紫微(旺) 天府(得)
辰 武曲(廟)			酉 夫妻宮 太陰(旺)
卯 天同(平)			戌 貪狼(廟)
寅 七殺(廟)	丑 天梁(旺)	子 廉貞(平) 天相(廟)	亥 命宮 巨門(旺)

巨門坐命巳宮的人，夫妻宮的太陰居陷，雖然他們在內心深層的情感中仍然是很敏感、柔軟，也希望能得到別人的良好回應。但是在感情表達的技巧上有不足和瑕疵，因此所能得到的回應較少，較不好。同樣的，他們所結合的情人，也有這樣人緣欠佳，情侶間彼此相處上會有磨擦的現象，但是這個現象還不致於會分手、離婚或分開，只要情侶間彼此多瞭解，多體諒，感情方面也會如倒吃甘蔗一般，愈老愈堅定美滿。

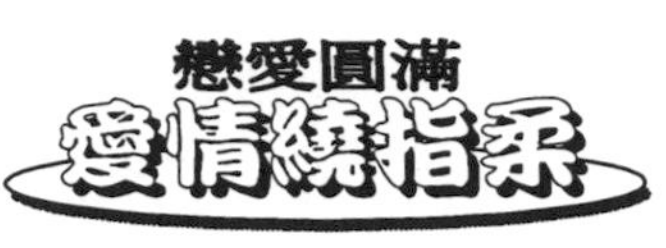

因此戀愛運仍然是不算太差的。

巨門坐命亥宮的人，夫妻宮的太陰居旺，這是非常美滿的戀愛運。巨門坐命亥宮的人很會甜言蜜語，又敏感而細心，很感性和羅曼蒂克。一切事物以感情的厚薄為衡量的出發點。他自己會哄人，也喜歡別人來哄他，伺候他，疼愛他，如此才能在心態上得到滿足。他會找到性格和外貌都很陰柔的情人。情人並且也是多愁善感之人。彼此感情深厚。

因為巨門坐命巳、亥宮的人，他的遷移宮是太陽，屬於性格、外表較陽剛之人，因此有對性格、外表偏向陰柔的人，有特殊的吸引力。太陰星是愛情之星，因此巨門坐命的人，是非常喜歡談戀愛的，也會是戀愛最成功的人。在戀愛生活中，在感情世界中也都是運氣最好的人，這就是他們在人生中花了絕大多數的時間致力於感情問題的經營，所以會成功的因素吧！

天相坐命的人

天相單星坐命的人，因坐命的宮位不同，命格型式也有六種。如天相坐命丑宮、天相坐命未宮、天相坐命卯宮、天相坐命酉宮、天相坐命巳宮、天相坐命亥宮等六種不同的命格。

天相坐命丑、未宮的人，夫妻宮都是廉貞、貪狼雙星居陷位。這是極差的戀愛運。會擁有品行不佳，社會地位低落，彼此相剋害、吵架、打架無寧日，有好幾次生離死別現象的情人。

天相坐命丑宮

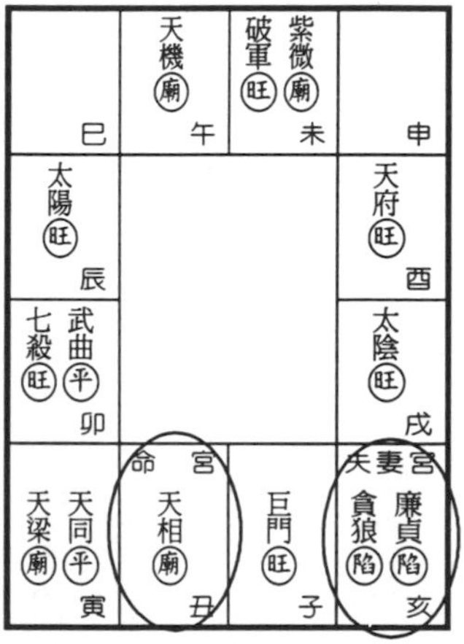

巳	天機(廟) 午	紫微(廟) 破軍(旺) 未	申
太陽(旺) 辰			天府(旺) 酉
武曲(平) 七殺(旺) 卯			太陰(旺) 戌
天同(平) 天梁(廟) 寅	命宮 天相(廟) 丑	巨門(旺) 子	夫妻宮 廉貞(陷) 貪狼(陷) 亥

天相坐命未宮

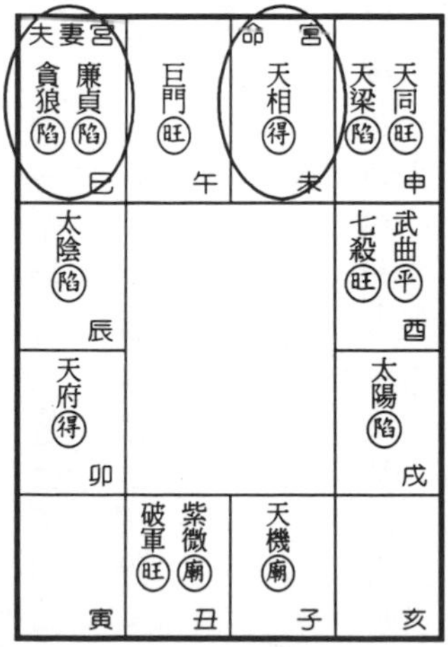

夫妻宮 廉貞(陷) 貪狼(陷) 巳	巨門(旺) 午	命宮 天相(得) 未	天同(旺) 天梁(陷) 申
太陰(陷) 辰			武曲(平) 七殺(旺) 酉
天府(得) 卯			太陽(陷) 戌
寅	紫微(廟) 破軍(旺) 丑	天機(廟) 子	亥

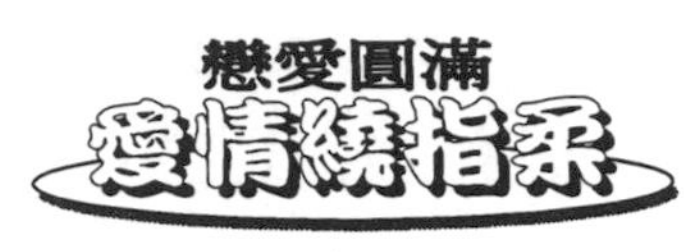

天相本是正直、勤勞、守本份的福星。天相坐命的人，他的遷移宮中都有一顆破軍星代表他所處的環境就是非常紛亂、破破爛爛的環境。他是上天派來收拾殘局的天使。因此我們常可看到這麼一個乖巧、正直、守份、無怨無悔的付出的人，都處在亂七八糟的家庭中受苦，常常覺得真讓人心疼。但是他就是上天派他來幫助別人的人。這是本命如此，也無可奈何。況且別人以為他苦，天相坐命的人都能甘之如飴，化險為夷，充份發揮了福星的作用。天相坐命的人，財帛宮都是天府星，在金錢上永無匱乏，這就是上天給了他一個或大或小的財庫，讓他在人間無牽掛的執行捨己救人，收拾殘局的任務。

天相坐命丑、未宮的人，夫妻宮是廉貞、貪狼，代表其人在內心深層的感情世界裡就是沒有標準，沒有法度，對於善惡是非的標準沒有法子辨別得很清楚的人。雖然他們自己是個老好人，其實是個爛好人，該表現正直、該硬的時候硬不起來，以致讓猖狂的人更肆虐，有時候他們的行為也簡直是為虎作倀的樣子。所以常常讓人懷疑這個外表這麼清白持重的人，為什麼腦子這麼糊塗？

天相坐命丑、未宮的人，遷移宮都是紫微、破軍，代表在這個人一生的環境中都處在表面看起來高尚，有高地位，其實骨子裡是爭鬥是非多，又不講道義，有破爛現象的環境。而他們在天性中缺乏處理應付這麼多複雜問題的感情智商，因此感情非常辛苦，於是有時候他們只是以懦弱的態度來附合這些強勢的爭鬥者。

天相坐命的人，一向和破軍坐命的人性格最相和。周遭的人，包括父母、兄弟、姊妹、配偶、子女、朋友，常常都會出現破軍坐命的人，他也會幫助破軍坐命的人處理周遭的人際關係，收拾殘局。這也就是上天派這個溫和的天相坐命者來與破軍這個煞星、破壞王做溝通，制伏他們的使者。但是天相坐命丑、未宮的人，所遇到的煞星和破壞王功力太深，無法做完全的溝通和收服工作，因此就成了如此的狀況，反而被他

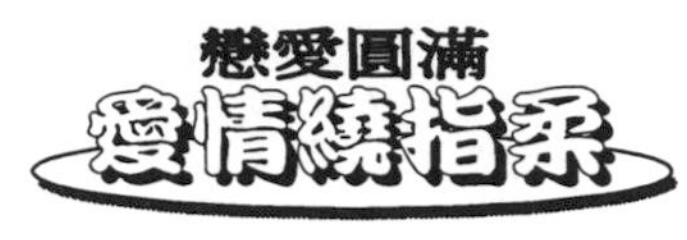

拖累了。

天相坐命丑、未宮的人，夫妻宮是廉貞、貪狼，也代表他們好色、喜歡情色邪淫的事情。廉貪都是桃花星，又居陷落，邪淫的厲害。常有不正常的色情關係。倘若是丁、己、癸年生的人，有陀羅在夫妻宮或對宮出現，就形成『廉貪陀』、『風流彩杖』格，其人更是邪淫、做鬼也風流了。都是因為男女情色問題搞不清，而沒有立場去管別人，而形成自己的劣勢。倘若有擎羊星和天相一起在命宮的人，成為『刑印』的命格，其人很陰險，會因感情問題，可能有殺害配偶和情人。有生離死別的情形。**夫妻宮中有廉貞化祿或貪狼化祿的人**，夫妻感情是時好時壞的，有化權或化忌在夫妻宮中，肯定是最爛的戀愛運了。

天相坐命卯、酉宮的人，夫妻宮是武曲、貪狼。雙星俱在廟旺之位。代表此人的情人是性格強悍，在賺錢方面有特殊才能及好運的人。

天相坐命卯宮

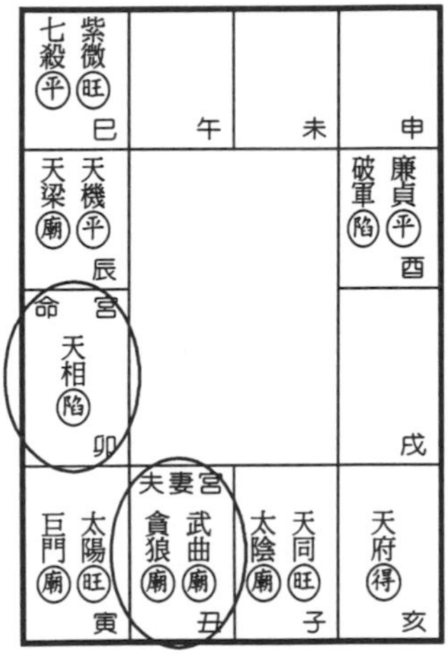

紫微(旺) 七殺(平) 巳	午	未	申
天機(平) 天梁(廟) 辰			廉貞(平) 破軍(陷) 酉
命宮 天相(陷) 卯			戌
太陽(旺) 巨門(廟) 寅	夫妻宮 武曲(廟) 貪狼(廟) 丑	天同(旺) 太陰(廟) 子	天府(得) 亥

天相坐命酉宮

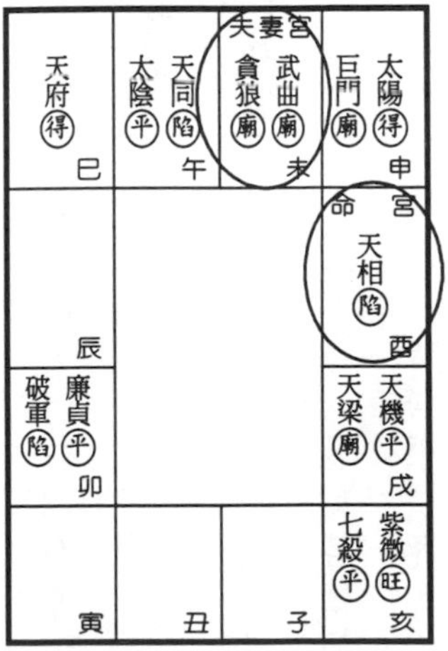

天府(得) 巳	天同(陷) 太陰(平) 午	夫妻宮 武曲(廟) 貪狼(廟) 未	太陽(得) 巨門(廟) 申
辰			命宮 天相(陷) 酉
廉貞(平) 破軍(陷) 卯			天機(平) 天梁(廟) 戌
寅	丑	子	紫微(旺) 七殺(平) 亥

武貪在夫妻宮，也就是具有暴發運的『武貪格』處於夫妻宮之中，

這當然也會影響到事業上也具有暴發力。武貪的本質，剛直而多財運。在情侶間的相處上是不夠圓滑的。因此大多數的人會不以為此命格會有很好的戀愛運。但是若以另外一個角度來看，倘若天相坐命卯、酉宮的人，內心裡沒有太多的固執、鬼怪，也未嘗不能造就一段美滿的戀情。

天相坐命卯、酉宮的人，只要命宮中沒有擎羊星，沒有『刑印』的命

格，也沒有在夫妻宮中出現擎羊、化忌、劫空等星，戀愛運大致是美滿的。縱使有了這些忌星、煞星，多忍耐、互相體諒，也能維持平順的戀情。夫妻宮中倘若有武曲化祿、貪狼化權(己年生的人)，或是有貪狼化祿、武曲化權，戀愛運都是好的。情侶倆共同為錢財打拼，無限的錢財好運也不斷的湧進。

夫妻宮有武貪的人，代表其內在深層的個性中也是剛直、守信、重承諾、擅於圓滑處理事務的人。做事很有原則，非常固執，他們喜歡乾脆、速度快的人，不喜歡婆婆媽媽的人，在個性上太直了一點，不會說好聽的話，但仍然會注意到與人交際上的禮貌。

天相坐命卯、酉宮的人，都會擁有頭顱圓圓的，長相身材魁武，身體壯壯的情人。情人會有較強勢的性格，但沉默少語，為人有點吝嗇節儉，有時也很能體諒情人。他們對金錢很具有敏感力，賺錢很快速，但

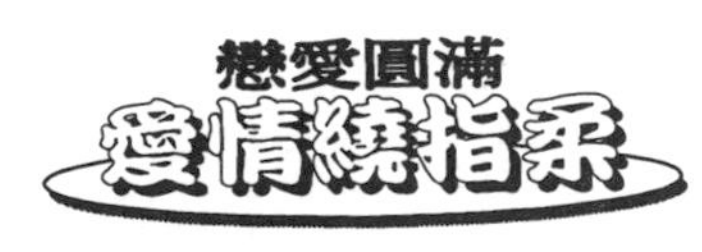

沒有理財能力，也比較不懂得花錢。這個人比較正派、是較少桃花運的人。

天相坐命卯、酉宮的人，倘若夫妻宮中有武曲化忌(壬年生的人)，情人在錢財上就會比較拮据，無法賺較多的錢。家庭生活也較清苦了，完全要靠天相坐命卯、酉宮的人來籌劃了。倘若夫妻宮中有貪狼化忌，此人的情人是沒有什麼人緣和好運的人，也必須靠天相坐命卯、酉宮的人來幫忙做人際關係，對外溝通。夫妻宮中有天空、地劫的人，容易碰到情人或配偶早逝、鰥寡孤獨，或是不戀愛、晚婚、結不成婚的情況。同時，這也會傷害到其本人的暴發運不發或發得較小。倘若有陀羅、火星、鈴星在夫妻宮中與武貪同宮，只是情人脾氣暴躁一點，並不會對戀愛運有太大的傷害。反而有火鈴和武貪在夫妻宮中時，其人會有雙重暴發運，可以賺曲很大的財富。

天相坐命巳、亥宮的人，夫妻宮都是紫微、貪狼。這是一種極佳的戀愛運。情侶雙方共同的與趣，性情相投、情投意合，會擁有多才多藝的情人，也會擁有注重名聲地位的情人，情人最好是從軍警職。這樣你也會水漲船高的，擁有高地位了。這是具有美滿幸福生活的戀愛運。

天相坐命巳、亥宮的人，夫妻宮是紫貪。情侶間的性生活非常和諧，因為紫微、貪狼皆屬桃花星，有好色的本質。因此他們是因性生活而發展出的美滿姻緣。

天相坐命巳宮

命宮 天相(得) 巳	天梁(廟) 午	廉貞(平) 七殺(廟) 未	申
巨門(陷) 辰			酉
夫妻宮 紫微(旺) 貪狼(平) 卯			天同(平) 戌
天機(得) 太陰(旺) 寅	天府(廟) 丑	太陽(陷) 子	武曲(平) 破軍(平) 亥

天相坐命亥宮

武曲(平) 破軍(平) 巳	太陽(旺) 午	天府(廟) 未	天機(得) 太陰(平) 申
天同(平) 辰			夫妻宮 紫微(旺) 貪狼(平) 酉
卯			巨門(陷) 戌
寅	廉貞(平) 七殺(廟) 丑	天梁(廟) 子	命宮 天相(得) 亥

天相坐命巳、亥宮的人，會有長相美麗俊俏的情人。此命格的人內心深處的感情狀態也是一種具有愛美、喜歡挑選高級品、喜歡與人圓滑相處，儘量不涉及利害關係，而發展出一種淺層的朋友關係的情誼。他們不會隨便透露自己的心思給任何人，對別人防範甚嚴，就連父母、兄弟姊妹也一樣，都當一個外人來對待，只有對伴侶或情人是最直接而真誠的。因此情人和他們的關係十分密切。倘若情人或配偶發生劈腿或婚外情，或情人腳踏兩條船。天相坐命巳、亥宮的人，也寧願接受伴侶、情人的解釋而不相信周遭的外人。並且他們可以假裝事情從未發生，繼續和伴侶、情人愉快的生活和談戀愛。

天相坐命巳、亥宮的人，對外人是假了一點，他只是保持冷淡的交往，並不喜歡別人來干預他，或管他的閒事。更不希望別人插手於他的感情生活。倘若夫妻宮有擎羊星出現或有貪狼化忌出現時，只是伴侶和

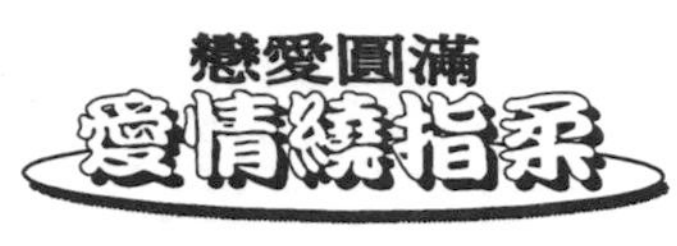

情人陰險厲害一點或是人緣差一點，並不會影響到戀愛運太大。而夫妻宮有劫空，或是『夫、遷、福』三合宮位有劫空時，會結不成婚而蹉跎婚姻。

天梁坐命的人

天梁坐命的人，依命宮所坐宮位的不同，分別有六種不同命格的人，分別是天梁坐命子宮、天梁坐命午宮、天梁坐命丑宮、天梁坐命未宮、天梁坐命巳宮、天梁坐命亥宮等六種不同命格的人。

天梁坐命子、午宮的人，夫妻宮都是巨門居陷。情人是個嚕嗦、意見多、喜歡出餿主意、成不了氣候的人。而且常常引起爭端、口舌是非、以亂中取利、混水摸魚。他們的個子矮、嘴巴大、喜歡批評，自己

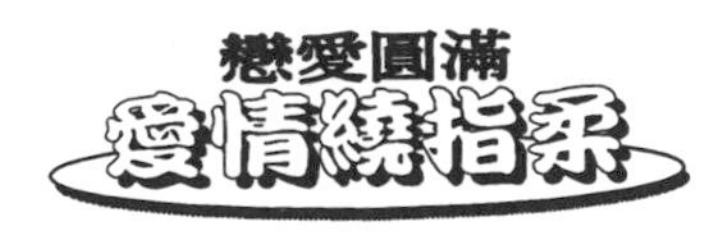

卻不勞動出力。光說不練，戀愛運不算好。

天梁坐命子、午宮的人，自己本身個子高大、情人都是很矮小的人。兩者看起來很不搭調。但是天梁坐命的人，喜歡照顧幼小，常有自命救世主的心態，會找到這樣麻煩又嚕嗦的情人來照顧，也是天經地義的事了。

天梁坐命子宮

巳	午	未	申
武曲(平) 破軍(平) 巳	太陽(旺) 午	天府(廟) 未	天機(得) 太陰(平) 申
天同(平) 辰			紫微(旺) 貪狼(平) 酉
卯			夫妻宮 巨門(陷) 戌
寅	廉貞(平) 七殺(廟) 丑	命宮 天梁(廟) 子	天相(得) 亥

天梁坐命午宮

巳	午	未	申
天相(得) 巳	命宮 天梁(廟) 午	廉貞(平) 七殺(廟) 未	申
夫妻宮 巨門(陷) 辰			酉
紫微(旺) 貪狼(平) 卯			天同(平) 戌
天機(得) 太陰(旺) 寅	天府(廟) 丑	太陽(陷) 子	武曲(平) 破軍(平) 亥

天梁坐命子、午宮的人，夫妻宮是巨門陷落，代表其人本身的內在

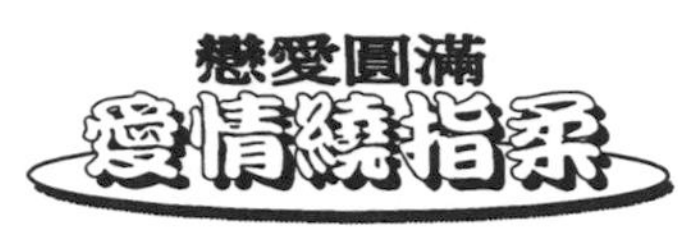

感情就是多疑、善辯、愛說謊、喜歡搞怪、說得好聽是有許多計謀的人。他們對任何人也不相信，包括妻子、配偶在內，只相信自己。此命格的人屬於命硬的人，六親無靠，除了和類似兄弟的人關係平和之外，其它和父母、妻子、兒女、朋友全不和。主要也是因為他本身固執和懷疑的態度而致。並且他也會擁有善嫉、性情乖僻的情人。必需晚婚是比較好的。

天梁坐命的人，全都有愛管別人家的閒事的毛病。而自己家的事情不管，也管不好，只有任其發展，這多半也是他們自己喜歡護短及放任自己家人的結果而造成的家庭混亂，進而無法收拾。

天梁坐命子、午宮的人，倘若生在辛年，有巨門化祿在夫妻宮，就會有油滑、講話不實在、虛偽的情人。**倘若生在癸年有巨門化權在夫妻宮，**就會有言語厲害，喜歡控制別人的情人。**倘若是生在丁年，有巨門**

化忌在夫妻宮，就會有頻惹是非、容易惹禍上身的情人，情侶間常吵得不可開交，彼此憎恨，有生離死別之憾事發生。

天梁坐命丑、未宮的人，其夫妻宮是巨門居旺。會擁有性格開朗，但也是時常善嫉、多疑、口才好、喜辯論的情人。

天梁坐命丑宮

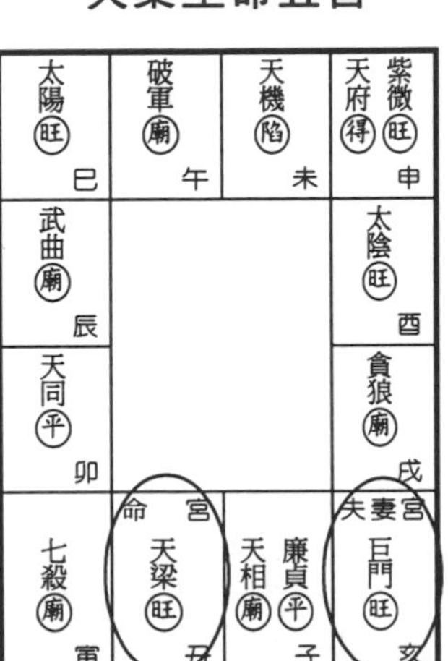

太陽 旺 巳
破軍 廟 午
天機 陷 未
紫微 旺 天府 得 申
武曲 廟 辰
太陰 旺 酉
天同 平 卯
貪狼 廟 戌
七殺 廟 寅
命宮 天梁 旺 丑
廉貞 平 天相 廟 子
夫妻宮 巨門 旺 亥

天梁坐命未宮

夫妻宮 巨門(旺) 巳	廉貞(平) 天相(廟) 午	命宮 天梁(旺) 未	七殺(廟) 申
貪狼(廟) 辰			天同(平) 酉
太陰(陷) 卯			武曲(廟) 戌
紫微(旺) 天府(廟) 寅	天機(陷) 丑	破軍(廟) 子	太陽(陷) 亥

天梁坐命丑未宮的人，在本命中天梁就居旺，夫妻宮又居旺，在他們內在深層的感情中，就喜歡說話，喜歡批評，也喜歡製造一些話題，

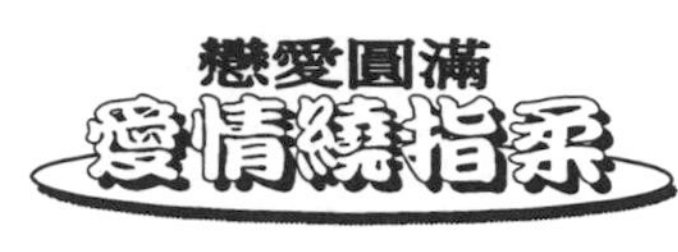

故而容易引起是非。通常他們是有謀略的人，製造問題，又滅火很快的人。因此是非混亂是有，但不致於造成大問題。

倘若有陀羅、火星、鈴星和化忌在夫妻宮出現時，戀愛的波折很多，常常會有拖延的現象。有時也會有中途分手或重婚的問題產生。

倘若有巨門化祿、巨門化權、祿存在夫妻宮出現的人，則會擁有事業有成就的情人。情人的經濟能力轉好，也能鞏固戀愛生活。大致上來講，天梁坐命丑、未宮的人，情侶運還是不錯的，因為巨門居旺，口舌爭吵多一點，愈吵愈愛，倒是與眾不同的戀愛運了。

天梁坐命巳、亥宮的人，夫妻宮是天機、巨門。代表其本人的內心感情模式是一種善變的、機智的、多疑的，很能運用智慧和資訊製造出一些是非問題，而使自己得利的情感模式。他所找到擁有的情人也一定是有專業技術，聰明、善辯、死性不改的人。

天梁坐命巳宮

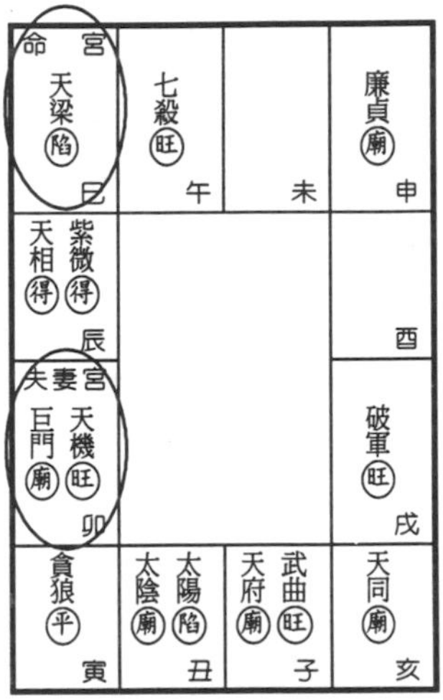

命宮 天梁(陷) 巳	七殺(旺) 午	未	廉貞(廟) 申
紫微(得) 天相(得) 辰			酉
夫妻宮 天機(旺) 巨門(廟) 卯			破軍(旺) 戌
貪狼(平) 寅	太陽(陷) 太陰(廟) 丑	武曲(旺) 天府(廟) 子	天同(廟) 亥

天梁坐命亥宮

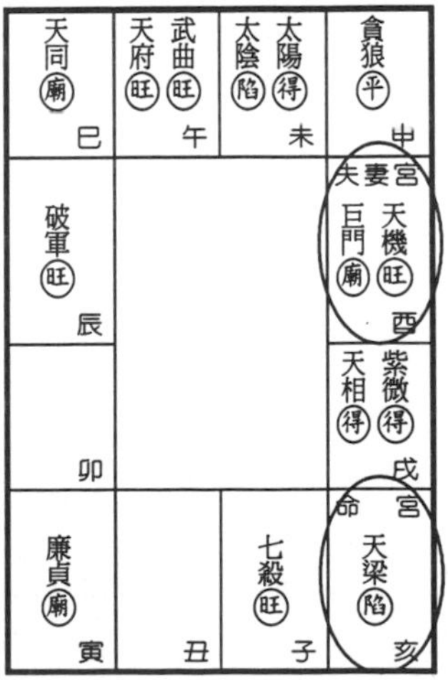

天同(廟) 巳	武曲(旺) 天府(旺) 午	太陽(得) 太陰(陷) 未	貪狼(平) 申
破軍(旺) 辰			夫妻宮 天機(旺) 巨門(廟) 酉
卯			紫微(得) 天相(得) 戌
廉貞(廟) 寅	丑	七殺(旺) 子	命宮 天梁(陷) 亥

天梁坐命巳、亥宮的人，外表看起來溫和馴服，實際上他們的頭腦很聰明，只不過他把聰明用的地方不一樣。他喜歡坐享其成，愛享福。這是因為命宮對宮的遷移宮有天同居廟相照的結果。也可以說他們根本很懶，上進心是不足的。再加上他們是命坐四馬宮的人，驛馬重，喜歡玩耍飄蕩，根本停不下來。在這麼一個動盪的環境中，當然訓練了隨機應變的能力。因此他們的智慧全用在如何使自己更舒服、更享福上面。

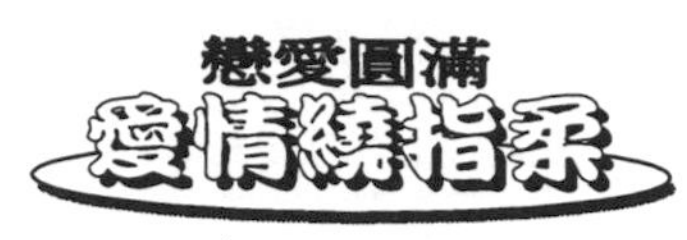

但是外面的環境對他們來說縱使再平和，而自己得不到利益，還是枉然。於是他們聰明的頭腦就會想出一些方法製造一些混亂，而從中得利。

天梁坐命巳、亥宮的人，因為在內心深層的想法中就是如此。當然會找到頭腦聰明，天天在是非中打滾，性情善變、多疑，會有專業技術知識來賺取生活費的情人。但是他們的情人普遍都有一個共同的毛病，喜歡挑剔，記憶力又好，吵架中常翻對方以前的歷史。當然天梁坐命巳、亥宮的人，也是個很會翻對方歷史的人，因此他們和情人之間的是非口角很多，有時候是因嫉妒而數落對方的戀史。吵吵鬧鬧永無休止。但是如此戀愛運並不見得不好，他們自己常會體認嫉妒反而是愛的表現。反而更增加了凝聚力了。

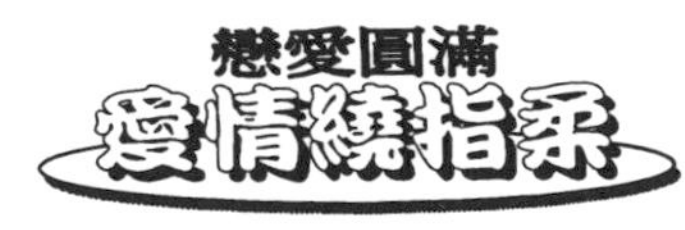

七殺坐命的人

七殺單星坐命的人，也會因命宮位置不同，而有六種不同型式的坐命方法。例如七殺坐命子宮、七殺坐命午宮、七殺坐命寅宮、七殺坐命申宮、七殺坐命辰宮、七殺坐命戌宮等不同坐命的人。

七殺坐命子宮和七殺坐命午宮的人，夫妻宮是紫微、天相。這是天下第一等的戀愛運。情侶間會有共同的理念，互相幫助，共成大事業。

七殺坐命子宮

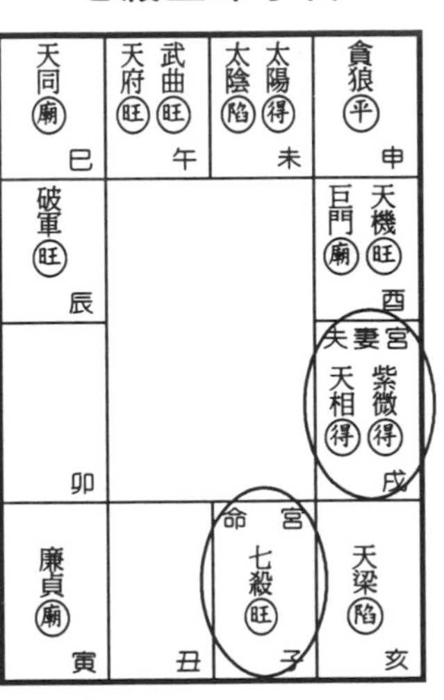

七殺坐命午宮

天梁(陷) 巳	命宮 七殺(旺) 午	未	廉貞(廟) 申
夫妻宮 紫微(得) 天相(得) 辰			酉
天機(旺) 巨門(廟) 卯			破軍(旺) 戌
貪狼(平) 寅	太陽(陷) 太陰(廟) 丑	武曲(旺) 天府(廟) 子	天同(廟) 亥

當夫妻宮是紫微、天相時，在七殺坐命子、午宮的人的內心深層的感情世界中就是一種平和的，凡事會慢慢的理出頭緒來，他不會很衝動的去做一件事，一定是把這件事周邊相關的事情都想好，才會動手去做。因此在七殺坐命子、午宮的感情智商和情緒智商都是最高層次，非常能自我控制的型態。夫妻宮有紫相的人，不但情人會是一個非常能幹的好幫手，外表氣質高雅，就連其本人做事都非常有原則，善於處理複雜、混亂、零碎、艱難度高的事情。就像宏碁電腦的老闆施振榮先生就是七殺坐命子宮的人，其夫人葉紫華女士，就是共創宏碁電腦公司的夫妻拍檔，以前葉女士是宏碁電腦的董事長，先生是總經理。現在葉女士另行去開發築夢，建造了新竹科學網路社區—渴夢圓。這些成就都是由情侶、夫妻攜手合作而來的。你看！有這樣的戀愛運，你很難不說是前世修來的好運了。

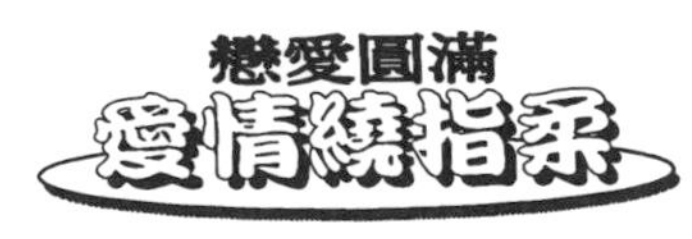

其實七殺坐命子、午宮的人，本身就很內斂、自重，非常有上進心和奮鬥力量，凡事能苦幹、看得準，他們多半在少年時有家庭變故，身體也較弱，有失母或失父的現象，多半靠自己的不斷打拼而努力成功的。他們的外在環境就是武曲、天府，財星加財庫星的型式，代表他們外在的世界就是一個大財庫，只要努力去做，錢財與事業的企機是無限大的情況。倘若有武曲化忌在遷移宮的人，一生的財運較少也不夠順利了。當然也會影響到『夫、遷、福』這一組的三合宮位而不吉。倘若他們的『夫、遷、福』中任何一個宮位有擎羊星，也會造成他們在心緒上多煩惱，尤其在夫妻宮中有擎羊，則情人就不算太正派，也會有彼此嫌隙的戀愛運了。

七殺坐命寅、申宮的人。夫妻宮是廉貞、天相，也是非常美滿的情侶運、戀愛運。因為廉貞居平，天相居廟的關係。此人的情人不太聰明，但很老實，忠心耿耿，任勞任怨，不愛說話，是個安靜、為情人奔忙的執行者。

七殺坐命寅宮

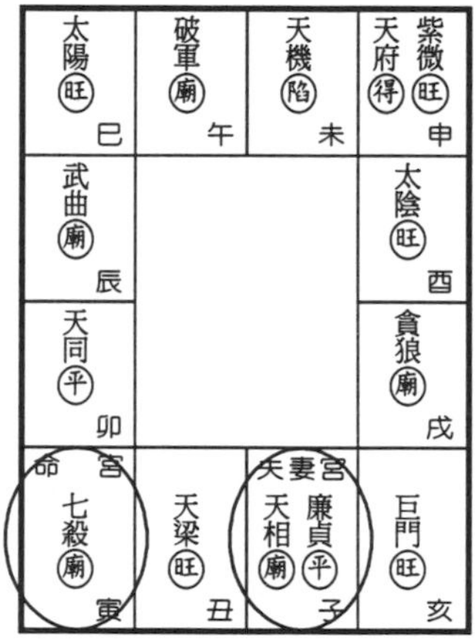

太陽(旺) 巳	破軍(廟) 午	天機(陷) 未	紫微(旺) 天府(得) 申
武曲(廟) 辰			太陰(旺) 酉
天同(平) 卯			貪狼(廟) 戌
命宮 七殺(廟) 寅	天梁(旺) 丑	夫妻宮 廉貞(平) 天相(廟) 子	巨門(旺) 亥

七殺坐命申宮

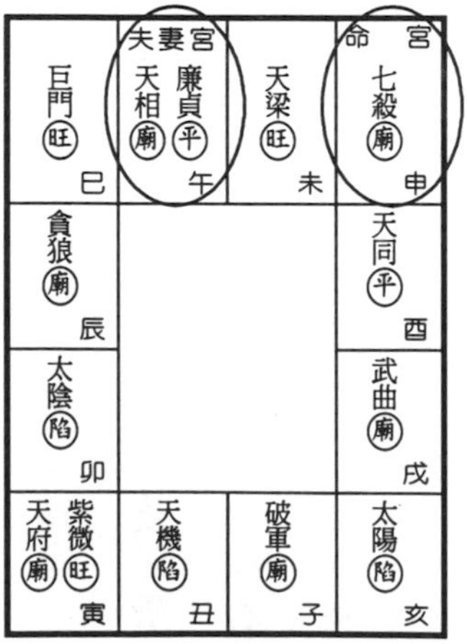

巨門(旺) 巳	夫妻宮 廉貞(平) 天相(廟) 午	天梁(旺) 未	命宮 七殺(廟) 申
貪狼(廟) 辰			天同(平) 酉
太陰(陷) 卯			武曲(廟) 戌
紫微(旺) 天府(廟) 寅	天機(陷) 丑	破軍(廟) 子	太陽(陷) 亥

七殺坐命寅宮或申宮的人，本命居廟位。是七殺坐命中命格最高的人。七殺坐命寅宮的人，是『七殺仰斗格』。七殺坐命申宮的人是『七殺

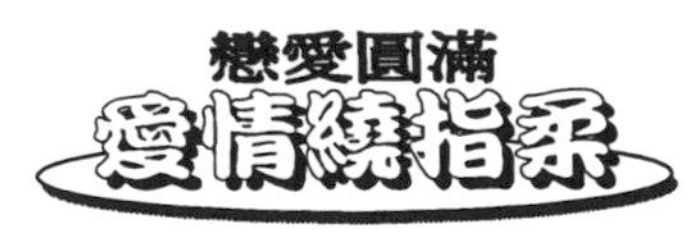

朝斗格』。兩種命格的人都是必然會有事業成就的人，因此夫妻宮的助力也就特別重要了。

七殺坐命，夫妻宮都有一顆天相星，表示會擁有一個有體諒的心情，明大體、知大義、任勞任怨、溫和馴服，凡事勤勞努力，但非常想得開，隨遇而安的情人。天相是福星，七殺坐命寅、申、辰、戌宮的人的夫妻宮是天相居廟的，表示情人非常乖巧，配合度高，也是個好幫手。而七殺坐命子、午宮的人，夫妻宮的天相只居得地剛合格之位，而且又和紫微在一起，因此情人比較有主見，有性格，但也是個能大體上幫忙，能配合的人。

七殺坐命寅、申宮的人，本身性格強悍，具有極度的威嚴，不喜歡別人有意見來反對他。七殺坐命的人，『命、財、官』三方都是在『殺、破、狼』格局上，表示他們很忙，總是忙著事業、工作、賺錢，他們通常會擁有一個稍具規模的事業，而情人就一定是能幫忙理財、或參與事業中的一個重要角色。倘若沒有這個能耐的人，就一定不會成為他們的情人。所以七殺坐命的人，在擇偶條件上就先有了把關的做法。而每一個七殺坐命的人，擇偶的條件仍是略有不同的，例如七殺坐命寅、申宮的人，是不希望情人太聰明，只要聽話、乖巧、會默默做事、不要多話、一板一眼的就好了。而七殺坐命子、午宮的人是希望情人很會做事，又必需具有高尚品格、知識、地位。因此他們的情人都是學歷比另外兩種人的情人要高的，而七殺坐命辰、戌宮的人，是希望情人會賺錢一點，更要會做事，脾氣差一點沒關係，從事軍警、政治職業的人也沒關係。但因為武曲只在得地之位，剛合格，因此賺錢肯定不是最多的，情人只有小康程度的財富罷了。

七殺坐命寅、申宮的人，遷移宮是紫府，福德宮是武曲，天生就是生長在較富裕的家庭環境中，因此性格有些驕縱，但仍會是正派的人。夫妻宮是廉相，表示其內在深層思想中，是平和、有秩序、能規劃、組織事務的型態，但只是粗枝大葉的的人，並不喜歡用頭腦在細微的心思上。因此他們做事是不夠精密的，思想也不夠精細，他們喜歡直接了當的找對方談，來解決事情，而不會自己想得太多，自尋煩惱。**倘若夫妻宮中有廉貞化忌出現時(丙年生的人)**，其人就是容易自尋煩惱的人了。他們的情人也會是個有感情問題糾葛得很厲害的人，頭腦不清，又惹官非。**倘若是七殺坐命申宮的人，又生在丙年**，不但有廉貞化忌在夫妻宮，尚且有擎羊在夫妻宮，是『刑囚夾印』的惡格，此人會因感情問題，在午年而遇災禍，不是殺人，便是被殺。尤其是大運、流年、流月三重逢合時最準。倘若夫妻宮有廉貞化祿的人，表示情人有精神享受方面特殊的愛好，而使家庭更和樂。

七殺坐命辰、戌宮的人，夫妻宮都是武曲、天相。天相居廟，武曲居得地之位。這也是具有美滿情侶運、戀愛運的命格。

夫妻宮是武曲、天相的人，多半情人是從事軍警業，和政治有關的行業，有小部份人的情人是在金融機構任職，工作較平凡，是一個上班族。

七殺坐命辰宮

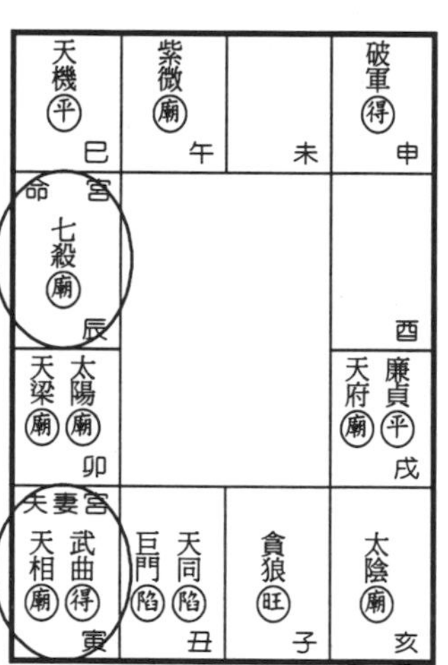

七殺坐命戌宮

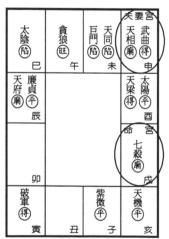

太陰(陷) 巳	貪狼(旺) 午	天同(陷) 巨門(陷) 未	夫妻宮 武曲(得) 天相(廟) 申
廉貞(平) 天府(廟) 辰			太陽(平) 天梁(得) 酉
卯			命宮 七殺(廟) 戌
破軍(得) 寅	丑	紫微(平) 子	天機(平) 亥

七殺坐命辰、戌宮的人，因父母宮是天機陷落，和父母緣份淺，不

是父母早逝，就是送給別人當養子、養女。小時後環境很差。在他們命格中『父、子、僕』這一組三合宮為是最差的。因此在傳承方面不太佳。他們只有和平輩、兄弟、情人的關係比較好，情人就是成了他的支柱了。七殺坐命的人，多半愛賺錢，因為財帛宮是貪狼星居廟旺之位，在錢財上具有太多的好運機會，而且又很貪心。若身宮又落在財帛宮的人，更是嗜財如命，凡事都不重要了，唯有賺錢重要了。

七殺坐命辰、戌宮的人，在其人內心深處的觀念中尤其以金錢放在第一位，這是他們以幼年生活型態的困苦而造成的。他們會非常希望能找到可以資助使自己有錢的情人。通常他們都能找到。**尤其是生在己年有武曲化祿在夫妻宮**，財帛宮又有貪狼化權的人，會因情人的身份、地位和力量，使自己在賺錢方面有更多的好運。**而庚年生的人，有武曲化權在夫妻宮中**，情人的地位很高，且能掌握重大財富的大權。**倘若是生**

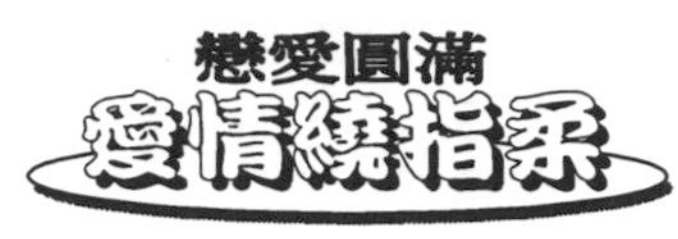

在壬年，有武曲化忌在夫妻宮的人，就要小心了！你的情人就是『錢』總是搞不清楚，總是來敗散你的錢財的人。情侶間不能談錢，一談到錢便要吵架。並且在你自身的內心深處，也會對『錢財』有特殊不合常態的需求。較會不擇手段的去賺錢。但是這個狀況也會害了你其他的賺錢機會。這是必須用心去想，去注意的事。

壬年所生的七殺坐命辰、戌宮的人，在金錢和家庭幸福方面都不如其他年份所生的人。**因為七殺坐命辰宮的人**，在財帛宮中會出現擎羊星，會傷害財運。只能做手藝性，或是屠宰業、軍警、外科醫師、驗屍官等賺錢不多的職業。**而七殺坐命戌宮的人**，有陀羅在命宮，擎羊在福德宮，在精神上操勞過度，雖然很愛賺錢，但本命中財少，夫妻宮又逢化忌，在思想上極為窮困，對錢的觀念有不正確的看法，因此有小康格局就是非常不錯了，戀愛運也是有起伏的。

破軍坐命的人

破軍單星坐命時，也有六種命格型式。如破軍坐命子宮、破軍坐命午宮、破軍坐命寅宮、破軍坐命申宮、破軍坐命辰宮、破軍坐命戌宮等六種不同命格的人。

破軍坐命子宮和午宮的人，夫妻宮都是武曲居廟位。代表他的情人是一個富有的、個性剛直、很有正義感、信守言諾的人。但是呢？雖然情人這麼好，可是性格是完全不相合的，戀愛運並不十分美滿。

破軍坐命子宮

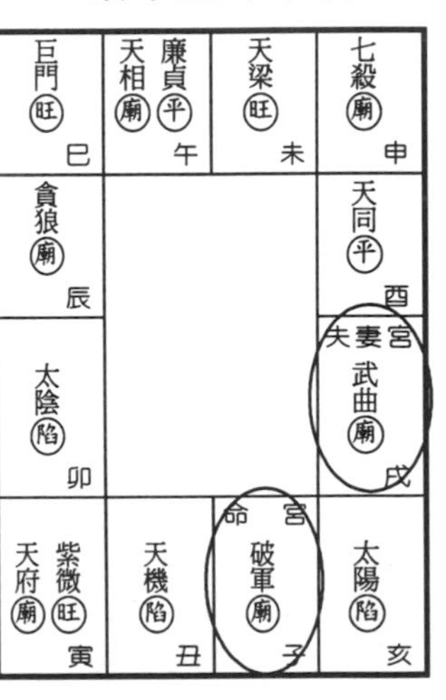

破軍坐命午宮

太陽(旺) 巳	命宮 破軍(廟) 午	天機(陷) 未	紫微(旺) 天府(得) 申
夫妻宮 武曲(廟) 辰			太陰(旺) 酉
天同(平) 卯			貪狼(廟) 戌
七殺(廟) 寅	天梁(旺) 丑	廉貞(平) 天相(廟) 子	巨門(旺) 亥

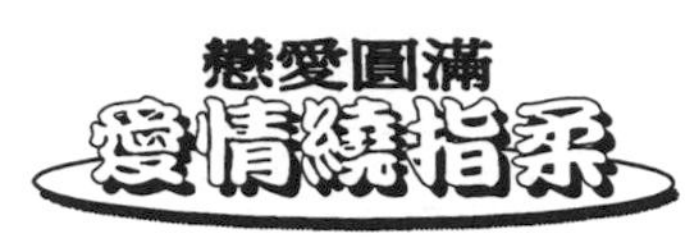

破軍坐命子、午宮的人，夫妻宮是武曲，代表其人內在深層的性格中非常強硬、剛直，不會轉彎、轉圜。破軍坐命的人，『命、財、官』三合宮位也都是處於『殺、破、狼』格局之上，性格強悍、多疑，對賺錢很拼命，在事業上擁有很多好運。夫妻宮有武曲財星時，一腦子都是賺錢的事，把錢財看得很重。而他一定會找一個會賺錢、財富又多的情人，才會與他相戀及結婚。否則就只會有同居關係而遲遲不結婚。再說破軍坐命的人，都喜歡創業，有多次失敗的經驗，因此對錢的渴求甚多，更以錢財為重了。如此的戀愛運建築在金錢觀上，當然是岌岌可危的，況且情人比較有錢時，聲音較大，這又是破軍坐命子、午宮的人無法忍受的事，戀愛運有崩離的危險。倘若夫妻宮中有武曲化權，情人可能是軍警職的高官。

倘若夫妻宮中是武曲化祿，情人會是十分會賺錢，而且財富很大的人。倘若夫妻宮中是武曲化忌(你是壬年生的人)，會找到有金錢煩惱、糾

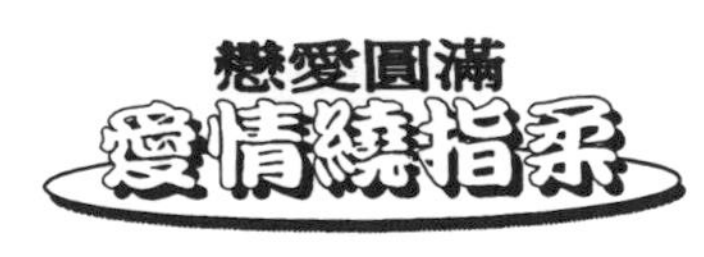

紛、困境的情人，一生為情人的欠債憂心。夫妻間也常為金錢爭吵，戀愛運被情人的財務問題而阻礙搞壞。倘若有武曲化忌在夫妻宮的人，無論如何都要自己能體認現實環境，不能任由情人的拖累，自己要抓緊控制總體財務問題，才能使戀愛運不致落入痛苦的深淵。同時有武曲化忌在夫妻宮的人，自己本身對金錢的看法也會有比較扭曲、不合常理的觀念想法，這也是必須注意的問題，最好多向友人徵詢理財的方法，來小心改善自己的財運。

破軍是戰星又是耗星，破軍坐命的人，本身很會拼命賺錢，但總是破耗多。他們的『命、財、官』三合宮位都處在『殺、破、狼』格局上，因此是大起大落之人。再加上破軍坐命者的福德宮都有一顆天府星，表示其人很愛享福，又熱愛物質生活，對於錢財的保存不重視，因此是需要別人，(情人及配偶或會計)來幫他理財的。

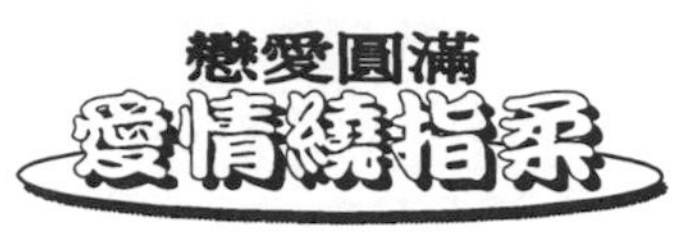

破軍坐命寅宮或申宮的人，其夫妻宮是紫微星。破軍坐命寅宮的人，夫妻宮的紫微星居平位。破軍坐命申宮的人，夫妻宮的紫微星居廟位。雖然同屬紫微星，旺度不一樣，同樣是幸福的戀情，幸福感的程度也會不一樣了。

破軍坐命寅宮

太陰(陷) 巳	貪狼(旺) 午	天同(陷) 巨門(陷) 未	武曲(得) 天相(廟) 申
廉貞(平) 天府(廟) 辰			太陽(平) 天梁(得) 酉
卯			七殺(廟) 戌
命宮 破軍(得) 寅	丑	夫妻宮 紫微(平) 子	天機(平) 亥

破軍坐命申宮

天機(平) 巳	夫妻宮 紫微(廟) 午	未	命宮 破軍(得) 申
七殺(廟) 辰			酉
太陽(廟) 天梁(廟) 卯			廉貞(平) 天府(廟) 戌
武曲(得) 天相(廟) 寅	天同(陷) 巨門(陷) 丑	貪狼(旺) 子	太陰(廟) 亥

夫妻宮有紫微星代表其人很能享受婚姻生活中的幸福感覺。其人在戀愛生活中有極高的標準，對情人的言行舉止，和生活態度都以最高標

準來嚴厲苛求。在內心深處的思想中，他是自認自己是最高尚，最有品德的人。同時他也用這個標準苛求別人。但事實上並不一定如此。在內心中他也是自認自己有帝王般的權力，喜歡控制和指使別人做事的人。因此在性格上他是絕對霸道、不服輸、也從不相信別人的人。在現實環境中，很幸運的，他也可找到能聽話、能寵他、任由他支配、命令的情人。**倘若再有紫微化權在夫妻宮中**，這個人更是極端專制霸道的人，唯我獨尊。他會因情人的關係而得到高地位。控制情人的能力更是超級強。同時他的情人也會是個相貌出眾，氣質非凡，有特殊能力和高地位、高權勢的人。

破軍坐命的人最害怕的就是有文昌、文曲和破軍同宮坐命，或在命宮的對宮相照的格局。如此一來，不論情人的地位有多高，此人一生都貧困無錢，也無法享受到情人所帶來的富貴。而且有水厄，必須注意。

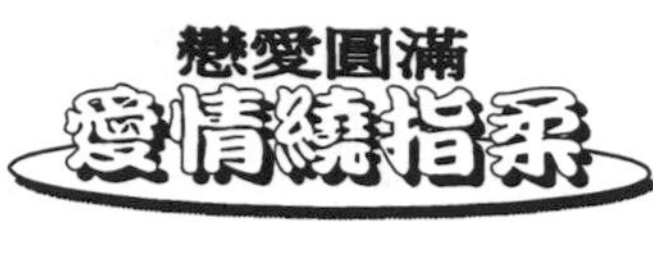

破軍坐命寅、申宮的人，也怕生在丙、戊、壬年，有擎羊在夫妻宮出現，會因情人太厲害，自己又喜歡擔心，而造成情侶不和，戀愛運不順暢。彼此而有刑剋的狀況。

破軍坐命辰宮和戌宮的人，夫妻宮都是廉貞居廟。代表其人在內心深處是計謀多、較陰險、攻心計、善於暗中計劃行事的人。他的情人也會是個善於交際、城府很深、性格豪放、剛烈、工作能力很強，為事業很拼命搏鬥之人。

破軍坐命辰宮

天同(廟) 巳	武曲(旺) 天府(旺) 午	太陽(得) 太陰(陷) 未	貪狼(平) 申
命宮 破軍(旺) 辰			天機(旺) 巨門(廟) 酉
卯			紫微(得) 天相(得) 戌
夫妻宮 廉貞(廟) 寅	丑	七殺(旺) 子	天梁(陷) 亥

破軍坐命戌宮

天梁(陷) 巳	七殺(旺) 午	未	夫妻宮 廉貞(廟) 申
紫微(得) 天相(得) 辰			酉
天機(旺) 巨門(廟) 卯			命宮 破軍(旺) 戌
貪狼(平) 寅	太陽(陷) 太陰(廟) 丑	武曲(旺) 天府(廟) 子	天同(廟) 亥

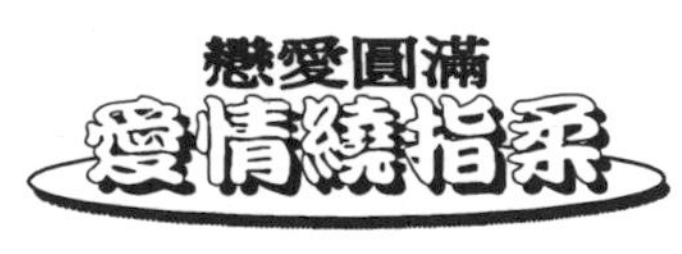

破軍坐命辰、戌宮的人，因遷移宮是紫相，父母宮又是天同居廟，比起其他破軍坐命者，從小生活的環境較好，可以得到較幸福的戀愛生活，只不過在人格發展上較驕縱一點。破軍坐命的人，都愛爭鬥，性格狂妄、無視於人，又常反覆無常、多疑兇狠。甲年生的人，有破軍化權在命宮，又有廉貞化祿在夫妻宮的人，尤其陰狠，只重視自己的利益，不顧他人死活。他們最好是選擇廉貞坐命的人來做情人，才能齊鼓相當，互有利益，戀情也較美滿。若選擇擎羊坐命的人做情人，對方會更兇狠、嫉妒心強，也會產生問題。(破軍坐命的人性格強勢，他不會找性格軟趴趴、太溫和的人做情人，只喜歡性格剛烈的人才合胃口，交朋友也是喜歡性格強、能臭味相投的人)。

倘若丙年生的破軍坐命辰、戌宮的人，有廉貞化忌在夫妻宮，情人有頭腦不清、多官非、人生不順暢，也可能會有血液疾病的困擾。此命

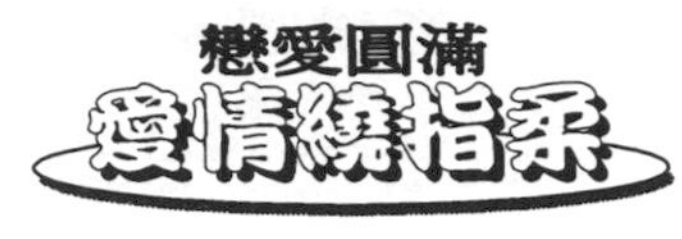

格的人，一定要在結婚前多做溝通和身體檢查，以防情人的病變拖垮了婚姻。

乙年生和辛年生，有擎羊星和廉貞同在夫妻宮的人，情人是陰險狡詐之人，情侶倆爭鬥嚴重，此命格的人要小心防範，否則枕邊人就是陷害你、殺害你的人。你會找到沉默、少說話、很安靜、城府很深、深藏不外露、臉色凝重、樣子很酷的情人。

第二節　六吉星在夫妻宮的戀愛智商

文昌、文曲、左輔、右弼、天魁、天鉞為六吉星。凡單星入夫妻宮時，一定要看對宮(官祿宮)中的星曜是什麼，也是吉星的，戀愛運就非常好。若是有煞星相照的，便也會影響到戀愛運。**另外也要看進入夫妻宮的這個六吉星之一的旺度**，旺度高的，更能對戀愛運有幫助。

文昌、文曲入夫妻宮的戀愛智商

居平、居陷位的文昌、文曲星在夫妻宮中，不但情人的知識水準、智力都較低，相貌平平，精明度也較差。**若是文昌、文曲在巳、酉、丑**

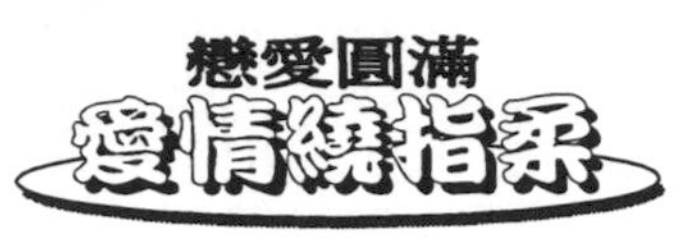

三宮為夫妻宮，或是文曲星在卯、亥、未三宮居旺進入夫妻宮的人，就會擁有容貌美好、有才藝、較精明、知識程度高、氣質較好的情人了，並且他們和你都是熱愛性生活的人。也會因此而生活美滿。

左輔、右弼入夫妻宮的戀愛智商

有左輔、右弼入夫妻宮時，都是有多次戀情及二次以上婚姻的跡象。這是不論左輔、右弼是單星坐夫妻宮，或是左、右和其他的星曜(不論吉星、凶星)同坐夫妻宮時，都是有此相同的看法。左輔、右弼在其他的宮位是吉星，唯獨在夫妻宮不以吉論。因為夫妻之間的感情不喜他人幫忙，容易造成有第三者進入，或同時喜歡好幾人的狀況。有左輔、右弼在夫妻宮的人，會因感情問題腳踏雙船，而離異。

有左輔、右弼在夫妻宮的人，會有能幫助自己事業，溫和又黏密的愛情，擁有喜歡照顧家庭，熱愛家庭生活的情人，但是他們總是會被另外的愛情所吸引，或是牽涉在別人的愛情中成為第三者。所以戀愛運堪慮。

天魁、天鉞入夫妻宮的戀愛智商

有天魁、天鉞單星在夫妻宮時，因為天魁、天鉞是溫和、性格表現不是很強的星，此時就完全要看對宮(官祿宮)中是什麼星曜，才能知道戀愛運的好壞。不過呢？有天魁、天鉞在夫妻宮的人，情人的容貌不錯，個性愛現又內斂，一會兒想表現，一會兒又害羞，倘若對宮官祿宮的星較強勢，像武貪、廉貪、陽梁等相照之下，天魁、天鉞的特性會被蓋過去，則魁、鉞的特性完全顯不出來。而只有對宮強勢的星曜來主導夫妻宮的特性。此時情人的外表、性格、長相、社會地位、學識、成就，一切的情人條件便完全取決於官祿宮的星曜所定了。倘若夫妻宮對宮的官祿宮中是同陰、同巨、日月等溫和的星曜，則魁、鉞的特性與他們相符。魁、鉞的條件也會附加於這個由官祿宮相照而來的星曜條件中。總之，天魁、天鉞的性格不明朗，有時候是看不出它有什麼大影響力的。

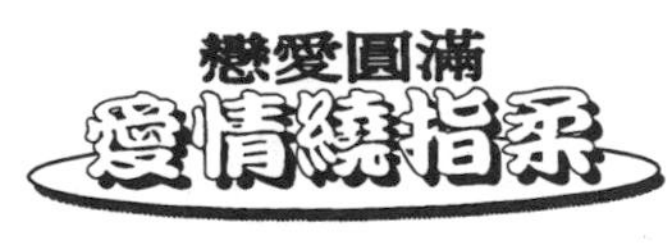

第三節　祿存星在夫妻宮的戀愛智商

祿存在夫妻宮的戀愛智商

有祿存在夫妻宮出現時，也是屬於空宮的狀態。此時就要看夫妻宮對宮（官祿宮）是什麼星，而定戀愛運和配偶情人的長相、性格等各方的條件了。

祿存是『小氣財神』，在十二宮任何一個宮位皆是居廟旺之位的，因此到處為福。有祿存在夫妻宮的人，表示其人內在思想中，有孤獨、自力承擔、較封閉，獨立為福，自給自足，不向外人聲援的特性。而他們也會找到個子瘦高，影形孤單，獨立做事，沒有幫手，會自己努力賺錢，不靠別人幫忙的情人及配偶。並且情人或配偶多半是個家世凋零，沒什麼依靠之人。

有祿存在夫妻宮的人，不管是自己或是情人、配偶都是很小氣吝嗇的人，因為價值觀相同而結合，這也真可說是天作之合了。

祿存雖是財星，但是它的財力並不是很豐厚的財，而是剛好夠生活、有小康程度的財。夫妻宮有祿存的人，情人會帶財來，相助生財，但也不可希望太大，只不過是情侶有相同的理財觀念，而讓戀愛運很順暢罷了。

第四節　六煞星在夫妻宮的戀愛智商

擎羊在夫妻宮的戀愛智商

當擎羊在夫妻宮時，對戀愛運的殺傷力最大。它是剋害情人戀愛的劊子手。當擎羊在夫妻宮時要分旺弱，再看同宮的星曜或對宮相照的星曜的吉凶，就可以釐定情人間相互剋害感情的深淺層次等級出來了。

只要有擎羊在夫妻宮都是不好的戀愛運和婚姻運。情人就是你在內心深處最頭痛、最剋害你、最管束你、制裁你的人。常常會讓你的心境不能平和，使你很煩惱。**當擎羊居廟(在辰、戌、丑、未宮)在夫妻宮時，**你在感情上不順的現象還是可以得到舒解的。**若是擎羊居陷(在子、午、**

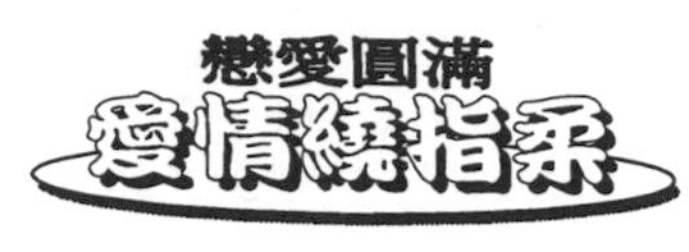

卯、酉宮)在夫妻宮時，你在感情上的不順利，是會影響到整個做人處事的方的。這時候夫妻宮對宮相照的星曜就尤其的重要了，倘若由官祿宮相照過來的星是吉星居旺，那麼只是你一個人在內心難過，表面上還是會裝出開心的樣子。你的情人或配偶會是一個有心機、有謀略，但小心眼，會處處挑剔你，對你制肘，造成你一些困擾的人。例如台灣總統馬英九先生的夫妻宮就是擎羊居陷在酉宮，對宮有居廟旺的陽梁相照，依然會有看來大致幸福的戀愛運。

倘若是擎羊在夫妻宮，而官祿宮相照過來的星是『機巨』、『同巨』、『武貪』等星，或者是擎羊和『武殺』、『廉殺』、『廉破』、『天機居陷』、『太陰居陷』、『太陽居陷』、『破軍』、『七殺』、『同陰居午』等星同宮，則戀愛運非常差，很可能彼此相憎恨而持刀相向，或是終日爭吵不休，相互拖累，互為災害。

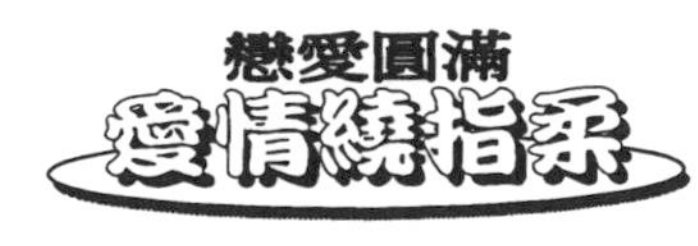

只要有擎羊在夫妻宮的人，他的情人或配偶都有尖尖的下巴。擎羊單星入夫妻宮的人，臉狹長。擎羊居旺時，情人或配偶的臉型略帶橢圓，身材較壯中高。擎羊居陷時，情人及配偶有矮小瘦弱的身材，他們都是脾氣不好，妒嫉心強，心性較狠，敢愛敢恨，愛挑剔計較，有謀略的人。而且也是很會報復人的人。對於他們，你必須要本身站得住腳，用說理、分析來緩和他們的情緒，化解他們的衝動，必須好好的哄住他們，才能維持平和的戀愛關係。

陀羅在夫妻宮的戀愛智商

當陀羅星出現在夫妻宮時，雖然陀羅也屬於煞星，但據我的觀察，它對愛情運的影響並不太大。主要陀羅星有延遲、拖拖拉拉、不乾脆、

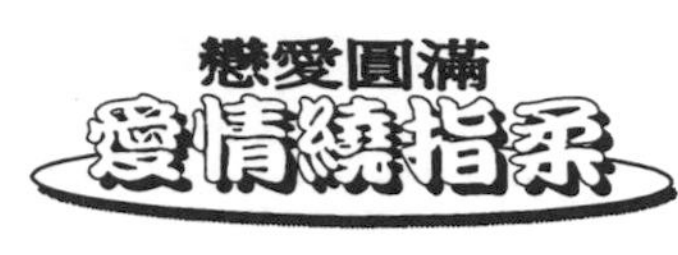

慢慢反應的性質。就因為反應太慢，故而常給人愚笨的感覺。

當陀羅在夫妻宮時，自己本身在內在感情的模式裡，就有反應遲鈍的現象，好不容易感覺到了，又不院表現出來。又在自己內心中琢磨很久才會反應在自己情緒裡。因此你找到的情、人或配偶也會是這種人。在某些事情有一些笨笨的慢半拍、在內心掙扎過才遲鈍的反應出來的人。同時，也就是因為遲鈍和慢半拍的關係，就容易渡過了衝動期，因此反而對戀愛運會產生正面好的影響。反而不容易分手或離婚了。

上述的狀況說的是陀羅和其它居吉居旺的星曜同宮在夫妻宮的狀態。**倘若陀羅單星在夫妻宮中**，而對宮相照的星曜不佳，仍然是不會有美滿的戀愛和婚姻的。

例如：『空宮坐命卯宮有陽梁相照』的人，若又生在甲年，對宮相照命宮的太陽又化忌，而夫妻宮中又有陀羅，相照夫妻宮的星曜是同巨。

這個命格的人，自己一生就是能力不足，是非又多，一生沒什麼大用的人。又擁有又笨、又懶、是非又多的情人或配偶。兩個人都是一肚子鬼怪，無法正經做人，正常做事，又如何建立自己美滿的戀愛運呢？

另外像『紫破坐命丑宮』的人生在癸年，或是『紫破坐命未宮』的人生在丁年或己年夫妻宮都是『陀羅星，而有廉貪相照』的格局。夫妻宮就形成『廉貪陀』『風流彩杖』格，其本人不但是特別的風流邪淫，其情人及配偶也是同好中人。雙方都是男女關係複雜的人，豈能再談戀愛運呢？

火星在夫妻宮的戀愛智商

火星出現在夫妻宮時，其人自身的感情和情緒都是急躁火爆，像來

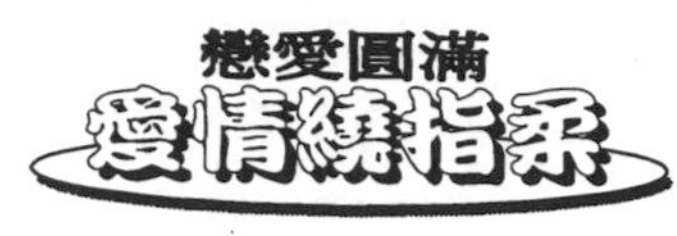

去一陣風似的。速度很快的爆發，又很快的過去，而恢復平靜。性格非常的衝動，不顧後果。常常會後悔，但很快會忘掉。此人的情人或配偶也會出現同樣的性格，例如講話速度快，性格衝動做事虎頭蛇尾很馬虎，但藉口很多，總是有理由為自己辯解。其情人在外貌上的特色就是自然頭髮的顏色市略帶紅色、紅棕色，他們特別喜歡把頭髮染成各種顏色以追求時髦。他們的膚色有時會很白，或紅紅的。形貌很突出。但一眼就可看出他們是急躁不安的人。

有火星在夫妻宮的人，只要彼此能容忍，基本上對愛情運的威脅是不大的。因為衝動和火爆的場面很快便過去了。只要火星不是和『武殺』、『七殺』、『巨門』、『廉殺』、『廉破』、『廉貪』這些星一起同宮在夫妻宮，或是火星在夫妻宮，而有上述星曜相照的模式，就會擁有還過得去的戀愛運了。

有趣的是，倘若有火星在夫妻宮，或有貪狼同宮或相照夫妻宮，此人反而有『火貪格』暴發運。倘若火星在夫妻宮，而又居於『武貪格』的格式中的話，就會具有雙重暴發運。此人會因情人和事業上的連帶關係兒暴發，具有大前程或發大財。也就是因戀愛運而牽制了事業運和人生的變動了。

（如要瞭解暴發運的格式，請參考法雲居士所著『如何算出你的偏財運』一書）

有『武曲和火星』同在夫妻宮的人，代表其人內在深層感情和情緒的模式是剛直兒衝動的。他們的思想層面是直接、頑固、強硬、快速、不留餘地。在思想層面中，他不會想得很細、很精緻，他只是粗枝大葉的做快訴的決定。通常武曲財星是不喜歡有火星煞星來戕害的，恐有劫財之虞。因此在這一組有夫妻宮和官祿宮相照組成的『武火貪』雙重暴發運、偏財運裡，雖然會有暴發運的績效，但是『武火』同宮，得到的好處或錢財並不會很多。因為武曲被火星所劫之故。

有『武曲和火星』在夫妻宮的人，其情人也是外表長得不高、較矮、聲音大，脾氣剛直火爆，對人不假以顏色，不會巴結、討好別人，人際關係上十分不和諧，與人也不合作，是個很難相處的人。情人之間也常有火爆場面，必須有一方到外地工作，聚少離多，感情可延續。

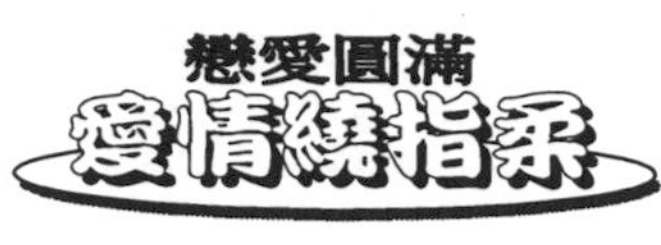

鈴星在夫妻宮的戀愛智商

有鈴星出現在夫妻宮時，在其本人的內心深層的感情和情緒世界裡，也是衝動的、火爆的，但是他與火星有顯著的不同，它更具有陰險狠毒的內在情緒層次。它是多計謀，能夠暫時隱忍，等待時機再爆發出

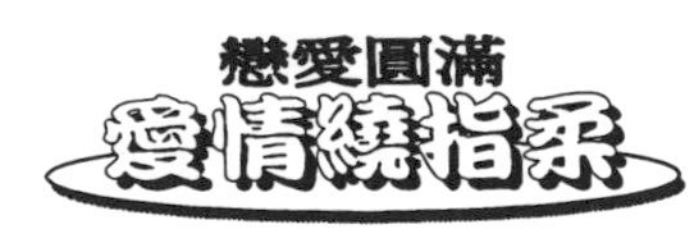

來，並具有強烈報復主義感情思想。

當然，有鈴星在夫妻宮時，也會找到具有上述特質的情人或配偶。有一些陰險狡猾，吃了虧會報復，會先做好策劃再報復人。並且也會具有天性比較聰明、好大喜功、愛表現自己、行為大膽，常有怪點子，做一些別人所不敢做，又能引人注意的事情。

情人或配偶的外型有點怪(單星坐夫妻宮時比較怪。鈴星和吉星同宮時較看不出來，鈴星和煞星同宮時，怪的方向偏向兇狠惡毒)，他們是較瘦型，頭髮乾燥像稻草般，帶紅色或黃色。臉頰露骨，有菱有角，眼睛目光閃爍不定，動作靈敏，速度快，對科技或技藝有特殊快速的學習能力。他的臉上有紅紅的類似青春痘治不好，一大塊一大塊紅紅爛爛的痕跡。每當他們臉上紅紅爛爛的痕跡氾濫時，也就是脾氣暴烈最厲害的時候，誰招惹他，就會遭受嚴重的報復，就連情人或伴侶之間也是會以報

復的心態來對待的。

有吉星和鈴星同宮在夫妻宮中，情人所具有的鈴星惡質會隱藏起來，較看不出來。**例如有『太陽居旺和鈴星同宮在夫妻宮』**，或『紫府和鈴星同宮在夫妻宮』，會看到情人或配偶的聰明、靈巧、機智，有些急躁，對戀愛運的影響不大。而有兇星和鈴星同宮在夫妻宮，情人的惡質性格就表現的很透，例如有『巨門、鈴星』在夫妻宮，情人及配偶是厲害、陰險、善於鬥爭的角色，戀愛運就不算好了。另外，有『鈴星和廉貪』同在夫妻宮或相照夫妻宮，雖然會有暴發運，但層次較低，暴發的錢財較是小規模的財運，但戀愛運依然算是不佳的。

彼此感情好時一拍即合，感情不好時，情人雙方或夫妻雙方會用最卑劣的手法相互對待。

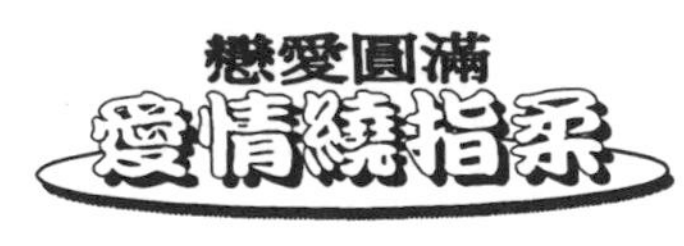

地劫在夫妻宮的戀愛智商

當地劫進入夫妻宮時，你內在深層的感情思想情緒是極端不穩定的狀態，常常會被外來的事物、別人的傳聞所影響，讓你對自己的感情付出對象沒有信心。因此你常常想放棄或結束感情。有『地劫』在夫妻宮中的人，在內在感情中有某種程度的孤僻和灰色思想，不想和人合作或投入感情。倘若地劫和吉星同在夫妻宮，如和『紫府』、『紫貪』等同在夫妻宮，會晚婚，但還好，仍然可以結婚，只要自己不放棄，對戀愛運的影響是不大的。

當『地劫』和『破軍』、『七殺』、『天機陷落』、『太陰陷落』、『天梁陷落』同宮時，就沒有什麼戀愛運可言了。因為很可能會遁入空門，青燈長伴過一生了。倘若沒有入空門的人，也會孤獨終身。而會遁入空門的人，以『夫、遷、福』三個宮位中有地劫、天空的人，都有機會形成。

天空在夫妻宮的戀愛智商

當天空星進入夫妻宮時，你內在深層的感情世界和情緒波動裡常出現空茫的現象。而且會任由這些空茫現象自由發展。在你內心中非常不積極，對很多事情常想放棄，當然對戀愛也不例外。有天空星在夫妻宮的人，不會受外來影響而改變自己的想法，在他的思想中本來就空空如野，沒什麼好計較、好留戀的。因此這種命格的人是真正心地清朗、較光明磊落的人。但是這非常不利於戀愛運，也會對戀愛採取放棄手段，沒辦法完成美滿的人生任務。

當『天空星』和吉星，如『陽梁』、『紫府』、『紫貪』、『紫微』、『太陽居旺』等星同宮在夫妻宮時，對戀愛運的影響還不大，也會戀愛和結婚，情人或配偶間感情也不錯，只是稍為會愈變愈冷，漸趨冷淡。倘若『天空』和『破軍』、『七殺』、『廉破』等星同宮，或『天空星』出現在『夫、遷、福』三個宮位之一時，都會有不談戀愛及不婚現象。有的人會入空門，有的人會孤寡一生。

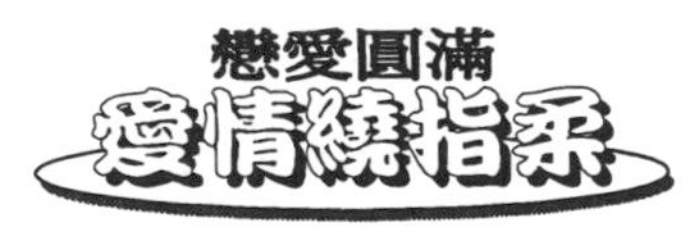

第四章　如何選戀愛對象？

許多人在戀愛到一定程度時要算命、算戀愛運。在即將結婚前，父母輩的人，仍會把男女雙方的八字送去『合八字』，看看彼此的婚姻運是不是相合、幸福？這往往會遭到接受現代教育的青年男女們激烈的抗議和反抗。

合婚的制度，從古至今都是以雙方出生的年、月、日、時所組成的十字標（八字）做為一個基礎，而以雙方八字所呈現的星圖在三合宮位中呈現吉兆，而為較吉、相合的戀愛及婚姻。這當然包括了男女雙方在

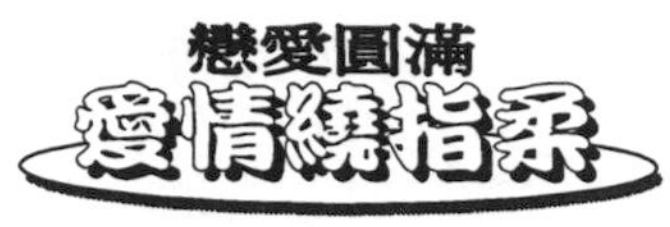

性格上的相合程度。

現在已是以科技為主流，將進入二十一世紀的時代了。一切以科學的、合理的、實證為主。因此我們在現今談論為青年男女們選擇戀愛對象及合婚，就不能不用紫微命理中『對每個人性格所做的精密的分析』做為一個主要的工具，將雙方性格相合、價值觀相合、思想模式、速度快慢、聰敏、愚笨的速度感等等，做一個多方面的全然考量。經過這些考量之後，因為夫妻雙方在性格上彼此相合，生活會較圓融快樂。這比尋找雙方的生肖相合度或八字中的卯、亥、未。寅、午、戌。巳、酉、丑，來尋找三合、六合等條件的合婚法，要來得科學多了。

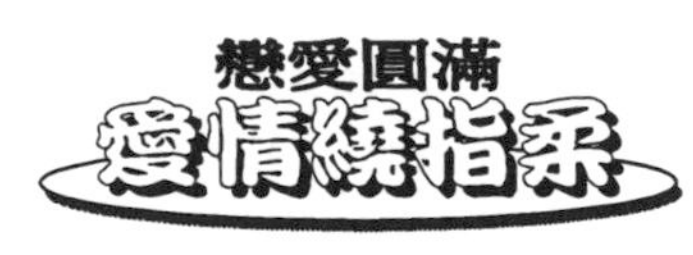

這套紫微命理的合婚法，是以每個『當事人的命宮主星』做一個基本的合婚基礎。並不是以每個人的夫妻宮的星曜為準的，這必須請讀者特別注意，不要弄錯了。

因為夫妻宮雖然記載了情人伴侶的資訊，但條件是間接的。倘若我們直接由當事人命宮觀察瞭解到他的容貌、性格、心性的喜惡、思想的模式、才能，以及將來可能發展，或者是有沒有先天家族性疾病等等，豈不是更對他們未來的伴侶生活有保障嗎？因此這套合婚速配表，我是以命宮主星來為各位排列作參考的。希望此表對未婚情人的人有用，對已婚的人也有用。看看你的情人及配偶是否是在你婚姻大吉的得利條件之下最速配的人？另外此表亦所提供各位讀友做為選擇朋友之用，以命宮相合的人，較能成為知交密友，較不會有背叛的情事發生，大家可以參考印證看看。

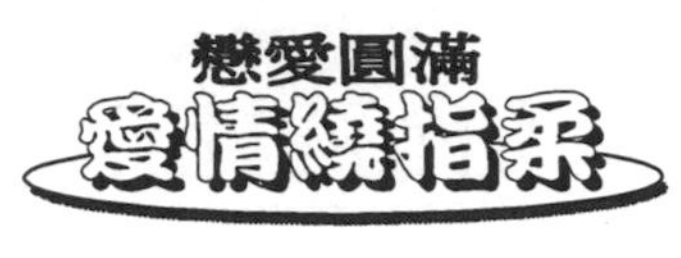

命宮合婚速配表

以男女雙方命宮主星為主，來進行速配戀愛及合婚

※大吉：表示速配率高，會戀愛及婚姻幸福。

※吉　：表示也很速配，會幸福。

※可　：表示可戀愛、婚配，有平凡的戀情及婚姻。

※凶　：會彼此相剋，戀情不幸福。

命宮合婚速配表

羊陀	昌曲	火鈴	破軍	七殺	天梁	天相	巨門	貪狼	太陰	天府	廉貞	天同	武曲	太陽	天機	紫微	命宮男／命宮女
凶	大吉	凶	可	吉	吉	大吉	可	凶	吉	大吉	可	大吉	可	吉	吉	凶	紫微
凶	吉	凶	凶	可	大吉	可	凶	凶	可	吉	可	吉	吉	吉	凶	吉	天機
凶	吉	可	可	凶	吉	吉	凶	可	吉	吉	可	大吉	吉	凶	吉	吉	太陽
凶	可	可	凶	吉	吉	大吉	可	大吉	可	大吉	可	吉	凶	吉	吉	可	武曲
可	吉	凶	可	可	可	吉	凶	凶	可	吉	可	凶	吉	大吉	吉	大吉	天同
凶	可	凶	凶	大吉	吉	凶	凶	凶	凶	大吉	凶	可	可	可	可	可	廉貞
可	吉	可	可	可	吉	吉	可	吉	吉	凶	大吉	吉	大吉	吉	吉	大吉	天府
可	吉	凶	可	可	吉	吉	可	凶	凶	吉	凶	可	可	吉	可	吉	太陰
凶	吉	凶	凶	凶	可	可	凶	凶	凶	吉	凶	凶	大吉	可	凶	凶	貪狼
凶	可	凶	凶	凶	可	可	凶	凶	可	可	凶	凶	可	凶	凶	可	巨門
可	大吉	可	大吉	可	吉	凶	可	可	吉	吉	凶	吉	大吉	吉	可	大吉	天相
凶	大吉	凶	吉	可	凶	吉	可	可	吉	吉	吉	可	吉	吉	大吉	吉	天梁
凶	吉	凶	凶	凶	可	可	凶	凶	可	可	大吉	可	吉	可	可	吉	七殺
凶	可	凶	凶	凶	吉	大吉	凶	凶	可	凶	凶	可	凶	可	凶	可	破軍
凶	可	凶	凶	凶	凶	可	凶	凶	凶	可	凶	凶	可	可	凶	凶	火鈴
可	凶	可	可	吉	大吉	大吉	可	吉	吉	吉	可	吉	可	吉	吉	大吉	昌曲
凶	可	凶	凶	凶	凶	可	凶	凶	可	可	凶	可	凶	凶	凶	凶	羊陀

算命智慧王

法雲居士⊙著

《算命智慧王》一書的內容主要是將算命此行業的業務內容做一規範作用，好讓銷費者與卜命業者共同有一可遵循的模式，由此便能減少紛爭。世界上愛算命的人口多，但只喜歡聽對自己有利之事，也只喜歡聽論命者說自己是富貴命，常有命相師會投其所好而斷之，等到事情沒有應驗而又怨之。此書讓大家了解算命該怎麼算？去問問題該問些什麼？究竟命理師該告訴你些什麼呢？如果算命結果不如你願時還要不要再繼續找人算呢？有關算命的問題都在這本書中會找到答案。

暴發智慧王

法雲居士⊙著

大家都希望自己很聰明，大家也都希望自己有暴發運。實際上，有暴發運的人在暴發錢財的時間點上，也真正擁有了超高的智慧，是常人所不及的。

這本『暴發智慧王』，就是在分析暴發運創造了那些成功人士？暴發運如何創造財富？如何在關鍵點扭轉乾坤？

人可能光有暴發運而沒有智慧嗎？

如何才能做一個真正的『暴發智慧王』？

法雲老師用簡單明確、真實的案例詳細解釋給你聽！

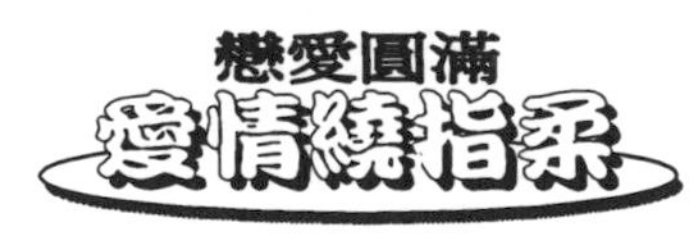

第五章　名人與偶像的戀愛智商

第一節　名人們的戀愛智商有多少

名人及偶像的戀愛事件近年因狗仔隊的跟拍，常常會上社會版的頭條。當然，也會有一些有心之士，會利用和名人或偶像的緋聞事件來抬高自己的身價及提高知名度。因此，常讓我們這些新聞觀眾看得一頭霧水。許多花名在外的名人和偶像，常常變換愛情伴侶。有的名人偶像，想談一場戀愛都談不成，戀情常見光死，而致想結婚都十分困難。**名人與偶像的戀愛智商到底有多高？**讓我們一起來看看，下列名人與偶像的戀愛走向吧！

近來，因為英國的威廉王子將要大婚的消息，他們這一對又成為新的『世紀戀人』，為世界上二十一世紀崇信羅曼蒂克戀史的善男信女們又有了新的超級新星偶像及指標。

上一個世紀，二十世紀裡，有他的父母扮演的『世紀戀人』，但以變調的、生離死別、令人唏噓的故事結尾。

那威廉王子的愛情智商夠不夠解決他這一代的戀愛情事？他會不會受到祝福而幸福？會不會步上他父母的後塵？這種種的分析讓我慢慢道來。

命理上，凡事都是有『因果』關係的，一個人為什麼出生？為什麼

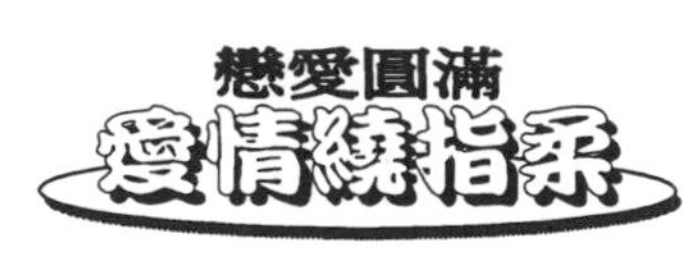

生在這個時間點？為什麼不生在別的時間點？當然都是有原因的！這個『人』，他的父母是誰？家族中的狀況是怎樣的？以及當時他的出生狀況。當時家庭及家族氣氛如何，也會影響出生者的命格。

還有，人在出生時，已然已註定此人的戀愛、婚姻幸福與否了。但後天還是可以有所轉變。這就要靠當事人明智的選擇情人、配偶，以及後天的修養教育是否會處理自己的感情，也就是後天教育所形成的戀愛智商了。『戀愛智商』本來是先天就有的，但也能經由後天的教育、修養而成。這就是現今人常常在說的要『修』了。是修養品性、德行的意思。

現在我們先從威廉王子的爸媽那裡談起：

英國查理王子是一九四八年出生的人，當時正是二次大戰剛結束的時候，英國百業待興，一九五二年母親繼承王位，得到封號，英女王伊

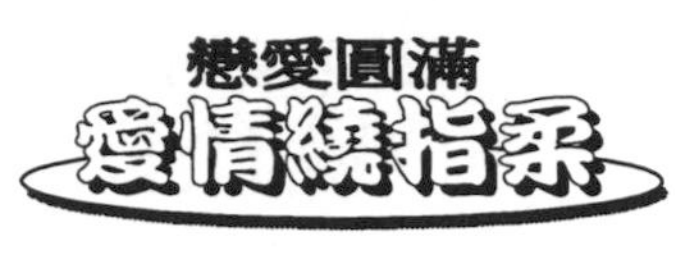

莉莎白二世也想為英國做一些事，但當時首相為鐵血首相邱吉爾，因此除了做精神領袖，無從打拼起，因此生了命格是『七殺、天空』坐命寅宮，對宮有『紫微、天府、地劫』相照命宮的查理王子。這是順應時代、順應當時英女王的處境所生之子。

我在很多書上都講過，凡是『命、遷』二宮在寅、申宮有『天空、地劫』相對照的人，要早點結婚，有了家累，比較會打拼。但也必須娶對人。

二十世紀一場有幾十億人口觀看的世紀婚禮，當初不知羨煞了多少人，英國查理王子和黛安娜王妃的戀情，少說也為英國賺進了上百億英鎊數值進帳。可謂對英國貢獻不小。但後來的發展，相愛容易相處難，最後卻形成英國史上王室離婚的醜聞，以及生離死別。真讓全世界的『黛迷』哭倒在南牆下。現在我們以命理的角度來分析這段『世紀戀情』崩離頹敗的原因。當然，這很嚴酷的會探及人類心靈的內在世界。這其中，或許有使你不敢相信的內幕故事，也或許有使你驚訝意外的人性弱點的闡述，但請讀者以命理專業及客觀的態度來看待以下的分析。

查理王子的命格，乍看起來不錯，其夫妻宮為『廉貞、天相』。如果是一般人的話，都會有能幫他料理事務，在生活上能幫忙的妻子。但是查理王子因是戊子年生人，官祿宮有『破軍、擎羊』的關係，『夫、官』二宮形成『刑囚夾印』格，這不但是工作上鬥爭多，又多做些處理破爛事，或常忙得很，但無事做得成的現象。命宮的『七殺、天空』，和遷移宮的『紫府、地劫』，會形成他自己腦袋空空，常輕率看事情，以及喜歡外表漂亮、美麗、不實際，而看不清內在真實問題所在。同時他也是不真正用力在打拼，喜歡說空話，只重應付表面文章。同時又是『外貌協會』的人，只重外貌，不重內涵，但婚後，又要求要把自己的心要找一處避風港來安靜的擺放。這就是他為何在33歲才結婚，在朋友的舞會上認識黛安娜，隨後舉行『世紀婚禮』，但無法維持婚姻的真正原因。在大運上，他在『太陽、祿存』的大運結婚。其名聲也至高峰。但在四十二歲至五十一歲走『破軍、擎羊』大運，運甚不佳，幾乎有受傷、凶死的可能。自然這十年家中的紛爭、婚姻的爭鬥很凶，他真正是在四十八歲離婚。四十九歲黛安娜王妃車禍身亡。隨後十年他走『天機化忌、鈴星』的大運，因此一直處在被世人責難的衰運之中。

到二〇一〇年時，查理王子以脫離衰運，進入『紫府、地劫』的大運之中。因此和舊愛卡蜜拉的戀情公開，得到王室的承認、及結婚。但是同時此『刑囚夾印』格局始終存在於『夫、官』二宮。對於查理王子的再次婚姻是否有影響？我想還是會不和的。但是因為卡蜜拉是離過婚的女人，破過一次了，對查理王子這種命格的人來說，要是早一點娶離

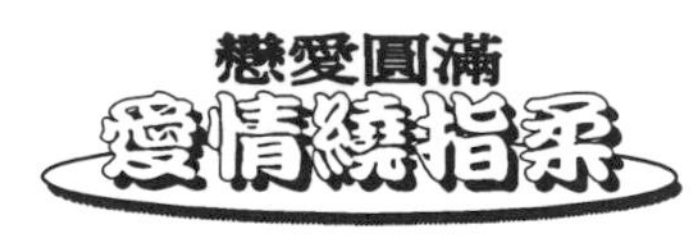

過婚的人，也許會好一點。但仍不能保證婚姻幸福。因為這正是查理王子本身性格上的問題缺點會被欺負，受欺後再反彈，又反彈太過所引起的風波吧！

另外，一般七殺坐命的人，雖然夫妻宮都有一顆天相星，戀愛也平和順利，又能有相幫忙的情人、伴侶為偶。但是他們常需要把心靈放在一個安全、私密的所在，因此常會尋找靈魂伴侶(Soul mate)，很多人都會有秘密戀人，或婚外情。有些人隱密的好，其妻及朋友不知道罷了。

權祿科
殺破狼
紫廉武

英國查理王子 命盤

田宅宮 天馬 祿存 太陽 32－41 丁巳	官祿宮 天刑 擎羊 破軍 42－51 戊午	僕役宮 鈴星 天鉞 天機化忌 52－61 己未	遷移宮 地劫 天府 紫微 <身宮> 62－71 庚申
福德宮 陀羅 武曲 22－31 丙辰	1948年11月14日酉時		疾厄宮 太陰化權 辛酉
父母宮 紅鸞 天同 12－21 乙卯	辛 癸 癸 戊 酉 卯 亥 子		財帛宮 天姚 貪狼化祿 壬戌
命宮 天空 七殺 2－11 甲寅	兄弟宮 文曲 文昌 右弼化科 左輔 天梁 乙丑	夫妻宮 天相 廉貞 甲子	子女宮 火星 巨門 癸亥

我們再來看看黛安娜王妃的命理格局。黛安娜王妃是『紫微、天相、擎羊』坐命戌宮的人。其遷移宮為破軍。其人本命即為『刑印』格局。這一方面正應了查理王子的夫妻宮。這另一方面是證明，她本身長相好，但本命有刑剋。

其夫妻宮為『貪狼、陀羅』，和官祿宮的『廉貞、文昌化忌』，又形成『廉貪陀』帶化忌的『風流彩杖』格帶化忌，這就十分嚴重了！

因為夫妻宮一方面代表你會找到的配偶是：有色情、劈腿等外遇、品行不佳現象的人。一方面也代表你本人的內心世界也會有這種糾纏不清的愛慾觀念，時時會影響你去做情慾愛情之事。並以情慾之事為重，但又是糊塗不清，亂搞男女關係的狀態。

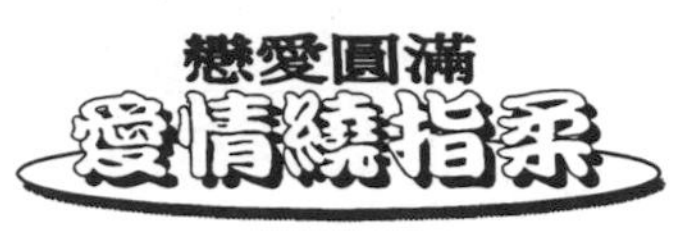

黛安娜王妃的夫妻宮是『貪狼、陀羅、左輔、天馬』這代表她一直並不瞭解情人和配偶。有陀羅就是也一直用很笨的方法不去瞭解，只是自以為是的抱怨、痛恨，有左輔是『雙倍、變本加厲』施行以上的手法。有『天馬』是配偶能對她有幫助，使她地位上昇。又因為她本命宮中有擎羊，凡是命宮中有擎羊星的人，皆愛報復別人、小心眼、斤斤計較。更何況，查理王子是影響她一生命運的人。因此夫妻感情不好，就無以復加的報復。終於把自己送上死亡之路，而且死的那麼慘。這真是最笨最笨的戀愛智商了！但是這家人的命運，始終糾結在一起，他們的子女的戀愛運還會悲慘嗎？這要專看威廉王子與哈利王子自己本身的命格了。

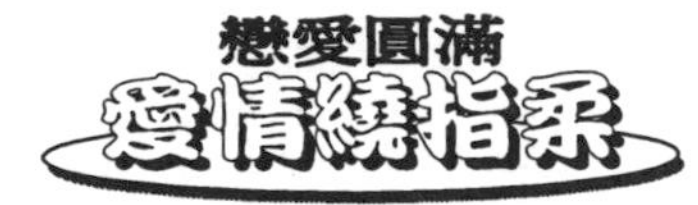

英國黛安娜王妃 命盤

疾厄宮	財帛宮	子女宮	夫妻宮
天同 天姚 癸巳	武曲 天府 鈴星 右弼 陰煞 甲午	太陽化權 太陰 地劫 乙未	貪狼 陀羅 左輔 天馬 丙申
遷移宮 破軍 壬辰	1961年7月1日		**兄弟宮** 天機 巨門化祿 祿存 丁酉
僕役宮 天空 辛卯			**命　宮** 紫微 天相 擎羊 戊戌
官祿宮 廉貞 文昌化忌 天鉞 台輔 <身宮> 43－52 庚寅	**田宅宮** 天刑 33－42 辛丑	**福德宮** 七殺 文曲化科 庚子	**父母宮** 天梁 火星 己亥

威廉王子是『天機、天梁化祿、陀羅』坐命戌宮的人。哈利王子為『天相、火星』坐命的人。

威廉王子的本命中有『天梁化祿』，是包袱，要幫父母輩的刑剋、悲傷做復健、慰療作用。在我的『紫微命裡—子女教育篇』的書中，指出每個人來到這世界上，都是賦帶、背負任務和意義的。就像威廉王子的命格所背負的任務，就是來復健他父母及家族在英國子民心中的痛。也復健自己家族內在的痛的人。因此他不必有大作為，只需要帥就可以好好活著了。

威廉王子的夫妻宮為『太陽、巨門、左輔化科』，官祿宮為『文昌陷落』。這和他所找到的戀人凱特的臉貌、性格很像。『機梁』坐命的人話多，又自以為是。很喜歡講話，又喜歡別人有好的回應。凱特正符合此條件。他喜歡心地寬宏，有如太陽般陽光的女子，好像又會幫助別人的

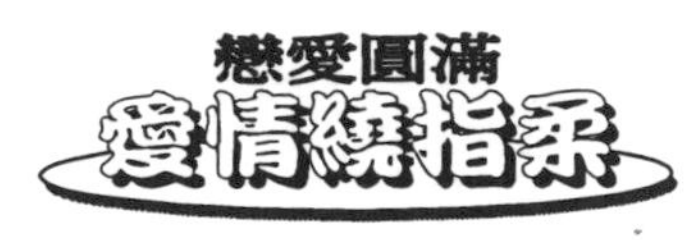

情人。再加上威廉王子的財帛宮也不佳，為『同陰居陷、右弼』，表示常財窮，希望有女性貴人相助。凱特是富家女，這個條件也合，因此她會被中選為王妃。

另外，凱特小姐的命格是『空宮坐命』未宮，對宮有『太陽化權、太陰』相照，看起來命格也不錯，但其人的夫妻宮為『天梁陷落、地劫、天空』。其八字上年、日又有辰酉合局的桃花格局。未來王室的醜聞可能繼續上演。

大家會很奇怪，英女王伊莉莎白二世自己本身的戀愛運、婚姻運很好，為什麼她子女的戀愛、婚姻運如此不堪？也許她自己也想知道這個原因吧？

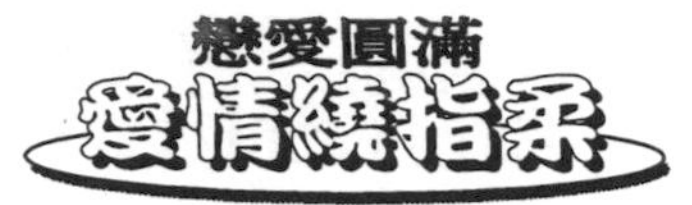

英國威廉王子 命盤

<table>
<tr>
<td>疾厄宮
天府
天鉞
紅鸞
乙巳</td>
<td>財帛宮
天同
太陰
右弼
丙午</td>
<td>子女宮
武曲化忌
貪狼
地劫
丁未</td>
<td>夫妻宮
太陽
巨門
左輔化科
戊申</td>
</tr>
<tr>
<td>遷移宮
甲辰</td>
<td colspan="2" rowspan="2">1982年6月21日</td>
<td>兄弟宮
天相
火星
己酉</td>
</tr>
<tr>
<td>僕役宮
廉貞
破軍
天空
54 － 63
癸卯</td>
<td>命　宮
天機
天梁化祿
陀羅
4 － 13
庚戌</td>
</tr>
<tr>
<td>官祿宮
文昌
台輔
<身宮>
44 － 53
壬寅</td>
<td>田宅宮
34 － 43
癸丑</td>
<td>福德宮
擎羊
文曲
24 － 33
壬子</td>
<td>父母宮
紫微化權
七殺
祿存
鈴星
14 － 23
辛亥</td>
</tr>
</table>

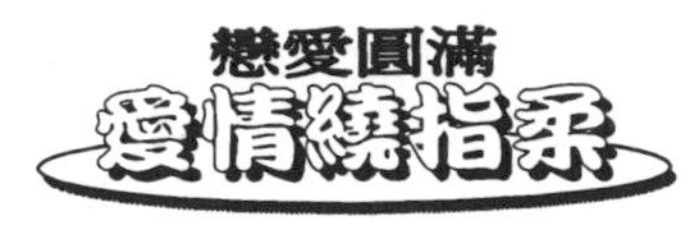

英女王伊莉莎白二世的命格是『武殺』坐命卯宮的人。其夫妻宮是『天相居廟』。表示配偶是個為人合情合理、公道的人，也會為她幫助處理事情，是個老好人。英王夫菲利浦公爵放棄瑞典王位繼承，與英女王結婚，不可謂之犧牲不大。伊莉莎白早就知道她將繼承王位在做準備，但在懷孕查理王子時期，大概因太幸福、快樂，因此頭腦空空，故而生下這麼一個戀愛運、婚姻運不佳的王子出來。而讓一代不如一代，這可能是她一直努力拼命，又喜歡享福、愛面子的人，所始料未及的吧！

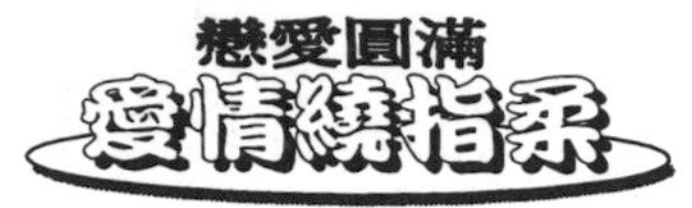

英女王 伊莉莎白二世 命盤

福德宮 祿存 文曲 <身宮> 癸巳	田宅宮 天機化權 擎羊 左輔 甲午	官祿宮 紫微 破軍 乙未	僕役宮 右弼 丙申
父母宮 太陽 陀羅 鈴星 壬辰	1926年4月21日丑時 丁丑 庚辰 壬辰 丙寅		遷移宮 天府 文昌化科 天鉞 丁酉
命宮 武曲 七殺 辛卯			疾厄宮 太陰 天空 戊戌
兄弟宮 天同化祿 天梁 火星 庚寅	夫妻宮 天相 紅鸞 寡宿 辛丑	子女宮 巨門 地劫 庚子	財帛宮 廉貞化忌 貪狼 天魁 天刑 己亥

第二節　偶像們的感情智商有多少

偶像、明星、歌星一向是眾人眼光追逐的焦點，許多緋聞故事填滿了影劇版的版面，當然！大家也想知道，到底他們的戀愛觀好不好？到底他們的戀愛智商有多高了。下面是為你解盤的三個最頂尖的藝人的愛情智商有多高？但你不要嚇一跳喲！

偶像張惠妹的愛情路

張惠妹(阿妹)小姐是空宮坐命寅宮，有**『太陽、火星』相照的命格**。所以她一直有熱情、健談、陽光般的笑容，嗓門也不小。她曾接受美國

CNN 電視台的專訪與時代雜誌亞洲封面。為什麼一個台灣卑南族的原住民歌手，會有這麼大的成就呢？只要你會看了她的八字就會知道原因為何了。

阿妹是日主為壬申的人。八字是壬子、戊申、壬申、丙午。因為又有壬水出干，支上又子申合水局。本身日主『壬申』就是生生不息之水。又加上支上子申兩會水局，真是聲勢浩大。有戊土『一夫當關』，萬夫莫敵。『假煞為權』，能有極高的權位，自然也會有極高的成就。這是他人所無法比擬的。

阿妹的夫妻宮為『擎羊』，對宮有『同陰』相照。表示其人的情人或配偶為瘦型、中型體型，但較陰險、會想得很多。夫妻宮也代表其人內在的感情模式，有擎羊時，會凡事多煎熬，想得多，拿不定主意，最後情人就跑掉了。同時她也會挑剔情人，注重小節，她需要極其溫柔，及

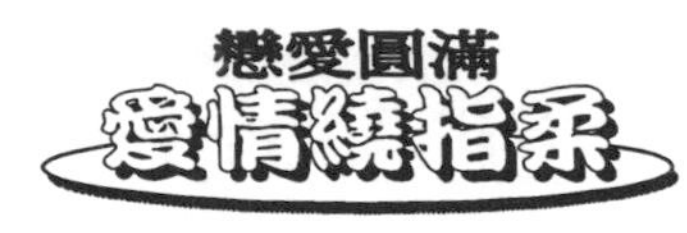

有女性溫柔特質的情人與配偶。近年來，我們看到阿妹過去的戀情，你會發覺沒有一人有此條件的，當然戀愛無法修成正果了。

同時藝人要談戀愛，挑選情人，也常礙於名氣太大，而無法有特別的機緣。當然，夫妻宮有『擎羊』，為一刑剋，也會不利婚姻及戀情的緣份了。只要運逢土年，還是會有戀愛修成正果的機會的。

張惠妹小姐 命盤

田宅宮 天府 地劫 天空 乙巳	官祿宮 天同 太陰 丙午	僕役宮 武曲化忌 貪狼 74－83 丁未	遷移宮 太陽 巨門 火星 64－73 戊申
福德宮 文昌 鈴星 右弼 甲辰	1972年8月9日		疾厄宮 天相 54－63 己酉
父母宮 廉貞 破軍 天刑 天魁 癸卯			財帛宮 天機 天梁化祿 陀羅 文曲 左輔化科 44－53 戊戌
命宮 4－13 壬寅	兄弟宮 14－23 癸丑	夫妻宮 擎羊 台輔 24－33 壬子	子女宮 紫微化權 七殺 祿存 34－43 辛亥

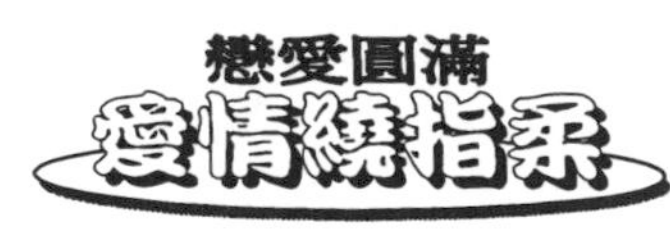

偶像周杰倫的愛情路

藝人偶像周杰倫是『天府、火星』坐命未宮的人。其遷移宮為『廉貞、七殺』。表示他的性格有時保守，有時又開朗。因身宮落在命宮，故常自以為是，自我主見深，不容別人改變。其人也是八字不錯，紫微命理你也許看不出什麼端倪。況且他還有『鈴貪格』暴發運格。每逢卯、酉年會爆發。但因其人為十二月所生之人，真正會感受到爆發運，通常會到晚一年的時候才感受到。因此他在二〇〇〇年的年底才出了他第一張個人專輯。並在二〇〇二年至二〇〇六年內連續五年獲得香港 IFPI 流行榜國語歌曲最高銷量的大獎，以及香港叱吒樂壇流行榜最喜愛歌曲的大獎。

周杰倫的樂風很獨特，源自於命宮有火星的原故，會對音樂和流行感特別喜愛。二〇一一年，進軍好萊塢的『青蜂俠』把他推向國際舞台。

周杰倫的緋聞不算少，但最後會無疾而終，因此不用他擔心，雖然他多次出來澄清一些感情問題，其實有點多此一舉。因為過不久都會沉息。這原因就是在於其夫妻宮是『武破、祿存、天空、地劫』。其實他很難結婚。因為其人的內在感情模式是根本沒想到感情、戀愛這檔事。在他的內心中，從不曾對誰特別喜愛或不喜愛的。在他的觀念中，只有母親和外婆最偉大，其他女人絲毫對他沒反應。因此，那些要想攀附周董搭緋聞便車的小藝人真是白費心機了。

尤其目前又是周董走『紫微、貪狼化祿、鈴星』的『鈴貪格』暴發運的大運時刻，你覺得他還會有時間和心情來和別人玩戀愛遊戲嗎？因為這正是個做大事、衝向人生高峰的大運呀！

周杰倫先生 命盤

夫妻宮	兄弟宮	命宮	父母宮
武曲 破軍 祿存 地劫 天空 丁巳	太陽 擎羊 戊午	天府 火星 <身宮> 6－15 己未	天機化忌 太陰化權 16－25 庚申
子女宮 天同 陀羅 文昌 丙辰	1979年1月18日		**福德宮** 紫微 貪狼化祿 鈴星 26－35 辛酉
財帛宮 左輔 乙卯			**田宅宮** 巨門 文曲 36－45 壬戌
疾厄宮 － 甲寅	**遷移宮** 廉貞 七殺 天魁 乙丑	**僕役宮** 天梁 甲子	**官祿宮** 天相 右弼化科 天馬 癸亥

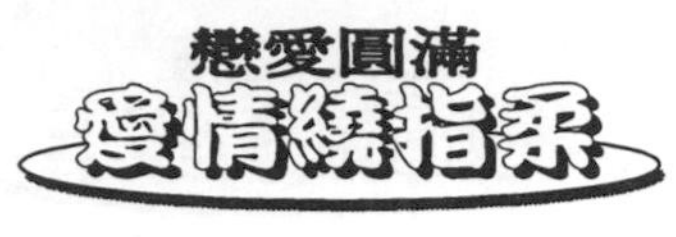

台灣第一名模林志玲的愛情路

名模、藝人林志玲是一九七四年生的人，命宮有『太陰居廟、地劫、天空』。因此她的臉上常有朦朧如月亮的柔美。也因此，日人以『月之戀人』的電視劇來形容她。

林志玲小姐的愛情，坊間有許多揣測，但我們可以來看看她的夫妻宮，便可知道她已到了三十七歲，為何還不婚的原因了。她的夫妻宮是空宮，有官祿宮的『太陽化忌、天梁、擎羊、鈴星』相照。這表示男人對她的照顧都是不合她需要的、對她較凶、較陽剛的，而且也會對她不利的。會使她害怕的。因為生於甲年，則必有太陽化忌在命盤上，又剛好在官祿宮，會相照夫妻宮。二〇〇五年(酉年)墜馬受傷也正是走空宮運、有卯宮相照的『太陽化忌、天梁、擎羊、鈴星』運、『羊忌相逢』，

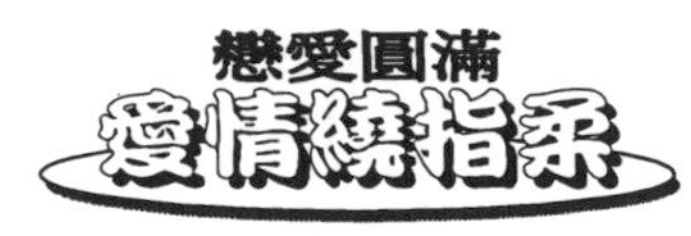

份外凶惡。還好有天梁的解救。

目前林志玲的大運在『破軍化權』運，還會繼續打拼賺錢，未必會結婚，因為即便勉強結婚也未必幸福。還好的是：她對自己和周遭的事情始終會用化骨綿掌來推托躲避，因此只要美美的就好了，決無大礙。

林志玲小姐 命盤

遷移宮 天機 66－75 己巳	疾厄宮 紫微 56－65 庚午	財帛宮 天鉞 46－55 辛未	子女宮 破軍化權 36－45 壬申
僕役宮 七殺 文曲 戊辰	1974年11月29日		夫妻宮 26－35 癸酉
官祿宮 太陽化忌 天梁 擎羊 鈴星 丁卯			兄弟宮 廉貞化祿 天府 文昌 天姚 16－25 甲戌
田宅宮 武曲化科 天相 祿存 丙寅	福德宮 天同 巨門 右弼 左輔 丁丑	父母宮 貪狼 丙子	命　宮 太陰 地劫 天空 6－15 乙亥

第六章　戀愛與性能力相互關係

很多人都認為桃花星就是代表性能力的星。那麼在戀愛運中代表性能力的星曜，就肯定是所有的桃花星了。

其實不然！所謂桃花星，是泛指愛美、愛現、愛炫耀、愛招蜂引蝶，行為輕浮，有流蕩性質、愛撒嬌、不實在、虛偽、做表面工作、假意友好的星，屬之。就像天姚、沐浴、咸池等星是桃花星，只是邪淫不正派，具挑逗能力而已、性能力卻不是最強的。而真正代表性能力的星曜在命理中，又適用在戀愛運的範圍裡，其實不多。試將其一一解釋。

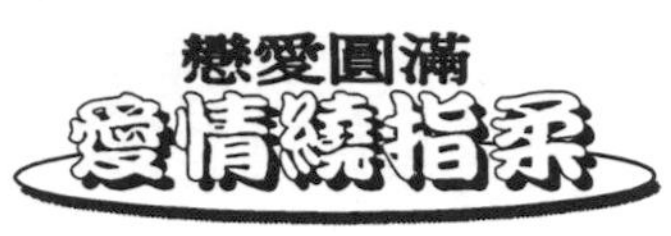

太陽星

太陽星代表男性、雄性。代表父、夫、子。一脈相承的男性，主腦，重要的身體上的部份，代表頭和心臟也代表能源。**因此有太陽在命宮、夫妻宮、子女宮、官祿宮、田宅宮、福德宮出現的人，都會是精力充沛、性能力強的人。**

太陰星

太陰指的是月亮，在命理學裡它是戀愛之星。同時月亮又影響著地球上潮汐的升降，也影響時序的運作。從科學上，現代人已瞭解月亮的圓缺和潮汐的關連，也和人類的性能力有關連。**因此只要是太陰出現在**

人的命宮、夫妻宮、子女宮、官祿宮、田宅宮、福德宮，而必須居旺的，就會擁有較強的性能力。

廉貞星

廉貞是桃花星，帶邪氣，亦暗指風月場所。廉貞亦與血液有關。血液是人生命賴以維生的重要物質。因此精血旺盛的人，性能力就強。只要在命宮、夫妻宮、子女宮、官祿宮、田宅宮、福德宮有廉貞居旺出現的人，就是性能力強的人。

貪狼星

貪狼星也是桃花星，但它的速度快，貪狼有貪心、貪念的意思。這顯著和別的星不一樣，它必須是居平陷之位時，速度會放慢，才具有性能力。而別的星是必須居旺才會性能力較強，這是不一樣的。我們看紫貪在一起時是性能力強的。廉貪在一起時是性能力強的。貪狼單星時多半居旺，速度快，反而注意力不在此了。因此只有紫貪在一起，和廉貪在一起是有性能力較強的趨勢。其他貪狼單星時是普通的人緣桃花。另一方面也要看八字的強弱而知『性能力』的強弱。

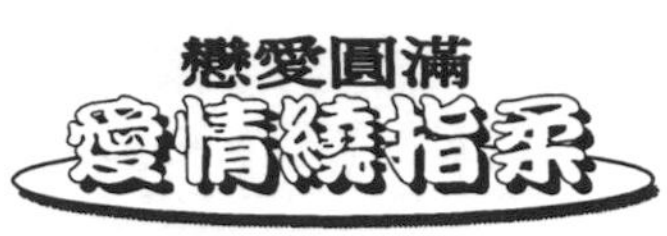

紫微星

紫微星雖然是帝王星，但它的桃花重、性能力也強。只要紫微在命宮、夫妻宮、子女宮、官祿宮、田宅宮、福德宮出現，其人就會是個『性能力』豐沛的人。美國總統柯林頓的誹聞案，就是源自他是紫微坐命的人，也屬於『性能力』強的人。

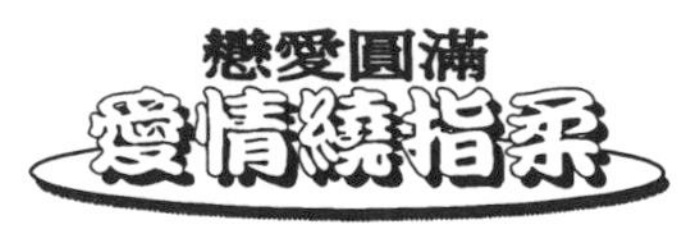

文昌星、文曲星

文昌、文曲在福德宮中出現，為『玉袖添香』的格局，一般命理上以此命格為好吃懶做、吃軟飯、靠別人養活生存的命格。其實那只是一種生存方式而已，並不能說他們就是具有強勢『性能力』的人。

許多『文昌』、『文曲』在命宮、夫妻宮、子女宮、官祿宮、田宅宮、福德宮的人，我們只可以說他是洞悉人性原始的一面，而利用情色用來討好陷媚自己的情人及配偶，以為生存之道，最多只能稱其為好淫，但他絕對不是『性能力』強的人。

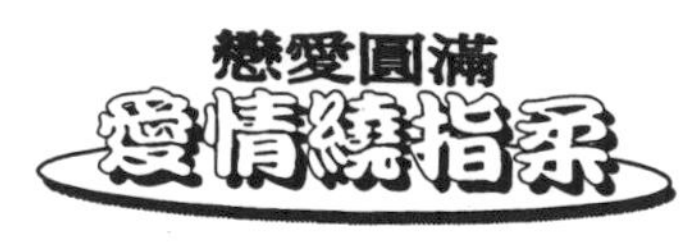

第七章　會改變人生命運的愛情機運

夫妻宮、遷移宮、福德宮就是簡稱的『夫、遷、福』這個三合宮位。三個宮位彼此呈六十度的角度彼此鼎立著，因此是在吉位上。故『夫、遷、福』形成三合，三個宮位相互間有很大的影響力。

『夫、遷、福』會具有影響力的另一個原因是這三個宮位自己本身所內含的意義。例如夫妻宮代表的是人內在深邃的偏執的性向和思想。而遷移宮是會影響人的外在環境。福德宮是人一生中可以享受到的福份。這三個宮位的意義加起來，就成為『人有什麼樣的想法、思想，就會進入什麼樣的環境。自然就決定你會享受到的福份了。』這個意義用在戀愛運上，也是很明顯的。也就是『你是怎麼想，就會在什麼樣的環境下認識哪種人，然後戀愛運的好壞就自己承受了。』所以任何有關戀愛運的問題，我們『自己』這個人，還是在根本上具有主控地位的人，很多自認戀愛運不好的人，就可以藉由自省來改善戀愛運了。

普通在『夫、遷、福』三個宮位中都沒有出現煞星，也沒有出現化忌、羊陀的命理格局，就會擁有極美的戀愛運。但是擁有這種好運的人實在太少了，太崇高了。

實際上，只要夫妻宮沒有廉貪、廉破、廉殺、武殺等星加擎羊、化忌，就不算太壞的伴侶運了。至於那些夫妻宮中有破軍、擎羊或七殺、擎羊的人，還不一定會分手、離婚呢！因此也不算太壞的戀愛運了。

『夫、遷、福』三合宮位對婚姻運的影響，其實是影響到戀愛的環境問題。從『形成』戀愛的環境到『結束』戀愛的環境，它都有包括。

有地劫、天空兩個星全在『夫、遷、福』三合宮位中的人，會不容易戀愛及結婚。尤其是一個星在夫妻宮，一個星在福德宮。他們是周圍有很多有條件的對象出現，但是仍是陰錯陽差的錯過了。**而遷移宮中有『劫空』時**，就沒有機會出現合適的對象了。這種人同時也是桃花太少的人，人緣上也有些問題。

有擎羊星在『夫、遷、福』中的人，全都是勞心勞力的人。他們花費了很多的腦力來東想西想，因此傷害了自己的福德，其實是造成自我刑剋，是非常不智的事情。但卻有太多的人是屬於這樣命格的人，這也是自己摧毀了自己的幸福。

有擎羊星在夫妻宮的人，是心思縝密，喜歡暗中偵查別人行動，是一個處心積慮探測別人感情深度的人。而他們的情人也是一個有超級精明力，能策劃，能嚴格、兇悍地實踐、報復和有制約行動的人。情侶雙方都是計較尖銳的典型。擎羊星的特性就是碰到尖銳、兇悍、厲害的，它就更尖銳、更兇悍、更厲害。一定要比它更兇、更悍，這是因為擎羊星有『比較的特性』之故。倘若擎羊星碰到柔軟、軟趴趴的天同星，它就沒轍了，因為極陽剛碰到極柔，只好放下武器，降服了。因此有擎羊星在夫妻宮，情人又是尖銳難纏的人，唯有長期的以柔克剛可改善婚姻運。

『夫、遷、福』中若有陀羅、火星、鈴星，雖然對戀愛好像沒有立即剋害的影響。但若此三星都在這個三合宮位中，又恰逢『殺、破、狼』格局的話，仍是不妙的戀愛運。會因出現桃色糾紛而很快的分手或離婚。也會出現有家庭暴力的戀愛運。

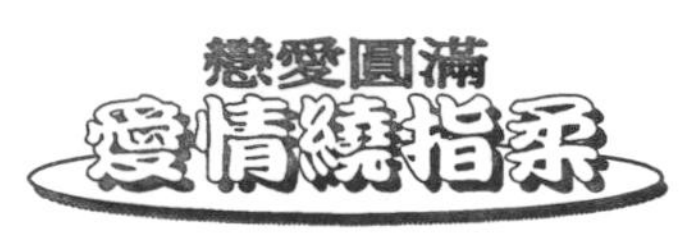

人生有四大主軸，命理學將之規劃成為：①『命、財、官』是生命資源的能力。②『夫、遷、福』是感情、思想，精神上的資源能力。③『兄、疾、田』是儲存資源的能力。④『父、子、僕』是遺傳、傳承及助力上的資源能力。我們可以看到前兩者最重要。主導了人一生活動、生存的持續。事實上，錢財的追求和感情的追求就使人一生都充斥在裡面了，很多人根本沒有餘力再去想其他的事。

感情思想既然影響每個人的人生，戀愛運會影響人生波動，也就是必然現象了。戀愛運影響家庭中每一個份子，所造成的人生波動不僅僅是某一個人的。爭執的情侶雙方會受影響，家人也會受到影響，因此戀愛運的問題一下子就牽連了好多人，故而每一個人在雖然是屬於自己的戀愛問題中，也不能不慎重。

夫妻宮中有化忌星的人，雖然會和情人有磨擦、是非，而且情人不

太聰明、惹你討厭，但這只是某一個時段上的問題。當你的運氣行經有化忌的夫妻宮，你就特別討厭情人，想和他吵架，只要過了這個時間和日子，你依然可和他平和相處的很愉快，戀愛運依然是美滿的狀態，而不見得會分手或離婚。也不見得感情一定不好。只要不是『羊陀夾忌』的惡格，就沒有關係。

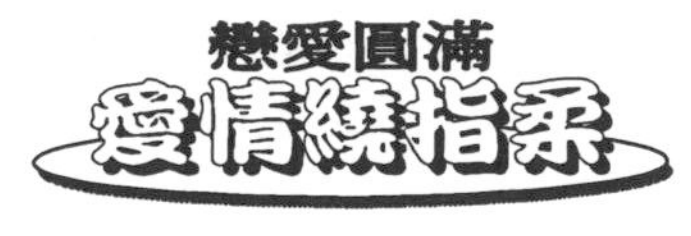

第八章　愛情和工作有關的戀情模式

夫妻宮不好，會影響到事業運是大家都知道的事情。但是影響有多大？有多不好？就沒有人能抓得準了。現在我就來分析這個問題。

很多人都對『化煞為權』的命格有興趣，並且也希望借由『化煞為權』來增進自己的事業運。但是『化煞為權』的命格是指命宮或影響命宮相照命宮的遷移宮裡有擎羊和七殺星時，才會具有的命格。若為夫妻宮和官祿宮中有擎羊星和七殺星時，是不能稱做『化煞為權』的命格

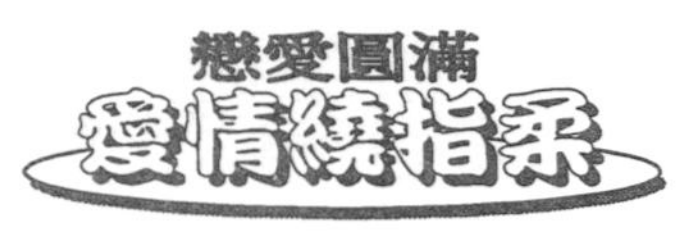

的。同時也不具有『化煞為權』的強勢主導能力的特性。除命、遷二宮之外，其他宮位也是一樣不能『化煞為權』的。

前面已經說過，夫妻宮中有擎羊和七殺星，是因自己本身性格中有愛多想、愛計較，對自身思想、觀念上有磨難，是具有自我刑剋的色彩，兼而要求別人、苛求別人，同時也具有了刑剋他人的色彩。這種方式和本命中有『化煞為權』命格的思想方式和層面都不一樣。因此不能相提並論。有『化煞為權』命格的人，是有謀略，有超強意志力，能冒險犯難不怕苦，拼著性命也要把事情做成功的人。而其他宮位有擎羊星和七殺星的人在天生的努力上就不會那麼足夠。而且還會受到這兩個煞星在命程或身體受傷等的傷害，因此有很大的不同。

紫微命理中，夫妻宮和官祿宮是對照的，也是對沖的宮位。因此夫妻宮有擎羊星和其他的煞星存在，也就直接對沖官祿宮。

官祿宮中若有擎羊和煞星，表示其事業的環境和形態是尖銳爭鬥性強的工作形態。普通有擎羊和陀羅在官祿宮中，其人會做軍警業，要不然就是做與刀劍、血光、死亡有關，在生死邊緣與死神搏鬥，具有艱難任務形態的工作。例如外科醫生、兵工廠、槍炮彈藥製造者、救難人員、喪葬人員等等。這些工作也都屬於專業技術，是一般命格溫和、柔弱的人所做不來的。當然若是本命中有羊陀火鈴的人做上述的工作，那是更好更適合的了！這樣才不會被血光和死屍嚇到，也才能完成任務。也因此真正能救人、幫助人的人，命格也必須要強勢才行。很多事情並不是你想做便做得了的。

夫妻宮中有任何煞星存在，其實都是對事業運造成傷害的。這主要是因為煞星在夫妻宮，會對自己的感情和情緒造成不穩定的影響，反而不利於事業上的發展。

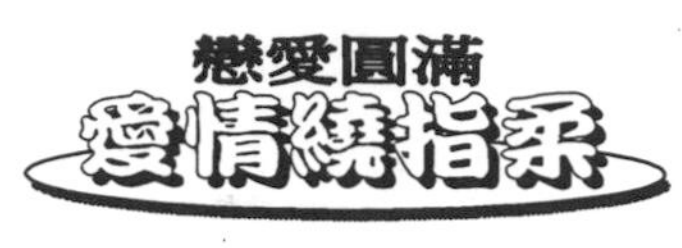

例如：英國查理王子的官祿宮是『破軍、擎羊』。他也讀過軍校，從軍職服役一段時間。但是官祿宮的擎羊還是刑剋到了夫妻宮，與夫妻宮的『廉貞、天相』，形成『刑囚夾印』的格局，而危害了他的戀愛運、婚姻運。雖然有了世紀婚禮的全世界的祝福，但最終以類似醜聞的生離死別收場。查理王子也因這樣的官祿宮，做了六十多年的王子，也無法繼承王位。這就是『刑印格局』的無奈吧！

又例如：

擎羊星在夫妻宮

有擎羊星在夫妻宮，官祿宮有吉星居旺的人。其人常會發現剋制自己的是情人及配偶，也可能會是異性。他會處心積慮地防止他們進入他

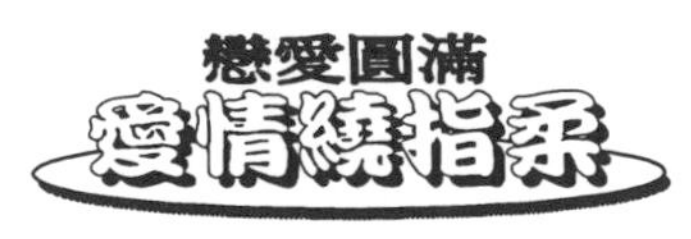

的事業領域，他也會因想得太多，反而有優柔寡斷的情形出現。就像馬英九先生的夫妻宮是『擎羊』，官祿宮是『陽梁』就會有這種情形出現。

有擎羊星在夫妻宮和吉星一同出現，而官祿宮中有陷落之星的人，會因為自己囉嗦計較，凡事瑣碎，想得太多，不且實際，結果根本找不到合適的情人或配偶來幫忙他自己，不是談不成戀愛、晚婚就是不婚，根本無法成家立業。

有擎羊星和吉星在夫妻宮中，官祿宮業是吉星居旺的人，此時擎羊星必須是居旺的，對事業運的殺傷力較小一點。若擎羊星居陷的人，仍然是因思想和情感、情緒的導向，在人生上的抉擇方面不夠明快，而失去很多的好機會。

陀羅星在夫妻宮

有陀羅星在夫妻宮時，會代表其人在思想及感情層次是太慢一點、太笨拙一點的人，他們不善於表達，愛在心裡做文章，但是別人不知道。有陀羅、火星、鈴星，對婚姻運都不會有太大的影響，彼此還能正常的生活，只是會發覺自己和情人都有各自固執的一面，彼此是可以容忍的。但是它們對事業運都會產生影響。

夫妻宮有陀羅星的時候，有時候會因一時的疏忽，而在工作上出錯，或是失去了好機會。這種現象是常常發生的。

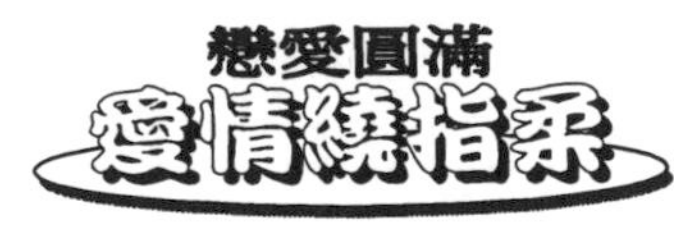

火星、鈴星在夫妻宮

夫妻宮有火星、鈴星的人，是性格衝動暴躁，做事沒有耐性的人，當然會直接影響到事業運，他會常常心裡悶，想要將自己心中的火噴出。有時候也會有與石俱焚的念頭。這在夫妻宮中有火星、鈴星居陷時最明顯。有這樣情緒衝動而無法剋制的人，在工作上遇到無法解決的難題時，他就無法承受了，自然也就無法進步，提升職務的層次了。因此會影響到事業運。

你的財怎麼賺

身宮命主身主

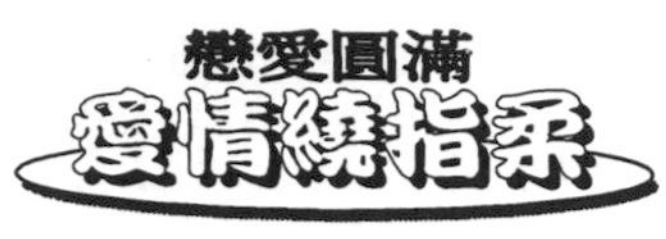

化忌星在夫妻宮

夫妻宮有化忌星時，當然自己在感情上都是有不足的感覺和不順暢的感覺的。其人在思想上、情緒表達上也會有障礙。化忌星因所跟隨的主星，表達出其人的內心思想上及情緒上是對那方面的事情感到不足和不順。**有武曲化忌在夫妻宮的人**，就常對金錢方面感到不足和不順。**有太陽化忌在夫妻宮的人**，就對和男性、陽性的相處關係以及對事業前途感到不足和不順。**有太陰化忌在夫妻宮的人**，就對感情的需求和女人、陰性的相處關係，以及對金錢和存錢能力感到不足與不順。**有廉貞化忌在夫妻宮的人**，就對政治、陰險性的事務，以及男女關係感到不足和不順。**有巨門化忌在夫妻宮的人**，就對口舌是非和吃東西，以及挑剔和疑神疑鬼的心態感到不足和不順。**有天機化忌在夫妻宮的人**，就對自己的

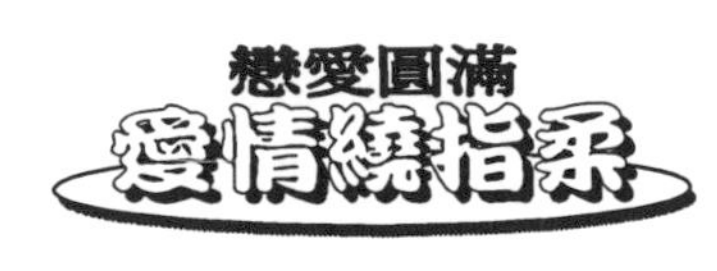

聰明才智和外界的機運變化感到不足和不順。**有文昌化忌在夫妻宮的人**，就對自己的精明度、計算能力、外表和文學修養感到不足或不順。**有貪狼化忌在夫妻宮的人**，就對自己的人緣、異性緣，好運機會及做事的速度感而感到不足和不順。**有文曲化忌在夫妻宮的人**，就會對自己的說話用辭，以及講話時機、和才藝、外表、人緣機會感到不足和不順。諸如此類。上述這些問題，實在是也同時會影響到個人的智力、工作能力的效果是不是會打折扣的問題。因此它影響事業運是在根本能力的問題上做出影響的。

戀愛運和工作種類有關

戀愛運也會影響到選擇工作事業的類別。例如貪狼坐命的人，夫妻宮都有一顆天府星，而官祿宮都是七殺。這表示他們在心態上很喜歡舒

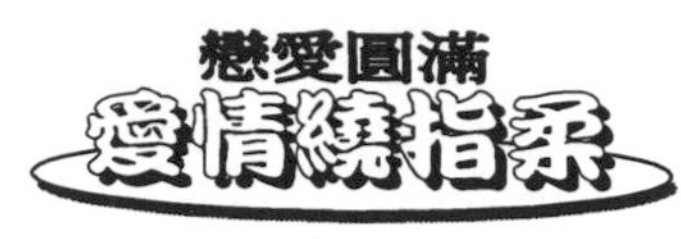

服穩定的享福，但工作場所又是爭鬥性比較強的地方。於是能幹一點的人，進入高層次的政治圈明爭暗鬥去了，於是地位高，有財富。次一點的人，做軍警人員，有固定薪水，但工作形態仍然是明爭暗鬥的形態。某一些貪狼坐命的人沒有做軍警人員。但是你只要用心觀察，他們仍是在競爭激烈的場所工作，卻能獲得財富和某些時段的輕鬆享福。例如吳伯雄先生是貪狼坐命辰宮的人，夫妻宮是紫府，官祿宮是七殺，歷任官職，政壇起伏，競爭性很強烈。又如歌星張學友也是武貪坐命的人，在歌壇競爭上也很強烈。我曾算過命的一位朋友，也是武貪坐命而加權祿在命宮的朋友，是以股市操盤作手為職業，這也是競爭很激烈的工作。

另外像夫妻宮有七殺星的人，競爭心比較強烈，做事肯埋頭苦幹，痛下決心，因此事業會比較有成就。像紫微坐命的人，官祿宮是『廉府』。武曲坐命的人，官祿宮是『紫府』。廉貞坐命的人，官祿宮是『武府』。這些人的夫妻宮都是『七殺居旺』。

夫妻宮有破軍星的人，打拼奮鬥的力量很強，但是破耗，看事情看不準的能力也很強，兩相抵消，因此他們在工作上只是尋求平順、安定而已。其人的官祿宮中都會有一顆天相星。破耗多一點的人是能力差一點的人，官祿宮的天相福星就會陷落。事業運也會較低。

夫妻宮有貪狼的人，為人都較『好貪』。這時要看他『貪的是什麼？』如果貪的是色利，其人在事業工作上成就就很差，職位會很低，例如天相坐命丑、未宮的人。如果其人貪的是聲名成就和工作績效，其人的事業運就會較高，例如武相坐命的人，官祿宮是紫微星。

此外，像夫妻宮與官祿宮中都是溫和的星，像天同、太陰、天相等等，則其人在事業工作上的競爭力是比較差的，他們比較會做公務員、薪水階級的工作，按步就班的過日子。

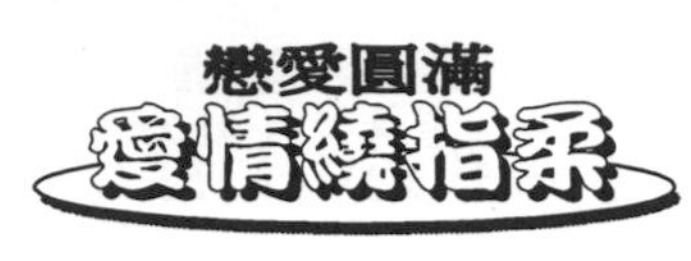

又如夫妻宮是溫和的星曜，而官祿宮是煞星，他的工作類別就是非常辛苦、需要打拼，但心態上時常會懶惰一下。就像紫殺坐命的人，夫妻宮是天相陷落，而官祿宮是廉破，打拼力量還是有限的。

會不會有夫妻宮和官祿宮的星曜皆屬強悍的星曜呢？會有，那就是紫相坐命的人，和破軍坐命辰、戌宮的人，和廉相坐命的人，及破軍坐命子、午宮的人。這些人的夫妻宮和官祿宮中不是貪狼和廉貞，就是貪狼和武曲，全都是非常強勢的命格。當然他們在事業上也會得到情人或配偶帶的好運而鼎力相助了。

人的感情趨向會影響思想，思想又主宰了人決定事情的方法，因此夫妻宮所代表感情的浮動，實際上根本主宰了人的靈魂，掌握了人的喜怒哀樂，那它會影響人工作事業運就是必然的事了。

第九章　『戀愛圓滿』的小撇步

要利用流年、流月運程來增進戀愛運，很多人都認為：『情侶嘛！連絡感情最好是要用有桃花星在的流年、流月裡，來增進情侶感情是最好的！』這話好像沒錯，但我卻不這麼認為！

我們都知道帶有桃花意味的星曜，全部有浮蕩、愛現、愛時髦、愛新鮮感、善變的因素，倘若你選擇了這個桃花年份、月份，做為夫妻和好的時間。結果到那個月，你的周圍又出現了第三者，讓你左顧右盼，不知如何選擇？並且有桃花的月份、年份，交際應酬很忙碌，人緣較好，你會沒有時間也沒有心情來做增加戀愛運的事情了。

因此要用流年、流月來增加戀愛運，最好的就是要用福星（天同、天相）居旺，財星（武曲、太陰、天府）居旺，運星（太陽、天梁、天機、紫微）居旺等的時間來進行。當然要找到最準確的時間就是流月和流日及流時都具備的時間了。（請注意：要找吉運時間，是以自己的命盤為主的。）

在吉運的流月中，有福星是天同、天相居旺的日子、時辰，你和情人溝通時，他是非常溫和、講理的。就算你們之間有天大的不愉快，在那一天，對方都比較心平氣和懶得和你計較。不過在這其中，**有天同居旺的日子和時辰，**對方是懶得和你囉嗦計較的。**而有天相居旺的日子和時辰，**對方卻會平和的和你算帳算的很清楚。因為天相就是有原則、講規矩，做事很有方法，很勤勞又一板一眼的福星。因此你沒萬全的準備

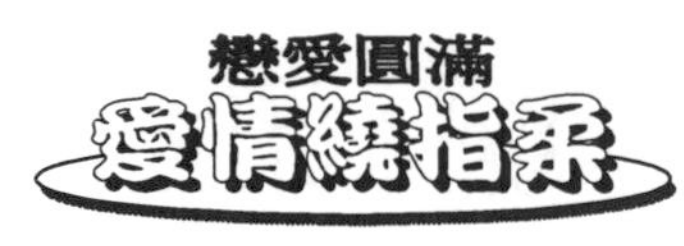

是會碰一鼻子灰的。

在流月、流日財星居旺的日子、時辰中，以太陰居旺時，是最有人情味，最多情的時刻了。而太陰也具有一些桃花的成份，但是太陰有陰晴不定、善變、多愁善感的特質，因此要把握住『用情』的特點，要會哄人，才能發揮效益。

在利用天府星的流運時間中，因天府星有愛嘮叨、碎嘴愛唸的習慣，不但你個人在這個時間會出現這個壞習慣，同時要溝通的對方也是同樣具有這個習慣。整個說起來，就是你在那個天府的時間所遇到的環境就是愛嘮叨，很會計較，錙銖必較的一個環境，但若容忍了這個環境，一切事情就會很順利。並且你在那個天府的時刻裡，你一定會做這個容忍的明智決定。

在利用武曲居旺的流運中，似乎武曲星是比較剛硬，不講情面的。

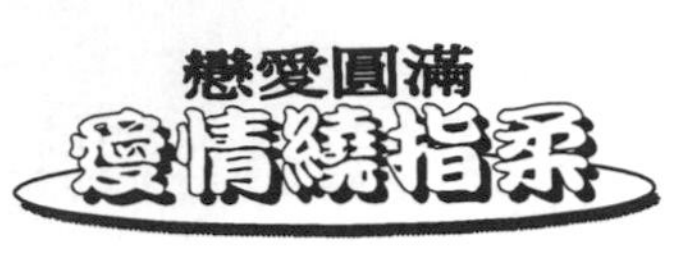

但是武曲財星居旺有財呀！花點小錢就可圓融情侶間彼此的關係，或者是自己會在這個武曲居旺的時刻得到錢財，何樂而不為？所以說在流運是武曲財星時，一定是和錢財有關的人、事、物的事情會發生。在溝通戀愛運時，有關財物問題的歧見，在這時候來談是可以得到令自己滿意的結果的。

在流月、流日的時間中，有運星居旺的時間，也是可以利用來增進戀愛運的時間。例如說用紫微的時間，紫微是萬事呈祥的時間。只要在紫微所在的時間內，是吉祥、平和，事情容易成功的。如果有『紫微化權』，那就更好了。一切事物就操之在你的手中萬事呈祥了。

有一回，在討論利用時間的問題時，有一位年輕的女士有點羞赧地說：『我的先生很有重情趣，我每次利用晚上在床上和他討論事情，他沒有不答應的。』

我依稀記得她的夫妻宮是武曲化忌、天相。夫妻關係會這麼和諧嗎？我有點懷疑的拿起她的命盤一看：喔！原來是子宮有紫微化權。不禁好笑了起來，對她說：『晚上十一點至凌晨一點，你不和他在床上也可任意要求，他也是答應的。因為你有紫微化權做護身符嘛！』

太陽居旺的時間也是好時間，這時候你的心情開朗、放鬆、寬大，不會為雞毛蒜皮的小事生氣。非常寬懷博愛，肯聽人訴苦，會以明亮開朗的心鼓勵別人，別人受了你的影響，都會快樂起來。因此太陽居旺的時間用來增進情侶關係，你就會更包容，有更寬闊的肩膀讓情人倚靠，你就是愛情裡面的小巨人。有的時候，我們也可以變換自己的角色一下，有時候做個小男人，有時候做個小女人。堅強的人常常軟弱一下；軟弱的人，有時也堅強一下，在愛情和婚姻關係中會出現很多的潤滑劑，在太陽居旺的時間，自己很快樂，也讓伴侶及家人快樂一下，家庭就會擁有更多的凝聚力量了。

天梁單星居旺的時間，也是好時間，你會在這個時間內心中有慈愛心、憐憫心、心腸較軟，常有想照顧別人，幫忙別人，仗義直言、拔刀相助的衝動心。在這個時間內，你對軟性的、女性的、柔弱的，弱小的人和事都會伸手援助。因此只要你的情人發出細微的哀怨的眼神，或是輕哼一聲，你就會奮不顧身的投身報效了。因為天梁有寬大慈愛、想展開羽翼護衛情人的心，對方也會感應到你心裡蓄發的情感愛意，自然也會有好的回應。因此天梁單星居旺也是個增進戀愛運的好時間。

不過，你要特別注意的是『天梁單星居旺』這幾個字。因為雙星時，同梁、機梁都不算是太好的時間，陽梁居卯宮的是好時間，代表卯時，以及流日、流月行經卯宮。陽梁在酉宮時，就不算很好的時間了，因為太陽居平、天梁只在得地之位，運氣就不夠好了。

『同梁』在戀愛運中不算是很好的時間，是因為它在申宮或寅宮出現，總是有一個星會居於平陷之位。並且同梁所代表的特質是具有自大並且頑固的心態，並不會傾聽別人的需要，只是一味頑固的用自己的方式對人家好，但有可能不被接受。**同梁在寅宮時**，代表在『寅時』這個時間和流月、流日運行寅宮時，你會很忙碌，有虛應故事之嫌，因此在增進夫妻感情時，有點虛偽，得不到對方的信賴。**而同梁在申宮時**，代表在『申時』和流年、流月運行申宮時，你是懶惰的，不想改變的，因為天梁居陷，你對情人也不想付出照顧和好意，對方當然感覺得出你心態懶洋洋的詭異，這是根本無法增進戀愛運的了。

另外機梁在增進夫妻雙方感情中，也不算是個好時間。因為天梁雖居廟，天機卻居平。代表在『辰時』和『戌時』這兩個時辰，和流月、流日運行辰宮或戌宮時，你有油滑的，只是用嘴巴說好聽的話，故作聽

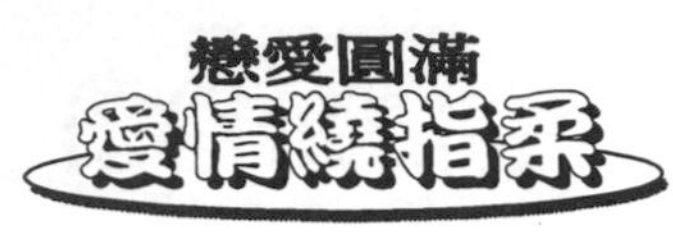

明的想對情人好，內心卻不夠真誠。也不想去想些能表示出真心誠意的點子出來，讓情人能心悅誠服。當然你這種油滑閃爍的態度是讓對方反感的囉！因此反而是戀愛運的阻礙，而不能增進戀愛運。

其實在上述這些正派的星曜之外，尚有一些有點爭議性質的星曜時間，也是可以利用在增加戀愛運方面的。有時候效果也不錯。例如：

天機居旺的時間，會使感情、運氣產生一些變化。有向上、向好的方面變化的特質。倘若你和情人嘔氣、吵架了，用天機居旺的時間、時辰，來逗他笑一笑，或是講些軟性的話，也會有轉機，化險為夷的增進戀愛運。不過天機居旺的時間是比較少的。你一定要在自己的命盤中找到在子宮或午宮有天機居廟才行（這是紫微在丑、紫微在未命盤格式的人）。還有在寅宮有機陰也是可以用的。天機雖居得地之位，剛合格，也屬於居旺的層次了。同宮的太陰居廟，因此機陰在寅宮的時間也可用，多哄哄人，是可以增進情侶感情的好時間的。倘若再有天機居旺化權，那你肯定的擁有改變氣氛，使氣氛融洽的手腕和本領了。

破軍居旺的時間，有些爭議性。很多人會認為它有破壞性、消耗性，因此覺得它在戀愛運上是不吉的時間。可是我有另一種看法。**破軍的特質中有衝動，不顧死活去努力，不怕危險，不懼失敗的特性**。並且它還有一種別人沒有的特性，也就是大膽放肆、敢做敢為，不顧別人嘲笑看不起的眼光，和死皮賴臉，為達目的不擇手斷的特性。因此用在增進戀愛運中，它往往能打破對方的矜持，胡攪蠻纏的把對方纏住，再死皮賴臉的低聲下氣，不達目的，死不甘休。事情往往會成功。很多做業務員推銷工作的人，便是用這套方法打開了市場，得到工作佳績。其實在戀愛生活中，只要能達到圓融的目標，似乎在伴侶雙方誰尊誰卑，並不是那麼的重要。快樂的生活，少生氣、少惹是非口舌，多為對方著想，就是完美的戀愛運了。是不必太重形式的。因此我覺得破軍的時間也可用。至於某些人覺得破軍有破耗的特性，那就乾脆送情人一件大禮物，『五子登科』是個好主意！房子、車子、銀子、戒子（鑽石戒指）、兒子，這五樣東西都不錯，反正轉來轉去還在自己的家裡，又不會流落在外。所以『破軍居旺』的時間花點錢財，也可增加戀愛運的圓滿效果，何樂而不為呢？倘若有破軍化權的時間，再加點小禮物，那是更超級圓滿的啦！

廉貞居廟旺的時間，也有利於婚姻運。廉貞是桃花星，有好色的特性，也有暗中計劃籌謀，讓事情成功的優點。用廉貞居廟的時間（命盤格式是『紫微在辰』、『紫微在戌』的人才用得著），也就是在寅時或申時，好好計劃一下，投情人所好，並且要留出溫存的時間，兩相配合，才能增進戀愛運。

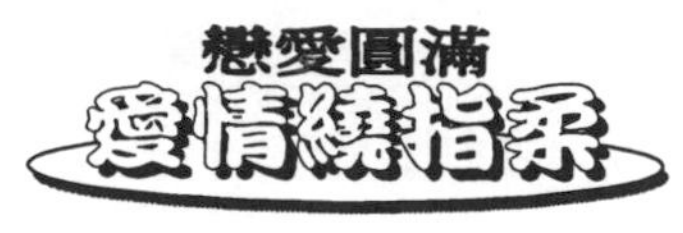

第十章　戀愛圓滿——愛情繞指柔

在我寫這本『戀愛圓滿——愛情繞指柔』的時候，是感觸良多的。算了幾十年的命，閱人無數，也看了形形色色的戀愛形式。每一種都不一樣。有的人性格溫和、脾氣好、個性好、正派、做事負責任，卻擁有不倫不類的情人。有的人性個浮蕩，脾氣壞，自私自利，予取予求，卻擁有容忍、任勞任怨的情人。這好像很不公平。對於一個旁觀者來說，都常覺得老天爺好像把眼睛閉了起來，已經失去天理了。

倘若我們能從命理的角度上來分析，抽絲剝繭，這些問題也能迎刃

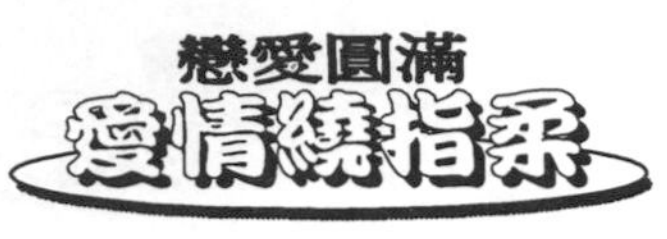

而解了。就像天府坐命的人，本身是個好好先生、好好小姐，性格好，講正義，又會做事，為家裡付出很多，但是他們的戀愛運都不太好，都有破軍這顆星，常常會有多角戀愛、劈腿、多次分手及離婚、再婚的問題發生。

每個人的人生都有一『破』

倘若你長期的研究命理，你就會發現很多問題。就像是每個人的人生都有一『破』。有的人『破』在財帛宮，賺得多卻存不住，錢財如過眼雲煙，這是命宮中有『貪狼』的人、武貪坐命的人，財帛宮是『廉破』，破得更厲害。有的人『破』在遷移宮，就像天相坐命的人，出生時的環境與生活時的環境都不算好，破破爛爛、紛擾很多，不是家中沒錢，就是家中有離婚破碎的環境。有時候父母輩和自己這一輩的婚姻都不好。天相是印星，是善福之星，他就是上天派下來收拾殘局的人。因

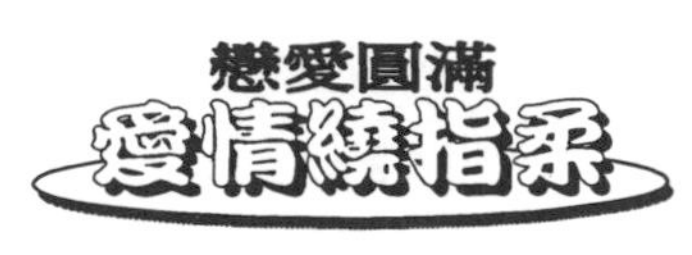

此他們具有溫和、會調停、會整理整齊，使之有次序，讓一切回歸原來的秩序與規律的特殊本領。像現在台灣大地震災變之後，就非常需要有天相坐命的人出來領導重整，任勞任怨的做事，一切才會平靜快速的完成。大嘴唇厚的巨門坐命、破軍坐命、天梁坐命的人，交友都是不行的，他們人生中的『破』，都『破』在朋友宮，對於用人方面的問題都有瑕疵，根本找不到好幫手來幫忙做事，只會愈弄愈糟，花了很多的錢，自己也搞得更頭大，仍然是一片混亂。

每個人的一生都有一『破』，更有人『破』在父母宮，會有不良的父母，小時候就把他遺棄或送與他人，也有人『破』在兄弟宮、子女宮、福德宮、夫妻宮的，當然也就形成了各自的命運。要看自己一生的命運破在哪裡，除了尋找破軍所在的宮位，還要檢查擎羊、化忌所在的宮位，看哪一個對你人生的傷害最嚴重而定。

在每個人的人生中，除了做事的能力，有成就的能力之外，相伴我

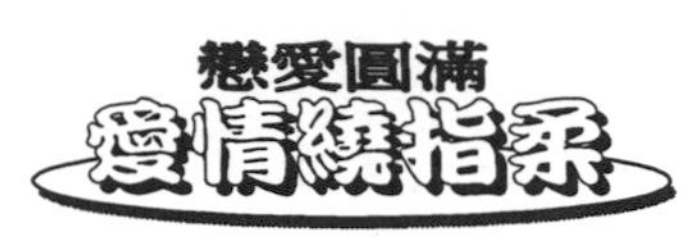

們一生，影響我們最大的就是感情問題了。這也是我寫這本『戀愛圓滿—愛情繞指柔』，最主要分析的主題。我們若先瞭解了自身內心世界的情緒走向，自己內心世界的情感歸依，再找尋合適的對象，進駐我們的心房，便不容易發生感情不順、家庭不和，影響自己精神情緒，打擊自己一生命運的事情了。

所有的感情不順，婚姻不幸福的人，在檢視自己人生總檢查時，都會發現在自己的人生中有半壁江山是倒塌的。要怎樣扶傾救危，是必須靠自己，別人是幫不了忙的。這些人是必須比其他的人要更花精神做自我檢討，和認真、仔細、小心地選擇情人及配偶的。要寧缺勿爛，而不是趕快抓一隻浮木，來做自己感情的依靠、支撐。若運氣又不好，豈不是又落入感情不順的輪迴之中？在常常檢視自己的戀愛觀之後，有效的改善自己的情緒與施放愛情訊息，能得到有繞指柔的戀情及戀愛圓滿的結果是垂手可得的事了。

對你有影響的

上、下冊

法雲居士⊙著

每一個人的命盤中都有七殺、破軍、貪狼三顆星，在每一個人的命盤格中也都有『殺、破、狼』格局，『殺、破、狼』是人生打拼奮鬥的力量，同時也是人生運氣循環起伏的一種規律性的波動。在你命格中『殺、破、狼』格局的好壞，會決定你人生的成就，也會決定你人生的順利度。

『殺、破、狼』格局既是人生活動的軌跡，也是命運上下起伏的規律性波動。

但在人生的感情世界中更是一種親疏憂喜的現象。它的變化是既能創造屬於你的新世界，也能毀滅屬於你的美好世界，對人影響至深至遠。因此在人生中要如何把握『殺、破、狼』的特性，就是我們這一生最重要的功課了。

對你有影響的

法雲居士⊙著

在每個人的命盤中，都有紫微、廉貞、武曲三顆星，同時這三顆星也具有堅強的鐵三角關係，會在三合宮位中三合鼎立著，相互拉扯，關係緊密、共同組織、架構了你的命運。這也同時，紫微、廉貞兩顆官星和武曲一顆財星，也共同主宰了你的命運！當命盤中的紫、廉、武有兩顆以上居旺時，你的人生就會富足的多，也事業順利、有成就。如果有兩顆以上都居平、陷之位時，則你人生中的過程多艱辛、窮困、不太富裕。要看命好不好？就先從你命盤中的這三顆星來分析吧！

這部套書是法雲居士對於學習紫微斗數者常忽略或弄不清星曜特質，常對自己的命格不是有過高的期望，就是有過於看低自己命格的解釋，這兩種現象都是不好的算命方式。因此，以這套書來提供大家參考與印證。

對你有影響的
身宮、命主、身主

法雲居士⊙著

在紫微命理的學理中，命盤上每一個宮位、星曜、星主、宮主都是十分重要的。
其中，身宮、命主和身主，代表人的元神、精神，是人靈魂方面的內涵。
一般我們算命，多半算太陽宮位，是最起碼的算命方式。像身宮是太陰所管轄的宮位，我們要看人的內在靈魂，想看此人的前世今生，就不能忽略這些代表人內在靈魂的『身宮、命主、身主』了！

星曜特質系列包括：『殺、破、狼』上下、『羊陀火鈴』、『十干化忌』、『權、祿、科』、『天空、地劫』、『昌曲左右』、『紫、廉、武』、『府相同梁』上下冊、『日月機巨』和『身宮、命主、身主』。

此套書是法雲居士對學習紫微斗數者常忽略或弄不清星曜特質，常對自己的命格有過高的期望或過於看輕的解釋，這兩種現象都是不好的算命方式。因此以這套書來提供大家參考與印證。

對你有影響的
天空、地劫

法雲居士⊙著

『天空、地劫』在每一個人的命盤中都會出現，它們主宰著在人命中或運氣中一些『空無』的、不確定的事情。『天空、地劫』都是由人內在思想所產生的觀念所導致人的行為偏差，而讓人失去機會和運氣，也失去錢財和富貴。『天空、地劫』若出現於『命、財、官』之中，也會規格化與刑制人命的富貴與成就。『天空、地劫』亦是人生中有漏洞及不踏實的所在，你也可藉此觀察自己命運不濟及力不從心之處。

星曜特質系列包括：『殺、破、狼』上下冊、『羊陀火鈴』、『十干化忌』、『權、祿、科』、『天空地劫』、『昌曲左右』、『紫、廉、武』、『府相同梁』上下冊、『日月機巨』、『身宮和命主、身主』。此套書是法雲居士對學習紫微斗數者常忽略或弄不清星曜特質，常對自己的命格有過高的期望或過於看輕的解釋，這兩種現象都是不好的算命方式。因此以這套書來提供大家參考與印證。

如何尋找磁場相合的人

每個人一出世，便擁有了自己的磁場。

好的磁場就是孕育成功人士、領導人、有能力的人，以及能造福人群的人的孕育搖籃；同時也是享福、享富貴的天然樂園。

壞的磁場就是多遇傷災、破耗、人生困境、貧窮、死亡，以及災難無法躲過的磁場環境。

人為什麼有災難、不順利、貧窮、或遭遇惡徒侵害導致不能善終的死亡？這完全都是磁場的問題。

法雲居士用紫微命理的方式，讓您認清自己周圍的磁場環境，也幫您找到能協助您、輔助您脫離困境、以及通往成功之路的磁場相合之人。讓您建立一個能享受福財與安樂的快樂天堂。

法雲居士⊙著

顏色中含有運氣，運氣中也帶有顏色！

中國有一套富有哲理系統的用色方法和色彩學。更可以利用顏色來改變磁場的能量，使之變化來達成改變運氣的方法。這套方法就是五行之色的運用法。

現今我們對這一套學問感到高深莫測，但實則已存在我們人類四周有數千年歷史了。

法雲居士以歷來論命的經驗和實例，為你介紹用顏色改變運氣的方法和效率，讓你輕輕鬆鬆的為自己增加運氣和改運。

紫微格局看理財

法雲居士⊙著

『理財』就是管理錢財，必需愈管愈多！因此，理財就是賺錢！每個人出生到這世界上來，就是來賺錢的，也是來玩藏寶遊戲的。每個人都有一張藏寶圖，那就是您的紫微命盤！一生的財祿福壽全在裡面了。同時，這也是您的人生軌跡。玩不好藏寶遊戲的人，也就是不瞭解自己人生價值的人，是會出局，白來這個世界一趟的。因此您必須全神貫注的來玩這場尋寶遊戲。『紫微格局看理財』是法雲居士用精湛的命理推算方式，引領您去尋找自己的寶藏，找到自己的財路。並且也教您一些技法去改變人生，使自己更會賺錢理財！

使你升官發財的『陽梁昌祿』格

法雲居士⊙著

在中國命理學中，『陽梁昌祿』格是讀書人最嚮往的傳臚第一名榮登金榜的最佳運氣了。從古至今，『陽梁昌祿』格不但讓許多善於讀書的人得到地位、高官、大權在握，位極人臣。現今當前的世紀中也有許多大老闆大企業家、大企業之總裁全都是具有『陽梁昌祿』格的人，因此要說『陽梁昌祿』格會使人升官發財是一點也不假的事實了。但是光有『陽梁昌祿』格卻錯過大好機會而不愛唸書的人也大有其人！要如何利用此種旺運來達到人生增高的成就，這也是一門學問值得好好研究的了。聽法雲居士為你解說『陽梁昌祿』格的旺運成就方法，同時也檢驗自己的『陽梁昌祿』格有無破格或格局完美度，以便幫自己早早立下人生成大功立大業的壯志。

如何觀命、解命
如何審命、改命
如何轉命、立命

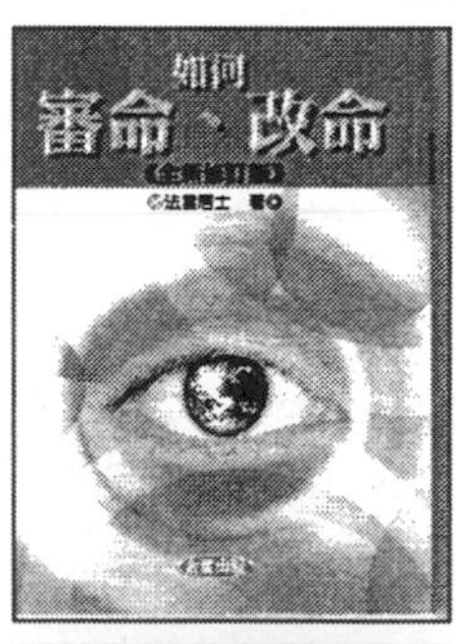

法雲居士⊙著

古時候的人用『批命』，是決斷、批判一個人一生的成就、功過和悔吝。

現代人用『觀命』、『解命』，是要從一個人的命理格局中找出可發揮的潛能，來幫助他走更長遠的路及更順利的路。

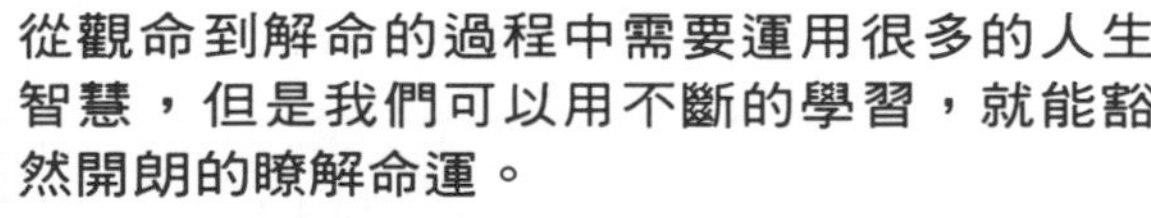

從觀命到解命的過程中需要運用很多的人生智慧，但是我們可以用不斷的學習，就能豁然開朗的瞭解命運。

一般人從觀命開始，把命看懂了之後，就想改命了。命要怎麼改？很多人的看法不一。改命最重要的，便是要知道命格中受刑傷的是哪個部份的命運？再針對刑剋的問題來改。

觀命、審命是人生瞭解命運的第一步。知命、改命、達命，才是人生最至妙的結果。

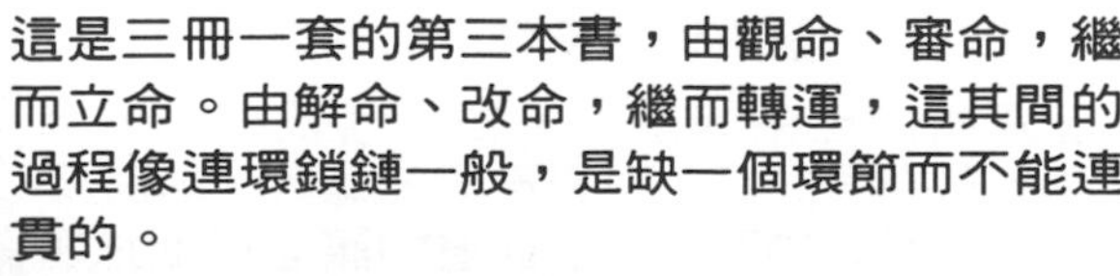

這是三冊一套的第三本書，由觀命、審命，繼而立命。由解命、改命，繼而轉運，這其間的過程像連環鎖鏈一般，是缺一個環節而不能連貫的。

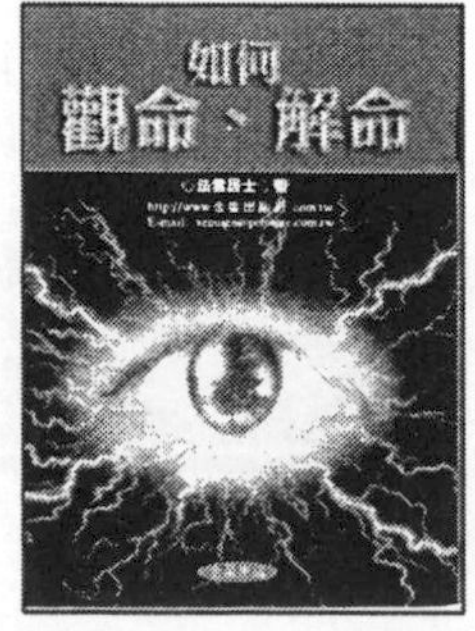

常常我們會對人生懷疑，常想：要是那一年我做的決定不是那樣，人生是否會改觀了呢？您為什麼不會做別的決定呢？這當然有原因，而原因就在此書中！

VENUS PUBLISHING CO.
金星出版
命理生活新智慧・叢書